大專用書

國際匯兌

林邦充著

三民書局 印行

國家圖書館出版品預行編目資料

國際匯兌／林邦充著.--三版.臺北
市：三民，民89
　　　面；　　公分
ISBN 957-14-0464-0 (平裝)

1.匯兌

563.2　　　　　　　　　83008459

網際網路位址　http://www.sanmin.com.tw

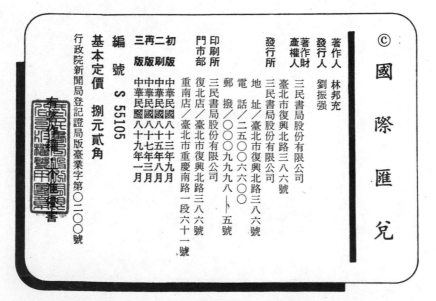

ⓒ 國際匯兌

著作人　林邦充
發行人　劉振強
著作財產權人　三民書局股份有限公司
發行所　三民書局股份有限公司
　　　　地址／臺北市復興北路三八六號
　　　　電話／二五○○六六○○
　　　　郵撥／○○○九九九八——五號
印刷所　三民書局股份有限公司
門市部　復北店／臺北市復興北路三八六號
　　　　重南店／臺北市重慶南路一段六十一號
初版　中華民國八十五年八月
再版　中華民國八十三年九月
三版　中華民國八十九年一月
編　號　S 55105
基本定價　捌元貳角
行政院新聞局登記證局版臺業字第○二○○號

有著作權・不准侵害

ISBN 957-14-0464-0 (平裝)

增訂新版序

　　本書自民國六十五年出版以來，已歷十八寒暑。在這段歲月中，承蒙廣大讀者的支持與愛護，作者在此不勝感激。

　　由於國際貿易及金融情勢因時變遷，本書曾在過去做了若干修訂及改版。如今為順應貿易環境及金融國際化等重大變化，以及眾多讀者群的要求，筆者遂不得不對本書進行更大幅度的改版，期望在國際匯兌這一知識範疇中，提供大專學子及企業人士們理論與實務兼具的參考工具。

　　比起前一版本，這次改版已將原本的內容架構做了若干修訂，其中全新的章節計有第九章期貨與選擇權市場、第十四章外匯風險管理、以及第十五章外匯交易之會計處理及損益計算；內容大幅修改的計有第六章匯兌及其他外匯業務、第七章國際收支、第十章外匯匯率、第十二章外匯交易、第十三章我國外匯市場概況、以及第十八章國際貨幣制度等；至於其他章節則或多或少有所調整、補充、或刪除。讀者若有心，則可以將之與改版前的版本作一比較，當可知其中變革之大。

　　本書概分為三篇，第一篇是「國際匯兌原理與方法」，共有六章，主要提供讀者國際貿易行為中，跟匯兌有關的業務及其原理。第二篇是「外匯理論與實務」，主要是跟外匯交易有關的理論與實務，使讀者能更深一層地了解，在一般匯兌活動後面的龐大外匯市場運作情形。第三篇「國際金融與匯兌法規」，則在介紹金融機構與國際貨幣制度，並介紹國內有關國際匯兌之法規，當做讀者更深更廣了解此一主題的背景資料。

　　另外，國際商會之新版「統一信用狀慣例」已於一九九四年一月一日起實施，本書並在書中本文相關部份修訂。

　　在本書改版過程中，任職於中聯信託投資公司的何朝乾先生、富邦銀行國外部的王偉慶先生、楊文匯小姐三位後起之秀，以及筆者的特別

助理林政憲先生，皆對資料的蒐集與整理方面提供了很大的協助，在此謹表誠摯的感謝。

此次出版，筆者雖已盡力，但自覺學驗有限，掛一漏萬在所難免，書中內容若有謬誤之處，文責概由筆者承擔，更祈望各位讀者對此不吝指正。

林邦充

一九九四年八月

國際匯兌

目　次

第三篇　國際金融與匯兌法規

第　一　篇
國　際　匯　兌　原　理　與　方　法

第一章　國際匯兌的概念

第一節　匯兌的意義

國際匯兌（International Exchange）或國外匯兌（Foreign Exchange）是一門探討不同國家之間因貨幣制度差異所產生的匯兌方法之社會科學。它是匯兌的一種。就匯兌的原理與構成而言，國際匯兌與國內匯兌本無差別。但國際匯兌因涉及兩個不同的經濟與政治實體，因此，國際匯兌並不如國內匯兌之單純。

匯兌的定義，由於觀點不同，而有各種不同的說法，但以匯兌的機能而言，匯兌可以作如下的定義❶：

「匯兌就是不直接運送現金，而以委託支付（或債權讓與）的方法，清償兩個不同地區間之債權、債務的手段（方法）。」

這是比較通行的定義，如就此定義細加分析，則含有下列意義：

㈠匯兌是兩個不同地區間，有關金錢收受與支付的交易

如果交易當事人相距不遠，在一般交易上，通常即以現金支付；而匯兌則大多用於當事人相距較遠的交易之清算。

㈡匯兌是替代直接運送現金的手段（方法）

交易當事人相距較遠時，如以現金支付，就會面臨兩個問題：其一

---

❶請參閱安東盛人及土屋六郎編，《國際金融教室》，有斐閣選書，有斐閣株式會社，昭和49年6月20日。

為運送途中的安全問題，其二為運送期間的久暫問題。匯兌就是一種比運送現金更安全、更迅速的支付方法，它能夠同時解決上述兩個問題。

㈢匯兌是委託支付（或債權讓與）的方法

以匯兌作為清償債權、債務的手段，有兩種基本方式：一是債務人透過銀行，將款項付給債權人；一是債權人透過銀行向債務人收取款項。前者稱為順匯（To Remit; Remittance），是債務人委託第三人（如銀行）代本人清償債務；後者稱為逆匯（To Draw a Draft），是債權人將自己的債權，先讓與第三人（如銀行），由第三人代本人收取債權。

㈣匯兌是利用特定的信用憑證或工具，清算債權債務的關係

匯兌利用之信用憑證為流通信用憑證：如匯票或支票，或利用特定之工具如信函或電報作為清算債權債務方法。總歸而言，匯兌之工具有票據、信函、與電報三種。

㈤匯兌是清償債權、債務的方法

匯兌是交易當事人間清償債權、債務的方法，這裡所指的債權、債務，實即雙方的借貸關係，猶如指企業的資產負債表上的「借貸」，包括所有的債權、債務，而非僅指「金錢的借貸」。因此，有人將匯兌解釋為「清償兩地間借貸關係的手段（方法）」，殊易讓人誤解為清償金錢借貸關係的手段，難稱允當。

第二節　匯兌的基本原理

一般而言，清償債權、債務的方法有三種，包括運送現金、委託代為收付及匯兌。

一、運送現金方式

假定臺北的甲公司向高雄的乙公司購買 10 萬元的商品，這樣甲、乙兩公司之間，就發生了 10 萬元的債權、債務關係。又假定高雄的丁公司也向臺北的丙公司購買了 10 萬元的商品，如此丙、丁兩公司之間也發生了 10 萬元的債權、債務關係。這些債權、債務關係，自然可以用運送現金的方式清算，請參見下面圖1-1：

A:運送現金的清償方式

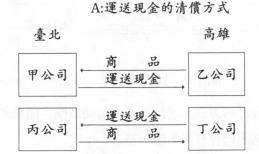

圖 1-1　匯兌的原理

但是上述利用運送現金的方法，特別是在鉅額現金時，有很多的缺點，例如運送途中的風險、運送費用的增加、費時較多等。並且若一方面將 10 萬元從臺北運到高雄，而另一方面又有 10 萬元由高雄運至臺北，一來一往顯然不合經濟原則。

二、委託代為收付方式

延續上述的情形，如高雄的債權人乙公司指示其在臺北的債務人甲公司，向臺北的丙公司支付 10 萬元；而臺北的丙公司指示其在高雄的債務人丁公司，向高雄的乙公司支付 10 萬元，則異地間的債權、債務（臺北甲公司與高雄乙公司，臺北丙公司與高雄丁公司）就變成同地間的債權、債務（臺北甲公司與臺北丙公司，高雄乙公司與高雄丁公司），而不必運送現金，即可清償甲、乙與丙、丁間的債權、債務，請參見下面圖 1-2：

B:利用匯兌的清償方式

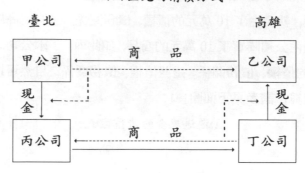

圖 1-2 匯兌的原理

利用委託代為收付的方式，進行不同地區間債權、債務的清償，理論上應無問題，實務上仍存有許多的困難：

第一、異地的債權人（如高雄的乙公司，臺北的丙公司）不易在同一地覓得適當的債務人(如高雄的丁公司，臺北的甲公司)。換言之，債權人與債務人之間，必須先做一次會商，才能決定是否照此方式進行，而彼此之間，各處不同角落，商談殊有不便。

第二、兩地的債權、債務金額未必相同，即甲公司欠乙公司的債務與丁公司欠丙公司的債務金額不一定就是 10 萬元。

第三、兩地的債權、債務清償時期頗難一致。

第四、當事人不易明瞭對方的信用狀況，例如甲、乙、丙、丁四人中，如有一人失信，則這種匯兌方法，即難以順利進行。再者，有關債權人與債務人，彼此之間不一定互相認識，會商亦有困難。上面圖1-2所舉之例，乃為便利說明起見，而且假定上述困難完全不存在。但實際上，債權、債務的當事人，不容易甚至幾乎不可能解決上述全部困難。

三、匯兌的方式

為解決上述的困難，有賴於一個資金雄厚與信用可靠的專業機構。

此一機構可以是金融公司、郵局、信託公司或銀行，但以銀行最具代表性。銀行原非爲因應匯兌需要而設立，但銀行因具有下列優點而扮演匯兌之主要角色：

第一、銀行分支行及辦事處或往來同業遍佈各地，可以因應各地客戶的需要。

第二、銀行的資金雄厚，不論何種交易、金額大小，均可應付。如果是小金額，則當事人可利用銀行的連線提款機直接提款支付，甚至不必用匯兌方式清償債務。

第三、銀行的信用可靠，易爲各方當事人所信賴。

一般而言，匯兌的方式可分爲兩種：

第一種方式爲順匯，即債務人透過銀行，將款項付給債權人（或受款人）。第二種方式爲逆匯，即債權人透過銀行向債務人收取款項。無論是順匯或逆匯，均可利用票據、信函、電報等方式來完成。

茲仍以上例說明利用票據（匯票、支票）的順匯與逆匯過程如下：

㈠順匯的過程

1.臺北的債務人甲公司，向其在臺北的往來銀行A銀行繳交10萬元。

2.由臺北的A銀行簽發一張以該行的高雄分行(假定臺北之A銀行爲總行) 爲付款人的匯票交給甲公司。

3.甲公司將匯票郵寄給高雄乙公司。

4.乙公司以此匯票向A銀行高雄分行提示。

5.A銀行高雄分行收取匯票並支付10萬元予乙公司。

在上述這種場合，資金流向與匯票的運送方向相同，所以這種匯兌方式，稱爲順匯。至於丙公司、丁公司之間的債權、債務，也可比照上述方法清算。即高雄的丁公司可就近在高雄的往來銀行繳交10萬元，由該銀行簽發一張以臺北的分支行(或往來銀行)爲付款人的10萬元匯票。

丁取得匯票後郵寄給臺北的丙公司,丙公司即可持票前往付款銀行兌款。如此兩地的債務人均可避免現金的運送,而達到清償債權、債務的目的。茲將順匯的過程圖示如下:

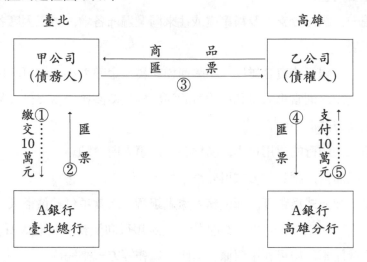

圖 1-3　順匯的過程

㈡逆匯的過程

　　1.高雄的債權人乙公司簽發一張以乙公司為發票人,臺北甲公司為付款人的匯票,售給A銀行高雄分行。

　　2.A銀行高雄分行向乙公司支付 10 萬元(實際上銀行將扣除若干手續費與收款所需日數之利息)後,取得匯票。

　　3.A銀行高雄分行將匯票寄往臺北A銀行總行(或往來銀行)。

　　4.臺北A銀行總行向甲公司提示匯票。

　　5.甲公司向A銀行總行支付 10 萬元。

　　在上述這種情形,資金流向與匯票的運送方向相反,故這種匯兌方式稱為逆匯。

　　茲將逆匯的過程圖示如下:

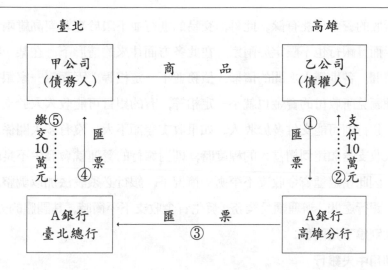

圖 1-4　逆匯的過程

　　債權人、債務人間的債權、債務的清算，由於銀行的介入而簡化，但銀行卻因而擔負了調度資金的責任。在上述所舉之例，臺北的甲公司為向高雄的乙公司償付債務，向臺北的銀行購入 10 萬元的匯票時，臺北的銀行收入 10 萬元，即增加 10 萬元的現金。另一方面，高雄的銀行因須向乙公司兌付匯票，故減少現金 10 萬元。反之，高雄的丁公司為向臺北的丙公司清償債務，向高雄的銀行買進 10 萬元的匯票時，高雄的銀行便收入 10 萬元現金，而臺北的銀行因須兌付匯票，故減少現金 10 萬元。假定臺北與高雄均只有一家銀行(或兩地的銀行具有總分支行關係)，則因兩筆交易金額均為 10 萬元，故債權、債務兩相抵銷，而兩家銀行的現金均無增減的現象發生，所以兩地銀行的資金也不致發生過與不足的現象。

　　以上是假定買賣行為只有兩筆，而且金額也相等。然而實際上，兩地債權、債務的發生，並不只兩筆，而且金額也不一定相等。因此臺北的銀行所收的資金可能有餘，而高雄的銀行所收的資金可能不足；當然相反的情形亦有可能，即臺北的銀行所收的資金可能不足，而高雄的銀

行所收的資金可能有餘。此外，交易的進行並不限於臺北與高雄兩地之間，而且銀行也不限定於兩家。在此多方面往來的情形下，在某一特定的時間，各地商人之間的債權、債務並不一定相等，因而每一家銀行因辦理匯兌所收付的資金也就不一定相等，有的銀行可能收入大於支付，有的銀行則可能支付多於收入。如果收支差額不大，沒有多大關係，但如果收支差額達到相當大的程度時，則對銀行的營運就會發生不良的影響。因此在這種資金收支不平衡的情況下，銀行必須設法加以調整。

銀行之間，辦理匯兌業務，發生資金收支不平衡時，其調整的方法，可大別為下列兩種：

㈠利用中央銀行

中央銀行為銀行的銀行，各銀行發生收支不平衡時，可與中央銀行清算。資金收入多於資金支出的銀行，可將多餘的資金存入中央銀行；資金收入少於資金支出的銀行，得向中央銀行融通不足之款。如此一來，一般銀行的資金不平衡，即全部轉嫁於中央銀行。中央銀行因在全國各地設有分支行，故可利用總行與分支行之間的逆匯系統，為一般銀行服務。一般銀行資金不平衡轉嫁於中央銀行後，中央銀行就在其內部將各銀行的匯款相互抵銷，其不能抵銷的部分，才運送現金予以彌補。簡而言之，異地間的債權、債務關係的清算過程如下：

第一、異地間的債權、債務首先被轉移至各商業銀行，相互抵銷。

第二、各銀行抵銷的餘額，再轉移至中央銀行，再度被抵銷。

第三、最後不能抵銷的部分，才以現金運送處理。

㈡各銀行之間互相清算差額

這是在中央銀行未設立分支行的國家所採取的辦法。

各銀行之間自辦理匯兌業務而發生往來關係時，通常均互相在對方開設存款帳戶，因匯兌而發生的收付，均透過存款帳戶處理。通常是在一定期間以後，清算收支相抵的餘額，由應付的一方劃撥應收的一方。

第三節　匯兌的風險

在匯兌過程中，有關的當事人有三個，即是，債務人、債權人與銀行。這三個當事人在清算債權、債務的過程各自承擔了不同的角色與風險。茲分別敍述如下：

一、債務人

在順匯匯兌過程中，債務人向銀行購入匯票而委託銀行代爲淸償債務。若銀行拒絕支付款項給債權人(向銀行提示匯票)，則債務人有未履行債務義務之風險。民法第五百三十五條規定，受有報酬之受委任人應盡善良管理人之責任❷，因此若有前述事項發生，委任人（即債務人）可依民法第五百二十八～五百五十二條有關委任行爲之規定行使法律權利。

二、債權人

在逆匯匯兌過程中，債權人將匯票讓與銀行，而由銀行向債務人收取款項。但是所謂的「匯票讓與」並不表示債權人將匯票「售予」銀行。雖然民法第二百九十四～三百零五條有關債權之讓與或移轉具有此一涵義，但是依法院判例所謂匯票之債權讓與，銀行並非「買下」匯票，而即是對債權人的一種墊款或融資行爲。如果債務人不履行債務而拒絕對銀行提示的匯票付款，則銀行仍可對債權人追索已融資之款項。

三、銀行

---

❷民法第五三五條：「受任人處理委任事務，應依委任人之指示，並與處理自己事務爲同一之注意。其受有報酬者，應以善良管理人之注意爲之。」

在匯兌過程中，銀行承擔了兩種責任：一為在逆匯匯兌方式，向債務人收取款項，而債務人可能有拒絕支付的行為，二為在整個匯兌過程，銀行承擔了總行與分行（或往來銀行）間的資金調度問題，因為兩地間的總行與分行間有資金過多或不足的問題，由此可能影響銀行的營運。前述的第一個問題，若債務人拒絕付款，銀行除向債務人行使強制處分財產之法律權利外，亦可向發出匯票的債權人行使追索權；至於第二個問題，銀行可利用總行與分行間之逆匯系統加以抵銷資金不平衡問題，而總行亦可向央行或拆款市場調借資金而解決資金收支不平衡的問題。

第四節　國際匯兌的意義

國際匯兌，顧名思義是指國際間所進行的匯兌，具體的說，所謂「國際匯兌」就是「匯兌當事人不在同一國家間的匯兌關係」。為澈底瞭解國際匯兌的概念，對國際匯兌的意義，有特別加以說明的必要。

第一、「國際匯兌」一詞如用第一節對「匯兌」一詞所下的定義來表示，則應為：「國際匯兌就是不直接運送現金，而以國際間的委託支付(或債權讓與)的方法，清算國際間的債權、債務的手段。」這是本書提及「國際匯兌」時所指的意義。

第二、「國際匯兌」（International Exchange）又稱為「國外匯兌」（Foreign Exchange），或簡稱為「外匯」，亦有外匯資產之意義。也就是具有「外國貨幣與對外國貨幣（以及以外國貨幣表示之債權）請求權的意義，因此可充作國際交易之支付工具、流通性資產或國際準備的資產。具體而言，外匯一詞泛指一國的國外資產(Foreign Assets)。這些國外資產包括政府和民間所擁有的外國貨幣、外幣票據、外國有價證券及外幣存款，例如我國的「管理外匯條例」第二條即如此定義：「本條例所稱外匯，指外國貨幣、票據及有價證券。前項外國有價證券之種類，

由掌理外匯業務機關核定之。」

　　外匯雖是外國貨幣或以外國貨幣表示的債權，但不一定要存放在國外，亦可在國內擁有。早期，例如 1930 年代的國際金本位制時期，甚至在 1944 年 7 月國際貨幣基金 (IMF) 成立時，黃金仍為主要的外匯資產。1971 年 8 月 15 日美國尼克森政府宣佈切斷美元與黃金之關係（美國政府不再以美元兌換黃金）後，黃金作為國際準備的重要性才逐漸降低，而國際貨幣基金現在已未將政府所持有的黃金列入國際準備的定義內。

　　所謂的「國際準備」（International Reserve）或「外匯準備」（Foreign Exchange Reserve）或俗稱的「外匯存底」是指一國政府（指中央銀行，並不包括民間）所持有之黃金、外幣及外幣請求權的總金額。就其功用而言，國際準備必須是一種流動資產，可做為一國政府對外清算的工具。理論上說，凡做為國際準備之資產必具備此一性質。但在實務上，由於各國經濟發展程度不同以及近年來國際匯市之動盪不安，因此，國際通貨，特別是強勢貨幣（Hard Money）❸流通不足，國際貨幣基金乃另外創設特別提款權（Special Drawing Rights, SDRs）❹以及在國際貨幣基金之準備頭寸（Reserve Position in the Fund）作為國際準備之資金。

　　由於外匯準備的多寡表示一國國際支付能力的大小，外匯準備充足或大量者，常代表經濟發展之強勢國家。不過，經濟強勢國家之貨幣並不一定就是強勢貨幣，我國的新臺幣仍未成為可兌換的國際通貨即是例子。如今的先進國家如美、日、德、法、英等五國之通貨為各國所認定

❸強勢貨幣指國際通貨，為可自由兌換的貨幣。一般而言，作為強勢貨幣國家的外匯存底，必須是十分龐大且國際收支有盈餘，因此，其對外幣值穩定，甚至有升值趨向。反之，弱勢貨幣（Soft Money）為不可兌換的貨幣。

❹特別提款權又稱紙金（Paper Gold），為國際貨幣基金所創設。其目的在解決國際通貨流量不足，並由國際貨幣基金按照各會員所提供之攤額而分配的一種準備金。詳見本書第十六、十七章。

之強勢貨幣，除了其外匯準備雄厚外，其整體經濟力量及政治影響力乃是主要因素。

<h1 style="text-align:center">第五節　國際匯兌的特質</h1>

國際匯兌在基本原理與匯兌方式上，與國內匯兌本無差別，但因國際匯兌具有上述種種特殊涵義，故與國內匯兌比較分析，乃有若干差別，此即國際匯兌的特質。茲列舉如下：

第一、國際匯兌是發生於各個不同的國家之間；而國內匯兌則發生於一國國內的各個不同地區之間。

第二、國際匯兌影響及一國的國際收支；而國內匯兌並不構成國際收支的原因。國際匯兌的有關當事人，雖與國內匯兌相同，為個別的經濟主體(個人、企業單位、政府等)，但如以一國為單位，而將各個國際匯兌加以綜合，即構成國與國間的借貸關係，而以國際收支的形態出現。這是國際匯兌的一大特徵。

第三、國內匯兌是同一貨幣制度下的收付，貨幣的價值單位統一，故在理論上國內匯兌無匯率問題；而國際匯兌則為不同貨幣間的收付，含有相互兌換之意。但因彼此的價值單位不同，因此在進行交換時，其交換比率乃成一個重要的問題。這就是外幣的買賣應以何種價格進行的問題，也就是匯率如何決定的問題，此為國內匯兌所沒有的特色。

第四、國內匯兌所引起銀行之間的債權、債務的清算，不論以中央銀行為中心進行清算，或各銀行之間自行清算，均屬簡單。至於國際匯兌則：

1.交易的地區遍及世界各地，國際上尚無類似中央銀行的機構作為統一清算的中心，而以國際金融市場代替其作用。

2.交易的外幣五花八門，種類繁多。

3.國際金融市場受到各國外匯管制影響,不能充分發揮其機能,致債權、債務的清算工作較國內匯兌複雜得多。

第五、國際匯兌因各國外匯,貿易政策的限制,不論匯出、匯入,多少受各國政府的干涉,尤其在管制外匯,管制貿易的國家,政府干預匯兌進行的程度更大;而國內匯兌如無特殊情形,各地區之間的匯兌通常可自由進行。

第六、國際金融包括一切國際資金的移動,國際匯兌是國際資金移動的主要手段;國內金融包括一切國內資金的移動,而國內匯兌亦為國內資金移動的主要手段。前者既影響國民經濟又影響國際經濟,而後者只影響一國國內的經濟活動。

第六節　國際匯兌的功能

綜合上述,國際匯兌在國際經濟關係上的功能約有下列幾項:

一、作爲國際間債權、債務的清算手段

國際匯兌的主要功能在使發生經濟與貿易關係的國家,能相互抵銷對外債權與對外債務,亦即將國際間的債權、債務關係轉換爲同國間的債權、債務關係。但是若有不能抵銷的部分,則仍須由債務國家調撥資金,以備支付。

二、進行國際間通貨之兌換

經由國際匯兌方式,一國的通貨可以隨時兌換爲他國之通貨,以便利國際間的支付往來,並使一國的購買力移轉至他國,而建立國際金融市場及國際經濟關係的秩序。

三、便利國際貿易之進行

國際間的貿易利用信用狀及票據等信用工具，透過國際匯兌方式，以通匯銀行之間的信用替代不同國家間貿易商的信用，使得國際貿易得以順利進行。

四、促進國際資金移動及國際投資活動

不同國家之間建立通匯關係，並以國際匯兌方式解決兩國之債權、債務後，將有利於資金由使用效率低的國家移向使用效率高的國家，或對其投資。若無國際匯兌，則國際資金及國際投資之進行將進入地下金融市場交易爲之，或無法爲之。

五、增進國際經濟成長與繁榮

一國健全的國際匯兌方法，將促進國際貿易、國際資金及國際投資的進行，由此將加速國際間的經濟合作，並促成各國的經濟成長，以及帶來世界的繁榮。

第二章 國際匯兌的方法[1]

國際匯兌，乃是以匯兌方式進行國際間債權、債務清算關係。就清算方法上來說，可大致分爲順匯與逆匯兩種；而從匯兌的內容來看，除了一般由國際收支所引起的順匯、逆匯外，其他如外匯拋補、遠期外匯合約亦屬之，在此僅就基本的順匯、逆匯之構成與其運用加以說明。此外，有關外匯銀行間通匯關係之建立以及匯兌方式對貿易金融之影響，亦將一併討論之。

第一節 順匯

國際間債權、債務的清算，由債務人（或付款人）主動，將款項交給銀行購買匯兌工具，委託銀行支付一定金額給債權人或收款人的匯兌方式，稱爲順匯。順匯亦稱「匯付」，因爲匯兌工具與資金流動方向相同，都是由債務人流向債權人，故稱爲「順匯」。站在（外匯）銀行的立場來說，是賣出匯兌工具，故有時稱爲「賣匯」（Selling Exchange）。一般僑民的匯款、國際投資、償債、旅行、留學生費用的支出、對外援助、救濟捐獻的支出，多採用順匯的方式。

順匯方法又可分爲票匯、信匯、電匯及旅行匯信等四種，茲分述於下：

---

[1]請參閱安東盛人及土屋六郎編，《國際金融教室》，op. cit.，頁五七～六二。

一、票匯 (Demand Draft, 簡稱 D/D; Draft Transfer)

　　係由匯款人以定額本國貨幣向本國外匯銀行，購買即期匯票，郵寄外國的受款人，而由受款人憑票向指定的付款銀行兌款（該指定銀行可以是本國開票的外匯銀行之國外分行或代理銀行）。換句話說，票匯係以即期匯票作爲匯兌之憑據。

　　舉例說明：假定臺北的債務人某甲欠紐約的債權人某乙 1 萬美元，某甲將與一萬美元等值的新臺幣 26 萬元（此係假定美金與新臺幣的兌換率爲 1：26，事實上目前外匯銀行的賣出匯率受機動匯率，隨時調整，並且銀行辦理此項業務一向酌收手續費若干元，故實際上不只 26 萬元整。）繳交臺灣銀行，臺灣銀行即簽發一張美金 1 萬元的匯票交付給某甲。某甲將匯票郵寄給紐約某乙，某乙收到匯票後即赴紐約銀行兌取美金 1 萬元，紐約銀行如數付款後，乃寄扣款通知書（Debit Advice）通知簽發匯票的臺灣銀行，說明匯票已經兌付，並已借入其存款帳，全部程序至此結束。

　　在上例中，若不以匯票作爲工具（媒介），而由臺灣銀行簽發在臺灣照付的國幣銀行本票交予匯款的債務人某甲（假定無外匯管制），由某甲郵寄給紐約的債權人某乙，亦無不可，但是紐約的債權人某乙收到國幣的銀行本票，必須向其往來銀行請求託收或貼現，難免蒙受若干託收費用或貼現利息的損失。若臺灣的債務人在國內有充足的甲種活期存款，爲清償外國的債務，簽發在臺灣付款的支票給外國債權人或收款人（因私人在外國無外幣存款，尤其在外匯管制的國家，更無外幣存款的可能），在理論上如同銀行本票，並無不可，但是外國的債權人或收款人恐私人不顧信用，而蒙受「空頭」支票的損失，加上外匯管制，如辦理貼現，銀行亦往往拒絕接受，故在國際匯兌上，私人支票的使用較少。由上面的匯兌程序，我們可看出三點：

第一、匯兌的發動者為債務人，由債務人主動將債款匯還債權人。

第二、匯兌工具——匯票由臺灣的債務人寄給紐約的債權人，匯兌工具由本國流向外國。

第三、臺北的債務人或付款人將匯款繳交臺灣銀行，在外（美）國的銀行則兌付1萬美元予外（美）國的債權人或收款人。此1萬美元乃由臺灣流向美國，換言之，資金流向與匯兌工具流向相同。

茲將上述票匯流程，以下圖表示：

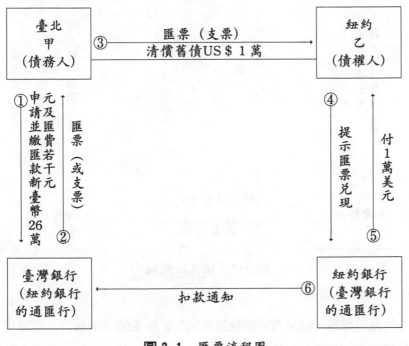

圖 2-1　匯票流程圖

二、信匯（Mail Transfer，簡稱 M/T）

以郵信為工具的順匯，其程序如下：

信匯與票匯相似，如以上述之例為例，臺北的某甲以美金等值的新

臺幣繳交臺灣銀行時，臺灣銀行不開發匯票予某甲，而填發一張付款委託書（Mail Payment Order），直接寄發紐約銀行，指示其支付美金1萬元給紐約的某乙。利用票匯時，由匯款人自行寄送匯票，而有遺失、被竊等風險，使用信匯則比較安全。其流程見下圖：

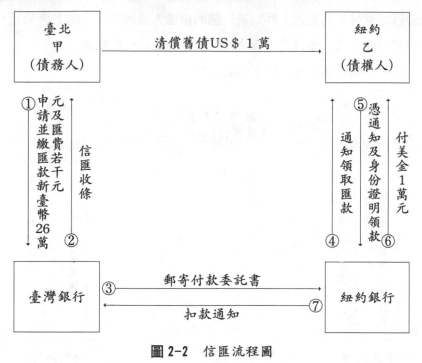

圖 2-2　信匯流程圖

信匯與票匯的匯兌方式有幾點差別：1.就支付命令而言，信匯是以郵信通知，即指定付款銀行憑匯款銀行寄來的支付命令通知受款人前來領款，而票匯則是以匯票方式發出，由受款人憑票向銀行收款；2.就時效而言，票匯是由受款人主動向銀行提示匯票取款，在時效上將比信匯的銀行通知取款較為快速；3.就安全性而言，由於票匯是由匯款人寄出匯票，其間若有遺失，個人須自行負責，而信匯則因由銀行郵寄委託付款通知書，其間若有延遲付款或不為付款情事，銀行須付清償之責。

三、電匯 (Telegraphic Transfer, 簡稱 T/T; Cable Transfer)

電匯是以電報為工具委託國外通匯銀行付款給收款人的匯兌方法。匯款人因急需解交國外款項時，可將款項交給銀行，該外匯銀行乃以密碼電報、電傳、或環球財務通訊網路，通知國外分支行或代理行憑電付款給收款人。這種方法是匯兌中最敏捷的方法，尤其行之於國際金融中心之間，通常可於一、二天內收到，既免資金的停滯與利息的損失，亦可減少匯款過程中可能產生的風險。電匯流程表示於下圖：

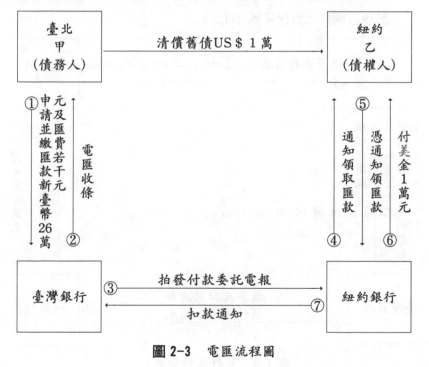

圖 2-3　電匯流程圖

四、旅行匯信 (Travellers' L/C)

旅行匯信即旅行信用狀，通常是由旅行者向國內銀行申請開發，申請人除填具申請書外，另繳付申請書所載外幣金額等值的國幣及手續費若干，銀行受理申請後即開發旅行信用狀及簽名卡 (Letter of Identification) 交予客戶。客戶在外國旅行，可憑旅行信用狀，在信用狀所載金額內簽發匯票，請求開狀銀行的分支行或代理行兌款。外國的銀行購入匯票後，除在信用狀背面背書外，另複製通知書連同收兌的匯票寄往開狀銀行，憑以收回所墊付的票款。

至於旅行匯信之流程見圖2-4。

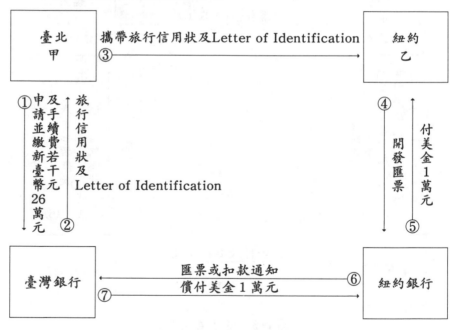

圖 2-4　旅行匯信流程圖

上述四種匯款方式之利弊，須視匯款人的需要而決定，除了旅行匯信乃是針對特定用途而發展的一種匯兌方法之外，其他三種匯款方式之

優缺點可比較如下表:

表 2-1　票匯、信匯、電匯之優缺比較表

	優	缺
票匯	適合小額付款。	①付款人自行負責送交受款人, 以便提兌。 ②匯票遺失須辦理止付。
信匯	由銀行負責付款	受款人需等待銀行通知。
電匯	最迅速、方便, 且由銀行負責付款。	費用較爲昂貴, 且受款人需等銀行通知。

第二節　逆匯

　　所謂逆匯, 即國內債權人（出口商）將國外債權以票據貼現方式讓予（賣）外匯銀行, 由外匯銀行向國外的債務人（進口商）收取一定金額; 或國內債權人委託外匯銀行向國外的債務人收取一定金額。因外匯工具與資金流動的方向相反, 故在外匯市場上稱之爲「逆匯」。就外匯銀行的立場而言, 爲買入外匯工具, 故有時稱爲「買匯」（Buying Exchange)。順匯中的票匯、信匯、電匯皆由債務人主動, 對外匯銀行使用委託支付方法, 以完成國際間債權、債務的清算或貨幣的收支; 逆匯則由債權人主動, 對外匯銀行使用「債權讓與」或「託收」方法, 以完成國際間債權、債務清算或貨幣的收支。

　　國際間因進出口商品而發生的債權、債務的清算, 除非進出口商信用昭著, 否則很少使用順匯。因爲進出口商雙方處在不同的國家, 進口商訂貨後距離收到貨物尚有一段時間, 如將貨款以順匯方式購買銀行匯票寄交外國的出口商, 此時尚未收到貨物, 萬一出口商收到貨款後不交運貨物, 進口商將難免蒙受損失。反之, 如等待進口商收訖貨物後再行

匯款清償貨款，出口商又恐進口商信用不佳，故意藉口不予付款，或長期拖延，或只清償一部分貨款，則出口商亦難免將蒙受損失。因此，進出口押匯皆屬逆匯。

國際間常用的逆匯方法有兩種，即押匯匯票與託收。其中，押匯匯票又視其是否爲憑信用狀（L/C）簽發而分爲憑信押匯及不憑信押匯兩類；託收則依匯票是否隨附貨運單據而分爲光票託收及跟單匯票託收兩種，下面將詳細說明之。

一、押匯匯票（跟單匯票，Documentary Bills of Exchange）的逆匯

所謂押匯即債權人（出口商）開發商業匯票（Commercial Bills），將國外債權以票據貼現方式讓予外匯銀行，同時以貨運單據（Shipping Documents）作爲質押或擔保之意。此時貼現的匯票，因有貨運單據爲質押，故稱爲押匯匯票。同時這種匯票因附有貨運單據，故又稱爲跟單匯票。但因發票人爲出口商，簽發匯票的目的在於向進口商收取出口貸款，故亦稱爲商業匯票或輸出匯票（Export Bills）。

押匯匯票的匯兌方式又可分不憑信押匯與憑信押匯兩種：

㈠不憑信押匯（Documentary Bills Purchased Without L/C）

所謂不憑信押匯的逆匯，即出口商於出口貨物交運完畢時，等不及進口商的付款，爲便利資金的週轉，乃逕自開發商業匯票連同貨運單據背書後，向出口地外匯銀行請求質押貼現，外匯銀行則將匯票及貨運單據背書後，寄請進口地的通匯銀行向進口商請求承兌、付款，並交予貨運單據供其報關提貨銷售。此處所稱貨運單據，通常包括商業發票（Commercial Invoice）、提單（Bill of Lading）、保險單（Insurance Policy）、領事發票（Consular Invoice）或海關發票（Customs Invoice）、及產地證明書（Certificate of Origin）等。

　　進口商取得貨運單據後，即表示已取得該交易貨物的所有權。當交易貨物運抵進口港時，只要進口商（匯票的付款人）在匯票上承兌即可取得貨運單據的匯票，稱爲「承兌押匯匯票」（Documents against Acceptance Bills, D/A Bills, D/A Drafts），亦稱爲「承兌交單匯票」。如果需要匯票付款人（進口商）付清匯票金額後，才能取得貨運單據的匯票，就稱爲「付款押匯匯票」（Documents against Payment Bills, D/P Bills, D/P Draft），又稱爲「付款交單匯票」。有關不憑信押匯之流程，見圖 2-5。

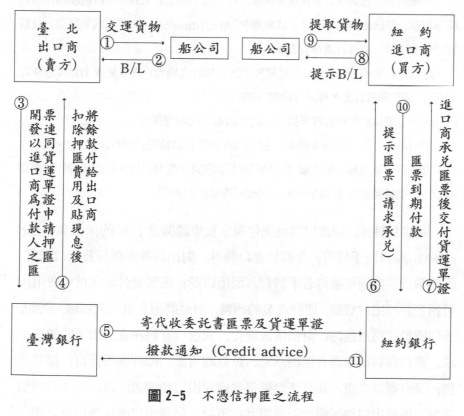

圖 2-5　不憑信押匯之流程

說明：

①出口商依照貨物買賣契約，於約定交貨期限內將貨物交給運送人（船公司）。

②運送人簽發給出口商具有貨物收據性質的有價證劵即提單（B/L）。

③出口商取得 B／L 後，備齊契約所定的其他貨運單據，簽發以進口商爲付款人的匯票向銀行申請押匯。

④銀行收到申請書後，即調查出口商信用及審核貨運單據，經審核無訛後，即將扣除押匯費用及貼現息後的餘額付給出口商。

⑤押匯銀行將匯票、提單、水險保單背書後，連同其他貨運單據寄往紐約銀行託收。

⑥紐約銀行收到匯票及貨運單據後，即將匯票向進口商提示（Presentation）請求付款，如爲遠期匯票則提示請求承兑（Acceptance）。（本例爲遠期匯票，故須經過承兑手續，債權、債務方告確立）。

⑦匯票經債務人（進口商）付款後（D/P Bill 之場合）或承兑後（D/A Bill 之場合），銀行即將貨運單據交付給進口商。

⑧～⑨進口商取得貨運單據後，即可向船公司辦理提貨。

⑩（本例）D/A Bill 到期時，進口商即如數付款給紐約銀行。

⑪寄送撥款通知：紐約銀行收到票款後，即貸記臺灣銀行在紐約銀行的往來存款帳戶，並將撥款通知（Credit advice）寄給臺灣銀行。

不憑信押匯，除進口商免先付現金及申請開發 L/C 的保證金（Margin Money）及手續費，有利於進口商外，對出口押匯銀行及出口商言，雖然銀行辦押匯可獲得若干利潤，而出口商在匯票兑付前支付些費用，可預先收回出口貸款，便利資金的週轉，但他們卻有很大的風險。例如，進口商於貨物運達時，財務情況惡化，或進口貨物在進口市場的價格下跌，進口商對匯票即有拒絕承兑、付款的可能。如押匯銀行自行提貨銷售，又有虧蝕之虞，如行使票據追索權向出口商追索，出口商亦有類似情況，而致出口押匯銀行不能追回押匯款。最後出口商與進口商之間，難免興訟蒙受損失，故不憑信押匯，除非進口商信用卓著，否則出口商

與外匯銀行均不願爲之。

㈡憑信押匯（Documentary Bills Purchased with L/C）

出口商根據信用狀將貨物裝運出口時，可憑應得貨款對進口商或其指定銀行發出匯票，另附具貨物提單及其他單據交與外匯銀行押借現款，此種匯票稱爲跟單匯票。押匯銀行審核單據無誤後，即將跟單匯票寄送進口商所在地之開狀銀行索償，開狀銀行則憑票及提單等轉向進口商或指定之銀行兌款。憑信押匯與不憑信押匯最大的區別爲前者有銀行信用的介入，增加了銀行對出口商所開發匯票給予承兌付款之信用狀，而後者則無。是故，國際間進出口押匯多以憑信押匯方式爲之，以降低進出口商雙方的風險。

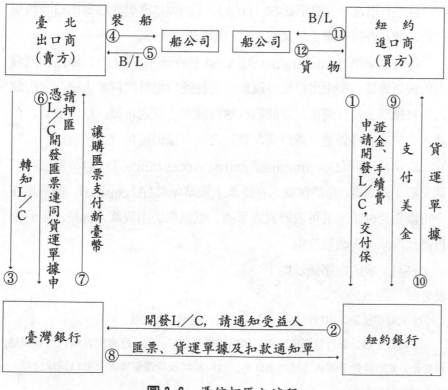

圖 2-6　憑信押匯之流程

根據信用狀簽發的匯票，乃稱爲憑信押匯匯票，下面以圖 2-6 說明憑信押匯之流程。

二、託收（Collection）方式的逆匯

託收是出口商或債權人，對進口商或債務人開發匯票，委託當地外匯銀行轉託其國外的往來銀行，向進口商或債務人收取票款。逆匯原在幫助債務人（出口商）提早收回債權，然而如出口商的信用欠佳，則銀行自不願購入出口商簽發的匯票，在此情形下惟有依賴託收。

託收依匯票是否隨附貨運單據，可分爲光票託收及跟單匯票託收兩類，其中以跟單匯票託收最爲普遍。跟單匯票託收又可分爲付款交單託收（D/P）以及承兑交單託收（D/A），因 D/P 匯票託收對出口商較爲有利，故在外匯市場上，又較 D/A 匯票託收普遍。

1.付款交單（Documents Against Payment, D/P）：係出口商發出的跟單匯票，經由出口地外匯銀行送往進口地轉向付款人收款。付款人須將匯票金額付清後，才能取得隨附匯票之貨運單據，以便提貨。付款人未付款取得貨運單據以前，貨物之所有權仍屬售貨人所有。

2.承兑交單（Documents Against Acceptance, D/A）：與前項付款交單不同之處，在於付款人在匯票上簽章承兑（Accepted），即承諾在一定期限兑付後，就可取得貨運單據。但匯票仍由收款人保持，至到期日憑以向承兑人收取款項。

茲將託收的程序圖示如下：

說明：

　①託收申請書：出口商填具託收申請書，送交銀行代收。

　②銀行審核：銀行收到申請書，如爲跟單匯票的託收，應審核各種貨運單據是否齊全，如單據齊全即填送託收委託書，隨同匯票及貨運單據寄交進口商或付款人所在地的往來銀行。

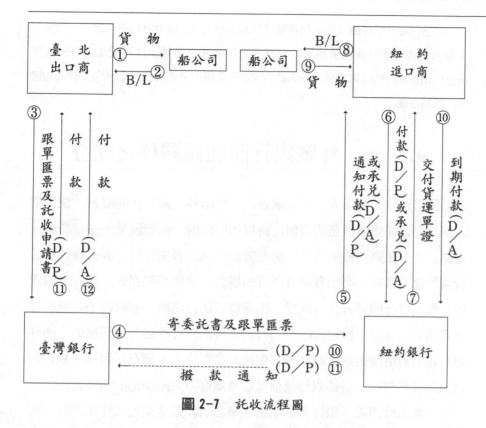

圖 2-7　託收流程圖

③國外往來銀行的處理：當國外往來銀行接到委託銀行的委託書、匯票及貨運單據後，即通知進口商或付款人：

在 D/P 匯票時，付款人必須先付訖票款後，才將貨運單據交付進口商或付款人；

在 D/A 匯票時，則經進口商或付款人承兌後，即交付貨運單據。

④收到票款時：國外銀行自付款人或進口商收到貨款後，即貸記委託銀行在國外銀行的往來存款帳戶。

⑤國外銀行另寄撥款通知書 (Credit Advice) 給委託銀行，表示票款已收訖並已貸記其帳戶。

⑥委託銀行接到撥款通知書後，即通知出口商前來領款。

不論採用憑信押匯或不憑信押匯或採用託收方式，皆由出口商或債權人發動，主動向外國的進口商或債務人收回應收款項或國外債權，而匯兌工具——匯票——則由債權人的國家流向債務人的國家，資金卻由債務人的國家流向債權人的國家，稱爲逆匯。

第三節　外匯銀行間通匯關係之建立

國際匯兌的當事人，一在國內，一在國外，銀行居間服務，使債權人與債務人間債權債務的清償，得以如願以償。國際匯兌不論是順匯或逆匯，一面在國內發生收付，另一方面在國外發生收付。因此銀行要經營國際匯兌業務，必須有國外銀行的協助，才能順利完成。而國外的銀行，如爲自己的總分支行機構，則甚爲方便，然而一家銀行不可能在世界各地均設立分支機構，因此乃有利用外國銀行的必要。同樣的，國外銀行也有利用國內銀行的必要。如此，在業務上必須互相選擇一銀行締結爲通匯的銀行。這種銀行統稱爲通匯銀行（Correspondent Bank）。

一家銀行與國外銀行發生業務往來之前，通常須建立往來關係，而在選擇往來（通匯）銀行之前，又須考慮是否爲業務上所需，以及該銀行的背景、信譽、組織、管理及財務結構等。

決定建立關係以後，雙方即可簽立通匯協定或代理協定（Correspondent Agreement or Agency Agreement），訂定互相代理業務的種類。雙方並互相交換簽字式樣或印鑑卡（Authorized Signature List or Book）、押碼（Test Key）、密碼簿（Code Book）、費率表（Terms and Conditions of Tariff）以爲日後辦理匯兌的根據。

一家銀行在世界各地的通匯銀行，通常均數以百計，在如此衆多的通匯銀行之中，可以大別爲三類，一爲在對方銀行設有活期存款帳（Current Account）者，稱爲有存款帳的通匯銀行（Depositary Correspondent)，二為未在對方開設活期存款帳的通匯銀行, 稱為無存款帳的通匯銀行 (Non-Depositary Correspondent)， 三為雖未在對方銀行設有活期存款帳, 但設有外匯基金, 作為代解匯款、代付匯款之用者。

銀行除在國外銀行開設存款帳戶外, 亦可接受國外銀行的開設活期存款帳戶。銀行本身在通匯銀行的存款帳戶稱為 Due from Account 或 Nostro Account, 通匯銀行在本行的存款帳戶稱為 Due to Account 或 Vostro Account。

第四節　逆匯與貿易金融[2]

由前述可知, 貿易債務的清償通常多以匯兌交易的方式履行, 而匯兌交易則如上述可大別為順匯與逆匯兩種。在這兩種方式中, 貿易債務的清償, 多採用逆匯, 通常並不採用順匯方式。順匯主要用於貿易附帶費用的支付和贈與及資本交易等貿易以外的交易。至於貿易債務的清償通常採用逆匯而不採用順匯方式其來有自。

茲假定貿易價款以順匯方式清償。首先發生的問題為何時匯付價款? 匯付的時期有①訂定契約時, ②貨物裝船完畢時, ③貨運單據寄抵輸入地時, ④貨物運抵輸入地時, ⑤貨運單據寄達輸入地, 經過一定期間後, 及⑥貨物運抵輸入地, 經過一定期間後等幾種。然而, 因匯付時期的不同, 出口商及進口商的利害關係也隨之而異。

假如契約成立後, 進口商即須將貨款匯付出口商, 則對出口商而言, 有下述有利的情形: 第一為風險問題。出口商將貨物交付進口商之前即已收妥貨款, 故可避免進口商「支付不能」或「拒絕付款」的風險。第二為資金運用問題。契約成立時即可領得出口貨款, 故可將其充作出口

[2]請參閱張錦源先生著,《信用狀與貿易糾紛》, 三民書局, 民國 65 年 4 月, 頁一～七。

貨物的生產、加工或搜購貨品之用，資金融通上，頗爲便利。反之，對進口商而言，卻有下述兩種不利：第一爲進口商須冒出口商不履行或不完全履行裝船義務的風險。第二爲資金運用的問題。契約一成立，即須匯付貨款，故須另行調度資金或將自有資金先行匯付，而導致資金運用的不經濟。

反之，假如貨物運抵輸入地後，經過一定期間，才匯付貨款，則出口商有下述兩點不利：第一爲出口商須冒無法收回貨款的風險。例如，因進口商的信用狀況惡化，或進口國輸入限制致無法收回貨款。第二爲資金週轉問題。因貨物運抵進口地後，經過一定期間才能收回貨款。在此期間，出口商的資金被凍結。就進口商而言，卻有下述二點有利情形：第一爲可減輕出口商不履行或不完全履行裝船義務的損失。第二爲資金調度方面較爲容易。因爲進口商可將進口的商品予以出售後，將所得價款用以償付貨款。

如此，上述兩種償付貨款的方式，對進出口商的利害關係正好相反，因此自不能以這些方式作爲貿易清償的正常方法。在進出口商雙方互爲讓步的情形下，出口商的讓步限度，在通常情形下，以貨物的裝船爲極限，而進口商的讓步，在通常情形下，則以貨物的運抵進口地爲極限。

然而從輸出地裝貨運抵輸入地須費相當時日，則進出口商雙方對於清償時期如何求其雙方皆滿意，是較爲困難的。這種問題，只有在以順匯交易的方式，清償貿易債務時才發生。如採用逆匯方式交易，而由銀行提供如下所述的貿易資金融通，即能使進出口商雙方於清償期達成協議。

茲假設臺北某甲與紐約某乙締結銷售棉布 US＄1 萬，出口商某甲將價值 US＄1 萬的棉布裝船後，即可從船公司取得提單，並向保險公司投保貨物保險後取得保險單，另外製妥商業發票等其他必要的單據。這些單據統稱爲貨運單據。然後簽發以紐約進口商某乙爲付款人的匯票，

連同上述貨運單據送請臺北的外匯銀行洽購（Negotiate）。外匯銀行即將 US＄1 萬扣除購入匯票日至付款日止利息後的餘額支付給出口商。此即通稱的買匯（Bills Bought; Bills Purchased），購入輸出匯票的銀行，稱為洽購或購票銀行（Negotiating Bank）。總之，這種買入匯票的方式，出口商雖須負擔少許的利息，但尚符合其裝船後即可立即收回出口貨款的期望。出口商亦可將上述利息算入貨價內轉嫁於進口商。

而就紐約進口商某乙言，購入輸出匯票的臺北某外匯銀行，將匯票連同貨運單據寄往其在紐約的總分支行或代理行，請其代收。紐約的總分支行或代理行收到後，即將匯票向進口商某乙提示，如為即期匯票則請其立即付款，如為遠期匯票，則請其承兌。茲假定該匯票為見票後 60 天付款，則進口商經承兌匯票後，即可領取單據，俟棉布運抵紐約，即向輪船公司提貨銷售。另一方面，進口商某乙於匯票到期日（或到期日前一天）將 US＄1 萬支付給上述紐約代收銀行以贖回匯票。如此，又符合進口商的貨物運抵進口地後才付款的願望。

上述臺北的某外匯銀行，在購入輸出匯票至進口商支付貨款的期間，擔任資金融通的任務，這種融通即為貿易資金融通的本質，而外匯銀行所以能提供這種貿易金融，實由於逆匯交易之產生。逆匯交易所以成為貿易清償的一般形態，正因有這種貿易金融的功能。

就提供貿易資金融通的洽購銀行言，洽購輸出匯票時，通常必須考慮因買入匯票所生的風險。這種風險即為進口商「支付不能」或「拒絕支付」的風險。這種風險稱為信用風險（Credit Risk）。假如匯票到期，付款人——進口商——因某種事由，陷於「支付不能」或「拒絕支付」，則購票銀行即無法自進口商收回其所融通的資金。遇到此情形，購票銀行唯有向發票人——出口商——行使追索權追回所融通的款項。換言之，進口商支付不能或拒絕支付的風險，最後是由出口商負擔。然而，如出口商亦無償還能力，則購票銀行即無法收回其所融通的款項。因此，外

匯銀行，對於因買入輸出匯票而生的風險，總是設法規避。如無規避風險的適當方法,則不管買入匯票形態的貿易金融如何適於進出口商雙方,外匯銀行對於此類貿易金融也必將採取消極態度。固然，此類信用風險並非貿易金融所獨有，而爲一般授信行爲所共有者，然而在國際貿易的場合，由於地理因素，對於遠地進口商的信用情況不易明瞭，故買入匯票的風險相對增大。

外匯銀行對於購入輸出匯票風險的規避方法不一。但不外採取下述各種方式:

第一、跟單匯票。如前述，出口商將匯票連同貨運單據持往外匯銀行請其治購。這種附有貨運單據的匯票稱爲跟單匯票（Documentary Bill），相對的, 不附貨運單據的匯票，稱爲光票（Clean Bill）。

在跟單匯票的場合，貨運單據——尤其具有代表所有權的提單——可作爲貿易金融的擔保。萬一，匯票付款人——進口商——拒付時，購票銀行即可憑提單提貨並予以處分，所得價款即可充作所墊出的融通資金。然而，在多數情形，欲以此方法收回全額的融通資金並不容易。在通常情形下，進口商所以拒絕兌付匯票，實因該進口貨品市況惡化的結果。再者，商品買賣並非銀行的傳統業務，對於這種買賣不一定純熟，故因處分貨物所得的貨款，大多無法完全抵補其所融通的資金及各項費用。

第二種規避風險的方法爲要求出口商另行提供擔保品。例如將買匯應付給出口商的票款的一部分予以保留，俟進口商贖票後，才予以退還出口商。該保留的款項稱爲「保證金」（Margin Money）。此 Margin 的比率，視出口商的信用及市況情形而定。保留比率低時尙無問題，如比率甚高，則即使出口商能利用貿易金融，卻因銀行保留的 Margin Money 須俟國外進口商贖票後始能收回，致失去充分利用貿易金融的機會。

　　第三種規避風險的方法爲信用狀的利用。此方法爲現代國際貿易清償貨款最通行者。詳細內容將在第四章再述。

　　第四種方法爲保險制度的利用。如我國的輸出保險制度即是。在先進國家皆有一套完整的「輸出匯票保險制度」。固然，現在最通行的風險規避方法爲利用信用狀，然而，有時由於進口國家因不習慣於利用信用狀交易，致進口商申請開發信用狀時須繳納鉅額保證金（Margin Money）——如中南美及中東等國家即是。因此，如對於輸出貿易過分重視安全性而拘泥於信用狀交易，則輸出必受到阻礙。尤其在買方市場（Buyers' Market）的今日，一方面爲發展輸出貿易，他方面爲顧慮購票銀行的風險，基於國民經濟的觀點，乃有輸出保險制度應運而生。從事國際貿易的業者，爲擴展外銷，對於輸出保險制度的利用自應有充分的認識。

第三章 國際匯兌的工具——匯票

外匯銀行與客戶如何買賣外幣？需要外幣的人，以國幣向銀行購買，銀行因國內缺乏外幣，乃先給予客戶國際匯兌工具，以憑向外匯銀行的國外分支行或往來銀行兌取外幣；相反的，國人在外國所獲得的外幣，如欲換取國幣，可採用順匯方式，賣予外匯銀行的國外分支行或往來銀行，分支行或往來銀行，因在外國缺乏國幣，亦先給予客戶國際匯兌工具，以憑向國內的外匯銀行兌取國幣。由此可知，國際匯兌工具為外匯銀行與客戶買賣外幣的媒介，藉此以解決買賣的困難。所謂外匯買賣，即直接先買賣這種「媒介物」，其實最後則為買賣外幣。

國際匯兌工具，大別之，可分為三大類，即電匯、信匯、票據。急欲迅速完成收支者，可以電匯為媒介；無時間性者可以信匯為媒介。以票據為媒介可快可慢，即期匯票可快，遠期匯票可慢。這三類中電匯、信匯因各國的外匯銀行所採用者並無一定的格式與內容，此處略而不述。外匯票據中的本票與支票在外匯市場上亦較少採用，故亦省略，本書特就外匯市場上最通行的國際匯兌工具——匯票，作較詳細的介紹。

第一節 匯票的意義與功能

一、匯票的意義

何謂匯票（Bill of Exchange, Draft）？美國人 Norman Crump

在其所著 *The ABC of the Foreign Exchange* 一書❶中對匯票釋義如下：

A bill of exchange is an unconditional order given by one person to another to pay a certain sum of money to his order at a given date. The simplest form would be, "To Mr. A, Pay to my order at sight the sum of £100 sterling, value received. Signed B. Date so-and-so.

其中文意思是說：「匯票是一人給予另一人於一定日期支付一定金額的無條件委託(Order 或譯爲『命令』)，其最簡單的格式爲：『請見票即付 100 英鎊，價款收訖，此致某 A，某 B 簽署，某年某月某日。』」

併入統一商法之前的美國票據法第一百二十六條，對匯票兩字作如下的解釋：

A bill of exchange is an unconditional order in writing addressed by one person to another, signed by the person giving it requiring the person to whom it is addressed to pay on demand or at a fixed determinable future time a sum certain in money to order or to bearer.

英國票據法（Bills of Exchange Act, 1882）第三條對匯票的解釋與美國大致相同，僅有最後一語改爲 to the order of a specified person, or to bearer。

以上兩國票據法對匯票的解釋，譯成中文就是：「所謂匯票，乃一人以書面向他人發出無條件委託(或譯命令)，由發出人簽字，要求受命人

---

❶ Norman Crump, *The ABC of the Foreign Exchange*, (London: Macmillan & Co., Ltd., 1956) p.15.

於見票時，或在未來一定的日期，或在將來可以確定的日期，支付一定的金額，給一特定人或其指定人或執票人。」

　　我國票據法第二條則謂：「稱匯票者，謂發票人簽發一定之金額，委託付款人於指定之到期日，無條件支付與受款人或執票人之票據。」

　　由此可見對「匯票」的解釋，中外相似。至於匯票的格式與內容，如加以歸納，必須具備下列要件（我國票據法第二十四條）：

　　1.表明其為匯票之文字

　　2.一定之金額

　　3.付款人之姓名或商號

　　4.受款人之姓名或商號

　　5.無條件支付之委託

　　6.發票地

　　7.發票年月日

　　8.付款地

　　9.到期日

　　匯票之所以必須具備上述要件，乃因其一如其他票據，是「要式」不「要因」憑證之故。

二、匯票的功能

　　匯票屬於一種有價證券，除了特殊情形，通常經背書後可自由在外匯市場上輾轉讓受，故匯票在國際經濟上表現的功能有三：

　　第一、因匯票背書後可輾轉讓受，故可避免收付雙方現金點算的手續與時間，便利授受，促成交易迅速完成。

　　第二、代替現金作為國際直接間接投資的工具。

　　第三、即期匯票的持有人，如急需獲得現金，可憑票兌現運用；遠期匯票的持有人可透過貼現、押匯而預先獲得現金，便利資金週轉，靈

活運用，無形擴大貿易。

第二節　匯票實例分析

國際匯兌上所使用的匯票，是屬於國外匯票(Foreign Bills)，文字一般多採用英文，格式是橫條式，請參見下面樣式：

BILL OF EXCHANGE

No._____ _____(Place), (Date), 19___

EXCHANGE FOR

AT _____SIGHT OF THIS FIRST OF EXCHANGE

(SECOND OF THE SAME TENOR AND DATE UNPAID) PAY TO

THE ORDER OF _____

THE SUM OF _____

VALUE RECEIVED AND CHARGE TO ACCOUNT OF

TO _____　FOR _____

　　　　　　　　　　　　　　　　　　　　　(SIGNED)

_____

茲就其記載事項說明如下：

一、匯票必要記載事項

依我國票據法第二十四條，匯票應記載下列事項，由發票人簽名，故下列各項為匯票的必要記載事項。

㈠表明其為匯票的文字

例如上舉格式所用的 Bill of Exchange 即是。

㈡一定的金額

匯票須記載一定的金額，各國票據法均如此規定，上舉格式中 The Sum of……即在表明該匯票的金額。所謂「一定金額」(a Sum Certain in Money)，即表明確切的金額，如 US＄2,000，US＄1,000 等是，而非 "US＄2,000 or US＄1,000" 的不確定金額或 About ＄2,000 的約略金額。此外，在金額之後常有 Plus Collection Charges(加計代收費用) 或 Plus Interest (加計利息) 或 Plus Interest at 6 Percent (按6%加計利息) 而無期間說明者，或 Plus Interest for 60 days (加計 60天利息) 而未規定利率者，均違反「一定金額」的規定，而使匯票喪失效力。再者，匯票金額的幣別，也應明示，例如美元 1 百元時，應以 US＄100 或 Dollars One Hundred Only in U.S. Currency 表示，英鎊一百鎊時，應以 Stg.£100 或 Pound Sterling One Hundred Only 表示。

㈢付款人的姓名或商號

上例匯票樣式的左下角 To ＿＿＿，表示匯票付款人 (Payer)，亦即匯票的被發票人 (Drawee)，是匯票的主債務人。在國際貿易上，如為信用狀交易，一般是以信用狀的開狀銀行為付款人，但有時信用狀規定匯票以進口商或開狀銀行的聯號 (付款銀行，Paying Bank) 為付款人的例子亦很多。如交易不憑信用狀，匯票一般均以進口商為付款人。

㈣受款人 (Payee) 的姓名或商號

匯票的受款人記載於樣式上 Pay to (the Order of) 字眼之後，為匯票的主要債權人。通常受款人的表示方法，有下列四種：

1.記名式：如 Pay to ABC Trading Co.

2.指示式：如 Pay to the Order of XYZ Bank of Taipei.

3.執票人式：如 Pay to the Bearer.

4.選擇無記名式：Pay to XYZ Bank of Taipei or Bearer.

如要匯票可以流通，並且僅憑背書即可自由轉讓，則匯票上必須載有 Pay to the Order of 或 Pay to the Bearer 或 Pay to……or Order

等字樣，否則不得稱爲流通票據，且不能自由轉讓，上舉 1.爲記名式匯票，缺乏轉讓性（Negotiability）。

㈤無條件支付的委託

匯票是支付命令，並非支付的請求，故匯票上不可有 Please Pay to …的「Please」字樣。而且支付命令不得附加條件。例如匯票上加載 On Arrival 或 On arrival of S.S. Fuji Maru 或 After Clearance 等一類詞句。此類詞句顯然表示除非貨物已經抵達，或所裝運的船舶已抵達，或貨物已通關，不能強迫被發票人兌付票款，所以這類附加條件的文字不得記載。

㈥發票地及發票日的表示

記載於匯票的右上方，發票地屬相對必要記載事項，平常銀行或公司行號所備空白匯票已先印就，如未記載，則以發票人的營業處所、住所爲發票地。發票日則爲絕對必要記載事項，其作用在①確定發票人在簽發匯票時有無權利能力，②確定到期日、提示期限、承兌提示期限、利息起算日等的計算標準。

㈦付款期限（Usance, Tenor）

匯票應有一定的付款期限，如見票即付或可以確定的將來日期。付款期限的表示方法有四：

1.見票即付（At Sight; on Demand）：即將匯票向付款人爲付款的提示日爲付款日。

2.見票後定期付款（At...Days After Sight）：付款日自承兌日起算若干時日到期。

3.發票日後定期付款（At...Days After Date）：付款日自匯票發票日起算若干時日到期。

4.匯票載明付款日期。

匯票的付款期限必須是可以確定的日期。如記載的付款期限無法確

定，該匯票無效。

(八)付款地

匯票的付款地，通常即被發票人的所在地，但出口商所開發的匯票是以外幣表示者，應明示究應以何地的款項作爲償付。例如以紐約的款項作償付時，出口商必須將這一點在金額後註明。例如 New York Funds 或 Payable by an Approved Bankers' Check on New York 或 Payable in New York Funds 等是。

(九)發票人的簽署

匯票的開發必須經發票人簽字，其簽署地方是在上舉匯票樣式的右下方。

二、匯票任意記載事項

(一)附有跟單的匯票

對於匯票所附單據的處理，一般有兩種方式，一爲付款時交付單據的「付款交單」，一爲承兌匯票時交付單據的「承兌交單」。前者以 D/P 或 Documents Against Payment，後者以 D/A 或 Documents Against Acceptance，分別記載於匯票上。D/A 或 D/P 視買賣契約而定，這在無信用狀擔保的託收匯票上應予記明。但在信用狀交易下，匯票是根據信用狀簽發，除信用狀要求特別記載外，通常無特別記載必要。

(二)外匯匯率條款

國際貿易使用的國外匯票，通常牽涉到外匯匯率問題，在實務上常由外匯銀行（押匯銀行、託收銀行）在匯票上加蓋如下之戳記：

Payable at collecting bank's selling rate on date of payment for sight drafts on New York.

Payable for face amount by prime banker's sight draft on

New York.

㈢利息條款

匯票金額應爲一定的金額，但可以載有利息條款，美國向遠東國家所開的匯票，常附有類如下面的所謂遠東條款(The Far East Clause)：

Payable at the collecting bank's selling rate for sight drafts on New York with interest at...% per annum from date to arrival of proceeds in New York, stamp and collection charges added.

With interest added at the rate of...% per annum from date of draft to approximate date of receipt of remittance in....

Payable with interest at the rate of...% per annum from the date of draft until the approximate date of arrival of remittance in London.

With interest at current rate per annum from date thereof to approximate due date of return of funds to New York.

㈣免除作成拒絕證書條款

免除製作拒絕證書時，於匯票上的空白處記載 Protest Waived 或 Waived Protest 字樣。如有記載免除拒絕證書而仍作成拒絕證書時，其製作行爲固然有效，但此項製作費用，發票人得予拒絕負擔。又這種條款的記載，須加簽名，如無簽名者無效。

㈤無追索權條款

依照英美法，無追索權條款(包括承兌與付款)，可以下列詞句表示(英國票據法第十六條第一項，美國紐約州統一商事法第三章第3-413)：

1.於本文記載 Pay to (Payee) or order without recourse to me

(sans recours──at his risk)。

2.或於匯票空白處記載 Without Recourse (to Drawers)。

通常匯票付款人拒絕承兌時，執票人應先向背書人請求償還票款。背書人乃更向其前手背書人追索，最後溯及發票人，由發票人負最後償還責任，此乃對於承兌的擔保責任（即擔保承兌）。

匯票的付款人拒付時也如此，由發票人負最後償還票款責任（即擔保付款），發票人於開發匯票時，常在匯票上記載免除承兌擔保或免除付款擔保（無追索權）的詞句，意圖免除其償還義務，前者稱為「免除擔保承兌發票」，後者稱為「免除擔保付款發票」。免除擔保承兌發票，在中、英、美、日皆有效，但免除擔保付款發票在我國、日本皆無效，而在英、美則有效。

基於上述，縱於匯票上記載 Without Recourse 字樣，就我國而言，並無意義，但在信用狀交易中，如信用狀規定須記載 Without Recourse 字樣時，發票人仍應將這條款記載於匯票上，以符合信用狀條件。

㈥正副本的標明

國外匯票通常有單張、兩張和三張等不同樣式，單張式的匯票印有 Sola 字樣，表示匯票只有一張；兩張式匯票，第一張為正本（First of Exchange）。有時在正面載明 Original 字樣，第二張為副本（Second of Exchange），有時在上面載明 Duplicate 字樣，除此之外，為防此重複付款起見，都於第一張及第二張分別記載 Second of the same tenor and date unpaid 及 First of the same tenor and date unpaid 字樣；三張式匯票，第三張為第二副本（Third of Exchange），三張均有效，但付一張後，其餘各張即作廢。國際匯兌上使用的匯票，以單張或一式兩張最為普遍。

㈦匯票號碼

為便於查考起見，發票人可於匯票上按序編號。

㈧對價條款

匯票上常載有 Value received and charge (the same) to the Account of 的條款，此條款並非匯票的必要記載事項，所以不記載並不影響匯票的效力。匯票的有此記載，乃相沿成習使然。就 Value Received 一語而言，含有兩種意義，一爲代表發票人對付款人承認收到票面金額的意思表示。因匯票提兌雖由付款人付給受款人或執票人，但這種支付是由於發票人的委託命令支付，所以也相當於付款人支付於發票人，發票人代受款人作票面金額收訖的承諾，含有收據的意義。另一種含義爲 Value Received 係在敍述票據所構成契約關係的約因 (Consideration)。然而就這兩種含義之前者言，匯票既經付訖，匯票本身已明顯地表示被發票人已將有關款項交付與發票人指定的受款人，所以並無另行表示收據的必要；就後者而言，匯票爲無因證券，並無必要說明約因的存在。

另就 and Charge (the Same) to Account of 而言，其含意爲：發票人告訴被發票人：「貴處有本人名義 (發票人名義) 的帳戶，該戶餘額現爲貸差，貴處請付此匯票時，可將票款如數在該戶列支」。上述 of 一字在匯票上是與匯票人名稱 (在匯票右下方) 相連，意思是：「價款業已收訖，請記入本人帳戶」，所以在 of 之後不應加上任何說明。有些不明瞭這句話含意的商人，在這句用語之後寫上如 1,000 Bales of Raw Cotton (1,000 包原棉) 或 Shipment per S.S. Fuji Maru (裝富士丸) 等文字，可能就會影響到票據的效力。

㈨發票條款 (Drawn Clause)

如匯票係根據信用狀開發，信用狀常規定匯票須註明 Drawn under L/C No. ×× Issued by ×× Bank Dated……字樣的條款，此條款通常記載於匯票上緣或下緣的空白處。

第三節　匯票關係人的權利與責任

匯票的主要關係人有發票人（Drawer）、付款人（Payer）、受款人（Payee）以及背書人（Endorser）。這四方當事人可為個人（自然人）或公司（法人）。此外，匯票關係人還包括被背書人（Endorsee）、承兌人（Acceptor）、保證人（Guarantor）、追索人（Claimant）、持有人（Holder）等。

茲將主要關係人：發票人、付款人、受款人、背書人的責任與權利分述如下：

㈠發票人（Drawer）

即開發匯票的人，其主要責任為對匯票的受款人及執票人擔保匯票的承兌及付款，但發票人得為免除擔保承兌的記載。

㈡付款人（Payer）

亦即被發票人（Drawee），為見票付款或匯票到期付款的人。匯票的付款人雖負付款的責任，但匯票的發票人或執票人不能強迫付款人付款，因為匯票的付款人，在理論上有權防止他人無故向其濫開匯票，如付款人對發票人或匯票的執票人確有負債，該發票人或執票人可另提出證據向付款人訴追。但遠期匯票如經付款人「承兌」，則表示其所負匯票上的債務已經確立，付款人（即承兌人）即成為該匯票的主債務人，該匯票的被背書人、執票人、發票人均可向其「追索」。

㈢受款人（Payee）

即匯票的受益人，亦即可獲得匯票票面金額者，為匯票的主債權人。受款人在付款人清償票款前，對發票人保留追索權。如為即期匯票，付款人拒絕付款；或為遠期匯票，付款人拒絕承兌。受款人不得直接向付款人追索，而應向發票人追索，這是因為債務尚未確立之故。但已經承

兌的遠期匯票，受款人對付款人、發票人都有追索權。

㈣背書人 (Endorser)

背書人對於被背書人或其後手,在票據上負擔保承兌與付款的責任,換言之，其最後的被背書人(即執票人 Bearer)不獲承兌或不獲付款時，均得向原背書人或其前手，行使追索權。

但匯票背書如係採保留背書 (Qualified Endorsement) 形式，例如特別批註「無追索權及責任」(Without Recourse and Warranties)，則背書人不負上述責任。

第四節　匯票的類別及其功用

外匯市場上流通的匯票，因分類標準的不同，而有下列種種分類:

一、根據匯票的發票人身分不同，可分為

㈠銀行匯票 (Banker's Draft)

銀行匯票是以銀行為發票人，委託其國外分行或聯號付款的匯票。在國際貿易上, 進口商為償付貨款, 乃備款向銀行購買銀行簽發的匯票,自行寄交出口商，出口商即持向付款銀行領取貨款。這種付款方式即通常所稱之票匯 (Demand Draft;D/D)，屬於順匯之一種方式。

㈡商業匯票 (Commercial Bill of Exchange)

商業匯票是商場上通常使用的匯票，國際貿易上使用的匯票大都是這種匯票。出口商輸出貨物後，即簽發商業匯票，憑以讓售銀行或委託銀行代收。前一種情形是有信用狀擔保的場合; 後一種情形則為以託收之 D/A、D/P 付款方式交易的場合，此為逆匯方式。

銀行匯票與商業匯票的差異，歸納言之，有四:

1.銀行匯票的發票人為銀行; 商業匯票的發票人則為出口商。

2.銀行匯票多用於順匯；商業匯票則多用於逆匯。

3.銀行匯票的付款人爲開票銀行在國外的分支行或往來銀行；而商業匯票的付款人可能爲國外進口商也可能是 L/C 的開發銀行。

4.銀行匯票爲光票（Clean Bill）；商業匯票雖有光票，但一般而言多爲附貨運單據的跟單匯票（Documentary Bill）。

二、根據匯票是否附有貨運單據以支持匯票的信用，可分爲

㈠跟單匯票（Documentary Bill or Draft）

匯票附有貨運單據或其他單據以支持匯票信用者，稱爲跟單匯票或押匯匯票。匯票如係根據信用狀簽發，則除附上信用狀外，另附上信用狀要求的有關單據，即可讓售予銀行，一般稱爲押匯。如無信用狀擔保，雖匯票附有貨運單據，也是跟單匯票，但銀行例不接受押匯，僅願以託收方式代爲收取貨款。

㈡光票（Clean Bill or Draft）

匯票未附有任何貨運單據者，稱爲光票。在國際貿易上，出口商常爲推廣某些新產品或開拓新市場，而以寄售方式將貨物運交其國外代理商，俟到約定時間即簽發不附單據的光票，委託銀行寄往國外銀行向受託人（代理商）提示付款，以收回貨款。

三、根據匯票的付款期限（Tenor）的不同，可分爲

㈠即期匯票（Sight Bill or Draft; Demand Bill or Draft）

即期匯票是付款人見票時（At sight）或要求時（On demand）即付票款的匯票。

㈡遠期匯票（Time Bill or Draft; Usance Bill or Draft）

遠期匯票是將來若干時日付款的匯票。可分三種：

1.發票日後定期付款匯票：即發票日後一定期間內付款的匯票。如 Ninety Days after Date，而以發票日後 90 天的屆滿爲到期日。

2.見票後定期付款匯票：即見票日後一定期間內付款的匯票。如 Thirty Days after Sight，即以見票日後 30 天的屆滿爲到期日。

3.定日付款匯票：匯票上載以特定年、月、日爲到期日的匯票，即定日付款匯票。

上述匯票除即期匯票外，其餘三種，執票人爲保障票據權利，通常均向付款人提示請求承兌。尤其是見票後定期付款匯票，承兌日即爲見票日，所以爲確定到期日，必須提示付款人請求承兌。

四、根據匯票是否憑信用狀開發，可分爲

㈠憑信匯票（Bill or Draft with L/C）

即憑信用狀開發的匯票。付款人通常爲信用狀的開狀銀行，但也有以其聯行或進口商爲付款人，而由開狀銀行擔保（undertake）付款。

㈡不憑信匯票（Bill or Draft without L/C）

即不憑信用狀開發的匯票。付款人通常爲進口商，這種匯票，銀行例不接受押匯，出口商只能委請外匯銀行代爲收款。

五、根據承兌地與付款地是否相同，可分爲

㈠直接匯票（Direct Bill）

付款地與承兌地爲同一地點的匯票，稱爲直接匯票，在國際貿易上，大部分的匯票均屬直接匯票。

㈡間接匯票（Indirect Bill）

付款地與承兌地不同一地的匯票，稱爲間接匯票。匯票承兌時，付款人除簽名並註上日期外，通常還註明付款地（Payable at……）。

六、根據交付單據的方式，跟單匯票可分爲

㈠付款交單匯票（Document against Payment Bill; D/P Bill）

即付款人付清票款後才交付貨運單據的匯票，又稱付款押匯匯票（Documentary Payment Bill）。

㈡承兌交單匯票（Document against Acceptance Bill; D/A Bill）

即匯票向付款人提示並經其承兌後即交付貨運單據的匯票，又稱承兌押匯匯票（Documentary Acceptance Bill）。

七、根據承兌人身分的不同，可分爲

㈠商業承兌匯票（Commercial Acceptance Bill）

遠期匯票的承兌人如爲進口商或其所指定的商人，稱爲商業承兌匯票。

㈡銀行承兌匯票（Banker's Acceptance Bill）或套票

遠期匯票的承兌人如爲銀行，則該匯票稱爲銀行承兌匯票。

八、以匯票所載貨幣類別不同，可分爲

㈠外幣匯票（Foreign Currency Bill）

票面所記載的金額爲外國貨幣的匯票，稱爲外幣匯票。

㈡國幣匯票（Home Currency Bill）

如本國的銀行或出口商所簽發的匯票，票面所載金額爲本國貨幣者，稱爲國幣匯票。這種匯票的國外持有人須經過貼現、託收方可收回票款。

九、以匯票張數的不同，可分爲

㈠單一匯票（Sola Bill）

發票人只簽發一張而無第二張副本者，稱爲單一匯票，票面通常印

有 "Sola" 一字。順匯時所使用的銀行匯票,即屬這種單一匯票。

㈡複數匯票(Set Bill)或套票

匯票二張以上成套者,稱爲複數匯票,這種匯票每張均有效,但一紙兌付,其餘即作廢,逆匯時所使用的商業匯票,多爲二張一套的匯票。

第五節　匯票的背書、承兌、追索及法律依據

一、匯票的背書

匯票在現代經濟中爲現金的代用品。爲發揮其最大的經濟效用,法律賦與流通性,可自由轉讓。故匯票持有人,得自由將匯票讓與他人,而受讓者亦得自由再讓與他人。但載明受款人的匯票,即所謂擡頭匯票,則必須經過背書(Endorsement)手續,才能轉讓流通;至於來人匯票(Bearer Draft),即不記名式匯票,其轉讓則無需背書。背書有下列各種方式:

㈠空白背書(Blank Endorsement)

亦稱不記名式背書,即背書人僅於匯票背面簽章,而不記載被背書人名稱。匯票一經空白背書後,即成爲來人匯票。如執票人欲指定自己爲受款人,祇須在空白背書上面填上 Pay to the Order of 字句;並在 of 一字後面寫上自己的姓名即可。例如空白背書爲:

C.Y. Chang（張君空白背書）

而執票人爲 C.K. Wang,王君欲指定自己爲受款人,則祇需在張君背書上面加上下列字句即可:

Pay to the Order of C.K. Wang

C.Y. Chang（張君原來的空白背書）

㈡特別背書(Special Endorsement)

亦稱記名式背書，即背書人除在匯票背面簽章外，並在簽章上面作「付與……（被背書人的姓名或商號）」的記載，英文則爲 Pay to the Order of so-and-so (Name of Endorsee) 例如：

Pay to the Order of John Chang

C.Y. Chang

上例中 C.Y. Chang 是背書人，John Chang 是被背書人。在前示空白背書例中，執票人 C.K. Wang 在 C.Y. Chang 空白背書上面，加上 Pay to the Order of C.K. Wang 字句，即是將空白背書改成特別背書。如果被背書人不欲自己兌取票款，而將匯票讓予他人時，他除親筆背書外，並記明票款應照被背書人的指示(Order)而支付。例如 C.K. Wang 將匯票讓予 Joseph Ling 時，其背書如下：

Pay to the Order of John Chang

C.Y. Chang

Pay to the Order of Joseph Ling

John Chang

這種連續的背書，可對匯票的讓予人，及再讓予人作一聯貫的記錄。萬一匯票發生拒付時，持票人即可根據此記錄，向所有背書人行使追索權。

㈢限制背書 (Restrictive Endorsement)

限制背書係指禁止匯票再行轉讓的背書，或明示僅授權依照匯票的記載參與而已，並非轉讓所有權的背書(英國票據法第三十五條第一項)。美國統一商法第 3-205 條規定限制背書爲：

An endorsement is restrictive which either

(a) is conditional, or

(b) purports to prohibit further transfer of the instrument; or

(c) include the words "for collection", "for deposit", "pay any bank", or like terms signifying a purpose of deposit or collection; or

(d) otherwise states that it is for the benefit or use of the endorser or of another person.

我國票據法對於「禁止轉讓」背書分爲兩種情形 (票據法第三十條)。

(a)發票人記載「禁止背書」, 此類匯票即不得轉讓。

(b)背書人記載「禁止轉讓」, 仍可背書轉讓, 祇是記載「禁止轉讓」的背書人對於再由背書取得匯票的執票人不負責任。換言之, 該背書人的後手不得對該背書人行使追索權。

綜上所述, 限制背書可分爲三種:

1.背書人因限制匯票的再度轉讓而作成的背書。例如:

　　Pay to Joseph Ling Only

2.因背書人爲表明被背書人爲其代理人而作成的背書。例如:

　　Pay to the Order of……(Collecting Bank) for Collection

這種背書又稱爲代理背書、託收背書、權限背書或委任代收背書。外匯銀行讓購匯票後, 將其寄送國外代理行託其代收時, 應作這種背書。這種背書, 匯票的權限並不移轉, 但被背書人得代替背書人行使該匯票所有的一切權利。再者, 被背書人雖不能行使通常的轉讓背書, 卻得再作委任代收背書。

3.背書人爲表明票款付某乙收某丙帳, 而作成的背書。例如:

　　Pay to Joseph Ling for Account of Smith Chen

上述三種背書, 因限制票款僅付予某人或因附有特別目的, 致匯票轉讓受到限制, 故稱爲限制背書。

㈣**不擔保背書** (Qualified Endorsement)

背書人依法應負被追索的責任, 倘背書人不願負此責任, 可於匯票背書時, 加上 "Without Recourse" 字樣, 表明萬一匯票不獲兌付時,

不擔保被背書人（Qualified Endorsee）不得向不擔保背書人行使追索權，其背書方式如下：

Pay to the order of C.K. Wang, without recourse

這種經過不擔保背書的匯票，轉讓性大為減低。但不擔保背書人前的背書人、承兌人、被發票人及發票人等對票款保付的責任，並不因以後有不擔保背書而稍減。我國票據法規定背書人可以記載「免除擔保承兌之責」等字樣。換言之，執票人如果將匯票於到期前向付款人提示承兌而遭到拒絕時，不能向背書人行使追索權。但也規定背書人不得記載「免除擔保付款之責」等字樣。換言之，如執票人在匯票到期，向付款人提示而遭到拒付時，背書人縱使有此項記載，也是無效，執票人仍可向背書人行使追索權（票據法第二十九及三十九條），所以在我國"Without Recourse"的背書無實際意義。

二、匯票的承兌

匯票的承兌，係匯票付款人為表示承諾金額支付之委託擔負義務，而於票面上所為之票據行為。承兌的行為由付款人於匯票正面上以簽名為之。

付款人未承兌之前，對於匯票不負任何委託的責任，但一經為承兌而簽名後，便成為票據的主要債務人。匯票的發行是一種單獨行為，發票人在票據上所記載之付款人，是否負付款之責任，並非執票人所得而知，因此法律允許執票人於到期日前，向付款人請求承兌，付款人於承兌後，才負有支付匯票責任，而執票人始可對承兌人（付款人）行使票據的權利。

承兌有兩種，一為正式承兌，一為略式承兌。正式承兌的付款人在匯票正面上記載「承兌」字樣並簽名；而略式承兌則為承兌人僅在匯票正面上簽名，而未記載承兌字樣。

英美法認爲發票人、背書人所爲關於承兌提示之命令或表禁止之記載，也產生票據法上之效力。我國票據法採英美制，故允許發票人或背書人得以要求承兌人履行其責任（見票據法第四十四及四十七條）。

三、匯票的追索

匯票的追索權，指匯票到期時不獲付款，或在到期日前不獲承兌，或無從爲承兌；或付款人、承兌人受破產宣告時，執票人於行使或保全匯票上權利之行爲，而對於其前手，請求償還票據金額、利息及費用之權利（票據法第八十五條）。

在執票人向發票人行使追索權而受淸償時，則一切背書人，及其他票據債務人，均因而免除責任。此外，在執票人對某位背書人因追索而獲淸償時，該位背書人仍得以向自己之前手請求償還，逐一追索，一直追索到發票人，也因此，發票人遂爲最後之償還債務人。

依我國票據法規定，匯票雖在到期日前，即使有其他法定原因，執票人仍可以行使追索權，而執票人的追索權即是行使「償還請求權」。執票人（即債權人）於不獲承兌或不獲付款，或無法獲得承兌提示時，須作成正式的拒絕證書。若付款人或承兌人對在匯票上記載之提示日期內拒絕承兌或付款，並經其簽名後，與作成拒絕證書有同樣的效力，稱做「略式拒絕證書」（票據法第八十六條第二項）。

至於匯票之債務人，因被追索而爲淸償時，得向執票人要求交出匯票，及附有收據之償還計算書，有拒絕證書者，並得請求一併交出，若執票人不交出時，匯票之債務人則無須予以淸償。

在下列兩種情況下，追索權將喪失其效力：

1.發票人爲背書人時，對其前手無追索權。

2.前背書人爲被背書人時，對其原有之後手無追索權。

因在這兩種情況下，發票人及前背書人又負有擔保償還之義務，故

無追索權。除此之外，匯票的債權人將因下列情況，也喪失其追索權：

㈠票據的權利因超過時效而消滅

　　1.對匯票及承兌人的票據權利，自到期日起算，三年間不行使，因時效已過而消滅。

　　2.匯票執票人對前手的追索權，自作成拒絕證書日起算，一年間不行使，因時效已過而消滅。若其免除作成拒絕證書者，匯票則自到期日起算。

　　3.匯票之背書人，對於前手之追索權，自為清償之日或被訴之日起算，6個月間不行使，因時效已過而消滅。

㈡執票人拋棄追索權

　　即未作成及提出拒絕證書者，也就是放棄抗議(To waive protest)。

㈢執票人不在法定期限內，對其前手行使或保全匯票的權利

　　也就是執票人不於承兌及付款期限內提示，或於拒絕承兌或提示日五日之內作成拒絕證書者。

㈣執票人不於法定期限內，向參加承兌人或預備付款人行使或保全票據權利者。

第四章　信用狀[1]

在外匯交易之中，進出口商為清償貨款而產生的外匯交易佔最重要地位，而進出口貿易的貨款清償則大多採用逆匯方式。並且在逆匯方式中，又多數係以信用狀（Letter of Credit）為手段。因此信用狀交易在外匯交易中，佔有非常重要的地位。本章特就信用狀有關各項問題加以說明。

第一節　信用狀的意義

信用狀乃是進口商的往來銀行應進口商的請求，提供本身的信用，向出口商簽發的文據（Instruments）或函件（Letter），以該項文據或函件，該銀行承諾：出口商的匯票得開致該行或開致該文據或函件所指定的另一銀行而不必開致進口商；且若其所開的匯票合乎該文據或函件所載條款，則依該匯票付款期限，而將予承兌或將予付款。國際商會所制訂「信用狀統一慣例」（Uniform Customs and Practice for Documentary Credits, 1993 Revision）對於信用狀所下的定義為：「跟單信用狀」及「擔保信用狀」（以下稱「信用狀」）意指銀行（開狀銀行）為其本身或循客戶（申請人）之請求並依其指示所為之任何安排，不論其

---

[1] 請參閱張錦源、林茂盛先生合著，《國際貿易實務》，三民書局，民國 64 年 2 月，頁四三五～五○一；以及張錦源先生著，《信用狀與貿易糾紛》，民國 65 年 4 月，頁八～二二一。

名稱或描述爲何，在符合信用狀條款之情形下，憑所規定之單據：

　　1.對第三人(受益人)或其指定人爲付款，或對受益人所簽發之匯票爲承兌並予付款，或

　　2.授權另一銀行爲上項付款，或對上項匯票爲承兌並予付款，或

　　3.授權另一銀行爲讓購。

　　從上面定義，可知：(1)信用狀的開發，是出自進口商的請求。(2)進口商訂明在出口商簽發匯票時，必須符合一定的條件，因此進口商可獲得足夠的保障。(3)出口商因銀行既允爲付款，所以發貨時只要履行信用狀規定的條件，即可簽發匯票，收不到貨款的風險，大爲減低。總之，所謂信用狀，乃進口地銀行應進口商的要求，對出口商所簽發的文據，其中同意出口商得按所載條件以開出匯票，而由銀行負兌付責任。

　　爲使讀者更加明瞭信用狀在國際貿易中所扮演的角色，茲將國際商品交易及信用狀開發基本過程圖示如下，並簡述之。

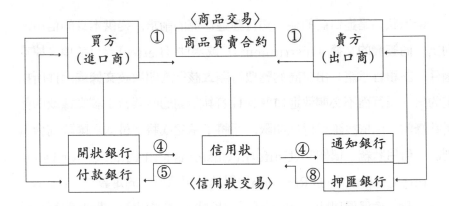

圖 4-1　國際商品交易及信用狀開發過程

　　①買賣雙方簽訂商品買賣合約。

　　②依買賣合約決定簽發何種信用狀。

③買方（進口商）向開狀銀行申請開發信用狀。

④開狀銀行將信用狀寄往出口商所在地的往來銀行，此一銀行稱爲通知銀行
　（④爲開狀銀行將信用狀直接寄達出口商）。

⑤通知銀行將信用狀寄達出口商，以便辦理出口簽證裝運及押匯等手續。

⑥裝船完妥後，出口商跟單匯票將提交押匯銀行，請求讓購或押匯。

⑦押匯銀行審核貨運單據及匯票無誤後，將貨款墊付予出口商。

⑧押匯銀行將跟單匯票寄往開狀銀行或其指定之銀行，請求償付出口貨款，此
　一銀行稱爲付款銀行。

⑨付款銀行通知買方（進口商）來贖回貨運單據，以便結關提貨。

⑩買方（進口商）償付貨款，並領回貨運單據。

⑪付款銀行寄出貸項通知或發款通知（Credit Advice），表示貨款已入帳。

第二節　信用狀的種類

信用狀隨各種觀點而有各種不同的分類法，常見的分類法有：

一、可撤銷信用狀與不可撤銷信用狀

所謂不可撤銷信用狀（Irrevocable L／C），即信用狀一旦寄達受益人以後，在其有效期間內，非經開發信用狀申請人、開狀銀行、保兌銀行或受益人等有關各方面的同意，不得將該信用狀的條件作片面的取銷（Cancel）或修改（Amend）而言。現在的信用狀上如未載明可撤銷的，則視爲不可撤銷。

不可撤銷信用狀的另一特色是開狀銀行對受益人或對受益人及該信用狀下匯票的背書人及善意持有人約定：如匯票及貨運單據合乎該信用狀條件，開狀銀行即將履行該信用狀約定有關付款、承兌或讓購的諾言。

至於可撤銷信用狀，則與不可撤銷信用狀不同。所謂可撤銷信用狀

即指無需預先通知受益人，不管匯票及貨運單據業已送交與否，隨時可以被取消或修改的信用狀而言。這種信用狀通常載有 "This credit is subject to revocation or modification at any time, either before or after presentation of documents, and without notice to you" 這類的文字。這種不負責任的信用狀，出口商雖取得，但在裝貨簽發匯票的銀行提示請求付款之前，有隨時被取消的可能，對出口商毫無保障可言，因此這種信用狀現在已很少利用。

可撤銷信用狀雖可隨時片面修改或取消，但依信用狀統一慣例，善意的押匯銀行於收到開狀銀行的取銷或修改通知之前，已讓購匯票時，開狀銀行仍應予兌付。

二、保兌信用狀與不保兌信用狀

信用狀如經開狀銀行以外的另一家銀行擔保兌付受益人所開的匯票時，稱為保兌信用狀（Confirmed L／C）；如信用狀沒有這種兌付的擔保，稱為不保兌信用狀（Unconfirmed L／C）。

信用狀之保兌，通常出於出口商之請求。信用狀既經另一家信用卓著的銀行保兌，出口商便可安心裝運，憑保兌信用狀簽發匯票兌取貨款。

保兌銀行所負的擔保責任是絕對的,而非開狀銀行不能履行義務時，保兌銀行才負責的或有（Contingent）性質者。換句話說，保兌銀行與開狀銀行須對受益人及對於受益人所簽發匯票給付兌價的銀行，共同或單獨（Jointly or Severally）負責。正因保兌銀行所負的責任，不論其形式或範圍，完全與開狀銀行所負的責任相同，所以除非保兌銀行對開狀銀行具有充分的信心，或者除非保兌銀行已將其所保兌的款額從開狀銀行帳圈存，否則絕不輕易加以保兌。保兌的文句，通常如下：

The above-mentioned correspondent (issuing bank) engages

with you that all drafts drawn under and in compliance with the terms of this credit will be duly honored.

At the request of the correspondent, we confirm their credit and also engage with you that drafts drawn in conformity with the conditions of this credit will be honored by us.

上述保兌的用語，分爲兩句。第一句爲開狀銀行對於匯票將妥爲兌付的擔保。第二句爲保兌銀行表示也負匯票兌付的責任。

三、有追索權信用狀與無追索權信用狀

信用狀上如有載有"With Recourse"字樣的，稱爲「有追索權信用狀」（With Recourse Credit）。信用狀上如載有"Without Recourse"字樣的，稱爲「無追索權信用狀」（Without Recourse Credit）。如果信用狀上既未載有"Without Recourse"字樣，也無"With Recourse"字樣，實務上視爲"With Recourse Credit"。

憑有追索權信用狀開出匯票，萬一匯票遭到拒付時，被背書人可向背書人請求償還票款。反之，憑無追索權信用狀開出匯票，如匯票遭到拒付時，被背書人不能向背書人請求償還票款。換句話說，前者有追索權，後者無追索權。無追索權匯票在我國並無意義，因此無追索權信用狀在我國也不具意義。

四、即期信用狀與遠期信用狀

信用狀如規定受益人開發即期匯票時，稱爲即期信用狀（Sight Credit）。反之，如要求開發遠期匯票（Time, Usance 或 Acceptance Draft）的，稱爲遠期信用狀（Usance Credit）。在即期信用狀的場合，不管匯票的付款人是開狀銀行或進口商或其他指定銀行，只要所開出的

匯票符合信用狀的條件，一經提示，開狀銀行即須立刻付款，進口商也須立即向開狀銀行付款贖票。反之，在遠期信用狀的場合，匯票先經付款人承兌，至到期日（Maturity）才予付款。雖然讓購銀行非到期不能取得票款，但如需週轉資金時，仍可將該承兌匯票在貼現市場予以貼現。但爲便於貼現，這種匯票以銀行爲付款人並由其承兌的較佳。這種由銀行承兌的匯票稱爲銀行承兌匯票（Banker's Acceptance），以有別於由一般商人承兌的商業承兌匯票（Commercial Acceptance）。在信用狀交易的場合，受益人開出的匯票以開狀銀行或其指定的銀行爲付款人的佔大多數。

五、一般信用狀與特別信用狀

開狀銀行如在信用狀上特別限定某一銀行讓購其信用狀項下的匯票，這種信用狀稱爲特別或限制信用狀（Special 或 Restricted Credit）。反之，沒有特別指定讓購銀行的信用狀，稱爲一般或巡迴讓購信用狀（General 或 Open 或 Circular Negotiation form Credit）。信用狀無特別限定讓購銀行，通常即視爲 General Credit。

Restrict 的文句如下：

1.Negotiations under this credit are restricted to....Bank, Taipei.

2.This credit is available thru....Bank, Taipei, only.

一般信用狀可使受益人在本國選擇最有利的匯率或提供較佳服務的銀行請求轉讓匯票，而且若匯票係以外幣開發時，受益人可以外匯預售方式來規避匯率變動之風險。

六、跟單信用狀與無跟單信用狀

信用狀如規定讓購匯票時，須同時提供一定的貨運單據，則這種信

用狀稱爲跟單信用狀(Documentary L／C)。一般的信用狀多屬於這一類。反之，無跟單信用狀（Documentary Clean Credit)，或稱爲無擔保品信用狀，則規定讓購匯票時，無需提供貨運單據。由於貨運單據係由出口商逕寄進口商，開狀銀行若無貨運單據作爲跟單擔保，則其所負風險甚大。因此除非進口商於申請信用狀時預先繳付全額信用狀款項，或進口商信用卓著而又有某種擔保，押匯銀行一般情形下不會接受此種信用狀之申請。

七、可轉讓信用狀與不可轉讓信用狀

可轉讓信用狀（Transferable Credit）以前又稱爲可移轉信用狀（Assignable Credit)。在現代，由於信用狀的廣泛使用，及居於交易媒介的中間商人日見重要，信用狀的受益人可能並非貨物的直接供應廠商，而爲中間商。因此，如信用狀可轉讓，則應於中間商的信用狀受益人向製造廠商訂製或向供應商採購時，可將信用狀轉讓給該製造廠商或供應商，而不必自備資金支付訂金。凡信用狀載明允許受益人將信用狀金額的一部或全部轉讓給第三人的，即可稱爲「可轉讓信用狀」(Transferable L／C)。根據信用狀統一慣例第四十八條規定，如在信用狀上載明信用狀金額可以一部或全部轉讓的，這種信用狀即可由受益人轉讓給第三者（第二受益人)。

凡信用狀上，開狀銀行未明確標明「可轉讓」(Transferable) 字樣者，便爲不可轉讓信用狀（Non Transferable Credit)。依統一慣例第四十八條(b)項之規定，非有明示轉讓字樣者，不得轉讓信用狀，即使以「可分割的」(divisible)、「可分的」(fractionable)、「可讓渡的」(assignable)、或「可移轉的」(transmissible) 字樣出現於信用狀上，亦不得轉讓之。

八、本地信用狀與原始信用狀

信用狀受益人（出口商），爲謀取中間利潤，除可要求開發「可轉讓信用狀」外，爲求交易的保密，尚有一種方法，即所謂「本地信用狀」（Local Credit 或 Back-to-Back Credit），或稱爲國內信用狀。具體的說，有時信用狀受益人本身並非貨物的供應商，但一方面因不願對方知道自己並非供應商，也不願其知道自己是以廉價購得貨物後再行轉賣給他，另一方面爲避免國外買方與國內供應商直接接觸，他（即出口商）便可向通知銀行（有時爲本地其他銀行）憑開給自己的信用狀申請另開一信用狀給供應商。這種憑另一信用狀而開發給供應商的信用狀，即爲「本地信用狀」。在此情形下，原來的信用狀則稱爲 "Original Credit"，"Master Credit" 或 "Primary Credit"。至於本地信用狀也稱爲 "Secondary Credit, Sub-Credit, Subsidiary Credit" 或 "Domestic Credit"。

九、現金信用狀、憑收據付款信用狀、及憑單據付款信用狀

所謂現金信用狀（Cash Credit）是指進口地銀行應進口商的請求，預先將應付的資金匯存出口地的總分支行或代理銀行，並指示其在受益人提示以他們爲付款人的特定匯票（可能是跟單匯票，也可能是無跟單匯票）時，即以上述資金支應的信用狀。因爲這種匯票是見票即付，所以是前述 Sight Credit 的一種。

憑收據付款信用狀（Payment on Receipt Credit）與 Cash Credit 很相似，這種信用狀是由進口國的開狀銀行向出口國的銀行所發生的函件，授權其對於特定的出口商，於一定金額內，憑出口商所提交的貨運單據（依信用狀規定）及領款收據即可支付貨款，受益人不必開發匯票。

由於出口商憑領款收據即可收款，自可免除一般匯票發票人應負的責任
——即無追索權的問題發生，對於出口商較有利。有些歐洲國家（如德
國、奧國），關於匯票的印花稅票，常規定由付款人負擔，所以進口商為
避免負擔這類費用，而常要求於信用狀上加註 "Simple Receipt
Instead of Draft Acceptable" 的條款。

　　至於憑單據付款信用狀（Payment against Documents Credit）
則為開狀銀行應進口商的要求，向出口地銀行發出的函件，這函件授權
出口地銀行得憑出口商所提交的貨運單據，就其商業發票所載金額支付
給出口商。其特點是既無匯票又無領款收據。

　　Cash Credit 所常用的字句如下：

"This is to confirm that.... Bank (advising bank) is holding
US $ ....for account of....(accountee) payable against your sight
drafts on us (in duplicate)."

　　Payment on Receipt Credit 常用的字句為：

"By request of the above-mentioned principal and for
account of the same, we open an irrevocable documentary credit,
valid until.... available at sight for a maximum of US $ .... which
please pay against presentation and delivering of the following
documents: (1) Simple receipt signed by beneficiary...."

十、回復信用狀與不回復信用狀（循環信用狀與非循環信用狀）

　　通常信用狀的金額及其有效期限均有一定，除非修改增加金額，其
金額一經用完，信用狀即失效。再者，縱使尚有未用餘額，而已逾越有
效期限，則除非展期，信用狀也即失效。這種通常的信用狀即為不回復

信用狀（Non-Revolving Credit）。

在賣方與買方之間，就同一種類商品作反復的交易時，如成交一批，買方（進口商）即須請求銀行開發信用狀一次，則不單麻煩費事，並且多花費用。但如一次開發鉅額的信用狀，則進口商須繳納鉅額的保證金，對進口商來說，很不便利。於是銀行乃設計一種辦法解決這個問題。即開發一種信用狀，規定在一定期間，一定限額內，得回復使用。這種得回復使用的信用狀，稱為回復信用狀（Revolving Creditor Continuing Credit），又稱為循環信用狀。

十一、擔保信用狀（又稱保證信用狀）

擔保信用狀（Stand-by Credit）在二次大戰後才盛行，其特點為：不以清算商品買賣價款為目的，而是以融通資金或擔保為目的所開發的一種信用狀。假如本國商人擬向國外借款時，即可請求本國銀行開出以貸出款項的外國銀行為受益人的信用狀。信用狀規定借款人（即開發信用狀申請人）不於規定日期償還借款本息時，該外國貸款銀行即得就其本息開出即期匯票向開狀銀行求償。這種信用狀所規定的條款，除要求的單證與普通信用狀略有不同外，其他條款大致相同。例如為借款而開發的 "Stand-by Credit" 常要求受益人於讓購匯票時，須提出一種聲明書，其條款如下：

"Beneficiary's statement in⋯⋯copies certifying that⋯⋯（借款人）have failed to make repayment on or before the due date on the loan referred to below made to them by the beneficiary and that the amount drawn represents unpaid and accrued interest as agreed upon."

又如本國進口商標購大批貨物時，為防投標人得標後拒絕訂約，而

要求投標人提供押標金（Bid Bond），及訂約時為防訂約商無力履行交
貨義務，而要求訂約商提供履約保證金（Performance Bond），投標人
或訂約商也常洽請銀行開發以進口商為受益人的擔保信用狀。這種押標
金信用狀及履約保證金信用狀所要求的單據通常為受益人所出具的聲明
書，其常用條款如下：

1.Your signed statement certifying to the effect that Wes-
tinghouse Company was the successful bidder under invitation
No……covering the supplying of four model 440-H motor graders
and that Westinghouse Company did not comply with the terms
of the award. (for bid bond)

2.Beneficiary's written statement in……copies certifying that
the ABC company has defaulted in the performance of the terms
and conditions of its agreement with you dated……(for perfor-
mance bond)

反之，本國廠商向國外製造廠商購買機器等時，因價款過鉅，乃以
分期付款方式進口。但這種賒帳交易，因付款期限延長較久，供應商風
險大，所以常要求進口廠商提供保證。例如現今我國向日本、西德及義
大利等國家購買機器分期付款的辦法，即需要提供銀行的保證。這時即
可由銀行開出 Stand-by Credit。

十二、紅條款信用狀（打包信用狀）與綠條款信用狀

通常的信用狀，受益人必須將貨物交運，取得提單及備妥其他信用
狀所規定的貨運單據後，才能向銀行押匯領取貨款。因此，自搜購或製
造出口貨物以至向銀行押匯的一段期間，受益人無法從信用狀本身得到
資金的融通。為使受益人能夠在這一段期間獲得搜購或製造出口貨物所

需的資金，乃有所謂 Red Clause Credit 的產生，Red Clause Credit 可譯爲紅色條款信用狀，也可譯爲預支條款信用狀。即在信用狀上附加一特定條款（即所謂紅色條款）規定受益人在一定條件下，在貨物出口之前，得憑該信用狀開出匯票或收據向開狀銀行指定的銀行（通常爲通知銀行）請求墊款。出口地銀行所墊的款項，則等受益人日後向銀行押匯時扣還。假使受益人到期未能出口，也不歸還墊款，墊款銀行即逕向開狀銀行要求代爲償還墊款的本息。

這種准許出口之前墊款的條款，當初是用紅字註明或用紅墨水印刷，以引人注意，所以稱爲「紅色條款」。但現今信用狀上的紅色條款未必即爲紅色。因此，信用狀上祇要載有條款，允許受益人在貨物裝運出口前，開發匯票或收據預支款項的，即可稱爲紅條款信用狀。紅條款信用狀又稱爲「打包信用狀」（Packing Credit）。因爲所採購的貨物，將運至港口，打包裝運國外之故。

綠條款信用狀（Green Clause Credit）與紅條款信用狀相似，同爲用於預支款項的信用狀。兩者不同之處在於綠條款信用狀需以倉單（Warehouse Receipt）作爲擔保。此即出口商在貨物裝運之前，須將貨物存放於倉庫，於取得倉單後，連同信用狀向銀行申請按照貨物價款某一成數的墊款。出口商以所預支款項採購或生產其餘貨物，再將其存放於相同之倉庫，並取得倉單再向銀行申請該信用狀項下剩餘款項的預支，只是仍要受一定成數墊款的限制。在此一場合，銀行可以了解出口商生產貨物的進度，而作有效的控制，並藉以減輕進口商所承受的風險。

十三、委託購買證

所謂委託購買證（Authority to Purchase 簡稱 A／P），乃進口地外匯銀行應進口商的請求，開發給它在出口地的總分支行或同業的授權書，授權該行得按一定的條件，代其購買出口商開致進口商的跟單匯票。

因爲受託銀行僅爲代辦購買匯票手續，購買匯票的款項通常是以開狀銀行在該行之同業存款項下支出。此種委託購買證具有兩項特點：⑴開狀銀行對該匯票並無承兌或付款之保證，因此，可說是一種可撤銷的信用狀；⑵因匯票付款人爲進口商，若進口商拒絕付款時，出口商須立即償還匯票款項，因此，可說是一種有追索權的信用狀。

十四、委託付款證

委託付款證或付款授權書（Authority to Pay）乃爲進口地外匯銀行應進口商的請求，授權出口地的總分支行或同業承擔匯票的付款人，並由其兌付匯票的通知書。在此情形下，出口地的總分支行或同業，不僅爲通知銀行，同時也是付款銀行。通知銀行收到委託付款證後，即向受益人發出通知書，日後由受益人憑通知書開出匯票。這匯票旣以通知銀行爲付款人，則最後自須由通知銀行收兌。通知銀行於收兌的當日，將同等金額借入開證銀行存款帳戶，與進口商有無存款，並無關連。換句話說，Authority to Pay 乃一銀行對另一銀行的付款授權書，其權利義務關係僅存在於銀行與銀行之間，至於應由進口商償還的票款，則由開證銀行收取。Authority to Pay 與 Authority to Purchase 不同之點爲前者以通知銀行爲匯票付款人，後者則以進口商爲匯票付款人，前者通常並以即期付款爲限。

第三節　信用狀的關係人

凡與信用狀交易有關的人，稱爲信用狀的關係人（Parties Concerned）。信用狀的關係人有：

一、開發信用狀申請人（Applicant for the Credit）或買主（Buyer）

通常進口商依買賣契約所訂的付款條件，向其往來銀行申請開發信用狀，這進口商通稱爲開發信用狀申請人。又因信用狀賦予信用的對象是買主，所以又稱爲受信買主（Accredited Buyer），此外有時在不同場合也稱爲 Accountee, Opener, Importer, Principal, Customer, Consignee, Grantee, Holder, Accreditor 或 Account Party 等等。不過在若干特殊情形下，開發信用狀申請人可能並非買主而爲買主的受託人，例如與非洲客戶交易時，其開發信用狀申請人往往爲倫敦的 Confirming house。

二、開狀銀行（Opening Bank）

應開發信用狀申請人的要求而開發信用狀的銀行，稱爲開狀銀行，又稱爲 Issuing Bank 或 Grantor 或 Giver 等。

三、通知銀行（Advising Bank, Notifying Bank）

將信用狀轉知受益人（出口商）的銀行，稱爲通知銀行，或稱爲轉達銀行（Transmitting Bank）。通知銀行多由開狀銀行在出口地的總分支行或往來銀行擔任。

四、受益人（Beneficiary）

在信用狀交易中，商品的賣方稱爲受益人（Beneficiary），也就是出口商（Exporter），此外又稱爲 Accreditee, Addressee, User 等。

信用狀受益人憑信用狀，按其條件裝運貨物後，即可開出以開狀銀行、進口商或指定銀行爲被發票人（付款人）的匯票，連同貨運單據持

往當地外匯銀行請其購票。

五、讓購（購票、押匯）銀行（Negotiating Bank）

應出口商的請求，承購或貼現信用狀項下匯票的銀行，稱為讓購（購票、押匯）銀行或貼現銀行。如果通知銀行與出口商素有往來，很可能通知銀行即為讓購銀行。信用狀如無特別限制押匯銀行，出口商可以選定一家銀行辦理押匯事宜。這時押匯銀行不一定是原來的通知銀行。

六、轉交銀行（Processing Bank）

假如信用狀限定押匯銀行，而該銀行又非出口商的往來銀行，或出口商不願意向該特定銀行請求押匯時，出口商可透過其往來銀行向該特定銀行請求押匯。在此場合，這往來銀行祇限於轉交，所以稱之為轉交銀行。

七、付款銀行（Paying Bank）

匯票以銀行為付款人時，該銀行即為付款銀行。付款銀行可能是開狀銀行，也可能是開狀銀行以外的銀行。如受益人開發的匯票，是以其本國貨幣表示的，通知銀行可能就是付款銀行。例如我國外匯銀行開出美金信用狀，而指定匯票付款人為其紐約分行或其代理行時，紐約的分支行或代理行即為付款銀行。

此外，在遠期匯票的場合，因有承兌票據的行為，所以有時付款銀行又稱為承兌銀行（Accepting Bank）。

八、歸償銀行或清算銀行（Reimbursing Bank, Clearing Bank）

有時信用狀規定出口商應開出以開狀銀行或進口商為被發票人的匯

票，同時規定押匯銀行於押匯之後應另開出匯票向紐約（美金時）或倫敦（英鎊時）的指定銀行求償。在此場合，該紐約或倫敦的銀行即稱爲歸償銀行或清算銀行。押匯銀行另行開發的匯票稱爲求償匯票（Reimbursement Draft）。

九、保兌銀行（Confirming Bank）

有時因開狀銀行的信譽不夠堅強，或受益人對開狀銀行的信用不明，或開狀銀行國家經濟狀況不佳而須由開狀銀行另請一家爲受益人所熟悉的銀行（通常是出口地的通知銀行）或其他信用卓著的銀行對其所開的信用狀擔負「兌付」的責任。這一家擔負兌付的銀行即爲保兌銀行。

十、轉押匯銀行（Renegotiating Bank）

有時信用狀指定押匯銀行，而該銀行非出口商的往來銀行，出口商可能直接向其往來銀行申請押匯，再由這押匯銀行向信用狀指定的押匯銀行辦理轉押匯。在此場合，該指定押匯銀行即稱爲轉押匯銀行。

十一、受讓人（Assignee）

可轉讓的信用狀可將信用狀的一部份或全部金額轉讓與第三者。此第三者稱爲受讓人，英文亦有稱 Transfee。可轉讓的信用狀由原受益人轉讓一次後，受讓人不得再將信用狀轉讓給另一人，但其享有的權利與義務與原受益人相同。雖原受益人只能轉讓一次，但在無禁止分批裝運的信用狀情況下，可以一次同時轉讓給數個受讓人；在有禁止分批裝運的可轉讓信用狀情況下，原受益人如欲轉讓時，必須將信用狀全部金額一次轉讓給同一受讓人。此受讓人又稱第二受益人（Second Beneficiary）。原受益人即爲轉讓人。當然，信用狀必須是可轉讓的（Transferable），亦即在信用狀有註明此一字樣者，才可以轉讓。

第四節　信用狀的內容

一、信用狀記載之事項

信用狀格式因開狀銀行而異，甚至同一銀行所使用的信用狀格式也因信用狀的種類或目的而各有不同的格式，但大致說來，一般信用狀多載有下列各項目：

(一)關於信用狀本身

    1.開狀銀行（Opening Bank）名稱

    2.表示信用狀種類的詞句

    3.信用狀號碼（L／C Number）

    4.信用狀開發日期（Date of Issue）

    5.受益人（Beneficiary）名稱與地址

    6.開發申請人（Applicant, Accountee）

    7.通知銀行（Advising Bank）

    8.可用金額（Available Amount）即信用狀金額（L／C Amount）

    9.有效期限（Terms of Validity or Expiry Date）

    10.開狀銀行有權簽字人之簽字，通常為雙簽。

(二)關於匯票

    1.發票人（Drawer）

    2.被發票人（Drawee）即付款人

    3.匯票期限（Tenor, Usance）

    4.匯票金額（Amount）

(三)關於貨運單據

    1.商業發票（Commercial Invoice）

2.提單（B／L）

3.保險單據（Insurance Policy or Certificate）

4.其他（Other Documents）

(四)關於商品

商品名稱、數量、單價等（Description, Quantity, Unit Price, etc.）

(五)關於運輸

1.裝運地、目的地（Point of Shipment／Destination）

2.裝運期限（Latest Date of Shipment）

3.可否分批裝運

4.可否轉運

(六)其他

1.有關讓購銀行應注意事項（如將押匯金額在信用狀背面批註即Endorse）

2.根據國際商會制定信用狀統一慣例規定辦理條款

3.關於銀行擔保兌付（Honor）的詞句：

　(1)不可撤銷條款

　(2)可撤銷信用狀時，其免責詞句

　(3)電報開發的，通知銀行免責詞句

　(4)保兌信用狀的，保兌銀行的保兌詞句

二、信用狀內容示例

MANUFACTURERS HANOVER TRUST COMPANY
INTERNATIONAL DIVISION   August 15, 1994
　44 WALL STREET   No.12345
　NEW YORK 15, N.Y.

IRREVOCABLE
COMMERCIAL LETTER CREDIT

TAIWAN Co., Ltd.   MAIL TO
                      Via Airmail thru:
P.O. Box 567,   BANK OF TAIWAN,
TAIPEI TAIWAN   TAIPEI TAIWAN

GENTLEMEN:

WE HEREBY AUTHORIZE YOU TO VALUE ON MANUFAC-
TURERS HANOVER TRUST COMPANY, NEW YORK, N.Y. FOR
ACCOUNT OF American Company, New York, N.Y. 10001 UP TO AN
AGGREGATE AMOUNT OF, $6,000.00 AVAILABLE BY YOUR
DRAFTS AT Sight FOR 100% INVOICE VALUE OF MERCHANDISE
TO BE DESCRIBED IN THE INVOICE AS Tape Recorder FOB Taiwan
ACCOMPANIED BY:

Commercial Invoice in triplicate

Customs invoice in duplicate

Packing list in triplicate

Inspection Certificate in duplicate

Full set of clean on board bills of lading to order of Manufacturers
Hanover Trust Company, New York, N.Y. marked notify American Com-
pany, New York.

Evidencing shipment from Taiwan to New York during the month of
October, 1994.

Insurance to be effected by American Company.

Partial shipments permitted.

Negotiating bank is authorized to forward all documents to us in one
airmail.

THE AMOUNT OF ANY DRAFT DRAWN UNDER THIS CREDIT
MUST BE INDORSED ON THE REVERSE HEREOF. ALL DRAFTS
MUST BE MARKED"DRAWN UNDER LETTER OF CREDIT OF
MANUFACTURERS HANOVER TRUST COMPANY No. 12345 DATED
August 15, 1994."

WE HEREBY AGREE WITH THE DRAWERS, INDORSERS AND
BONA FIDE HOLDERS OF DRAFTS DRAWN UNDER AND IN COM-
PLIANCE WITH THE TERMS OF THIS CREDIT, THATSUCH
DRAFTS WILL BE DULY HONORED ON DUE PRESENTATION TO

THE DRAWEES IF NEGOTIATED ON OR BEFORE February 15th,
1991 OR PRESENTED AT THIS OFFICE TOGETHER WITH THIS
LETTER OF CREDIT ON OR BEFORE THAT DATE.

　THIS CREDIT IS SUBJECT TO THE UNIFORM CUSTOMS AND
PRACTICE FOR DOCUMENTARY CREDITS (1993 REVISION),
INTERNATIONAL CHAMBER OF COMMERCE, PUBLICATION No.
500.

AUTHORIZED SIGNATURE

　　茲就上列郵遞不可撤銷信用狀說明其內容。郵遞信用狀是由開狀銀行逐寄受益人或請受益人所在地的總分支行或往來銀行就近交付受益人。上例爲美國 Manufacturers Hanover Trust Co. 所開出的郵遞信用狀，茲分別說明有關事項：

㈠關於信用狀本身部分

　　1.爲開狀銀行名稱及地址：Manufacturers Hanover Trust Company, International Division, 44 Wall Street, New York 15, N.Y.

　　2.載明爲「不可撤銷信用狀」（Irrevocable Commercial Letter of Credit）。

　　3.日期 August 15, 1994 是開狀日期。

　　4.No. 12345 爲信用狀號碼。

　　5.Taiwan Co., Ltd., P.O. Box 567, Taipei, Taiwan 是受益人（Beneficiary）。

　　6.本文第三行"for Account of"後面所記公司是開發信用狀申請人（即被記帳人，Accountee）。申請人通常爲買主，所以除非另有相反記載，商業發票應以此申請人爲擡頭（Addressee），但有時也有以接受買主轉賣的第三者行爲 Accountee。爲表明這種關係，有些信用狀於 Accountee 的後面"Order Placed Through...."或"According to the Order of...."以表示買主是誰。

7. "up to an Aggregate Amount of……"是說明可用金額限度，開發匯票金額不得超過這限額。有時或以 "For a Sum or Sums not Exceeding a Total of…."表示。類似詞句尚有 "To the Extent of not Exceeding a Total of…."或 "for a Maximum Amount of…."等等。

8. 倒數第七行，"on or before"表示信用狀有效期限。

㈡關於匯票部分

1. 本文前段 "We Hereby Authorize You to Value……"是表明銀行授權受益人開發匯票的詞句。因此匯票的發票人為文中的 "You"即受益人 Taiwan Co., Ltd., Taipei，其他人不得為發票人。

2. 匯票的付款人以 "to Value on……"表示。現在一般銀行信用狀通常均以開狀銀行或開狀銀行設有存款帳戶的其他銀行作為匯票的付款人。類似的詞句尚有：

(1) We Hereby Authorize You to Draw on….

(2) You Are Hereby Authorized to Draw on….

(3) You are Hereby Authorized to Value on….

3. "Available by Your Drafts at Sight for 100% Invoice Value of…."是規定匯票期限及金額。如見票後 60 天付款，即寫成 at 60 (sixty) days after sight。匯票金額通常與商業發票金額相同，但有些貨物如魚肝油、化學藥品、礦砂、棉花等，當依買賣條件只准許先按商業發票金額若干成開發匯票，等貨物重量、品質等經買主或公證行檢驗後，再就與最後價額（Final Value）的差額開出匯票，或另由買賣雙方自行結算。

4. 其他要求於匯票面記載「依據……（日期）某某銀行信用狀第……號開發」("Drawn under Letter of Credit of… Bank No… dated…")，是為 Drawn Clause。

㈢關於貨運單據部分

Accompanied by 下面記載貨運單據的種類，即：

1.商業發票三份。

2.海關發票二份。

3.包裝單三份。

4.檢驗證明書二份。

如未指明份數時，究應提出幾份？如匯票及貨運單據分兩次發送時，按第一次郵班及第二次郵班各一份，合計應提出兩份。如規定將全部貨運單據一次郵遞，則一份已足夠。

5.全套提單。

㈣關於商品部分

商品名稱在"for 100% Invoice Value of Merchandise to be Described in the Invoice as"文後表明為「錄音機」，貿易條件為FOB。

㈤關於運輸部份

1.裝運地、目的地及裝運期限則在"Evidencing shipment from... to... during..."分別規定由日本港口至紐約，並於一月間裝運。通常以使用下列詞句較多：

"Evidencing Shipments of (Merchandise) from (Shipping port) to (Destination) Shipment Must be Effected not Later than...."裝運期限的詞句也有以："Bills of Lading Must be Dated not later than……"表示。

2.記載准許分批裝運條款。

准許分批裝運的條款有：

Partial Shipments are Permitted.

Partial Shipments are Allowed.

禁止分批裝運的條款有：

Partial Shipments are not Permitted.

Partial Shipments are not Allowed.

㈥其他事項

1.規定本信用狀依據 1993 年修正信用狀統一慣例的規定辦理。

2.對押匯銀行應注意有關信用狀背書的規定。"The Amount of any Draft Drawn under this Credit Must be Indorsed on the Reverse Hereof……"處即是，意指「押匯銀行讓購本信用狀項下匯票時，必須在本信用狀背面背書其讓購金額」。如前所述，信用狀爲擔保兌付受益人所簽發一定限額的匯票，所以無論開狀銀行或押匯銀行均需要時常注意已簽發匯票金額究有若干。因此乃需要將已用的金額在信用狀背面加以批註。

3.開狀銀行負責付款條款及信用狀有效期限："We Hereby Agree with the Drawers, Endorsers, and Bona Fide Holders of Drafts Drawn... on or before..."之處即是。意即「開狀銀行對發票人、背書人及善意執票人約定：凡憑本信用狀簽發的匯票且符合本信用狀的條款，向付款人提示時，將妥予兌付，但限於……年……月……日以前讓購……」這條款明白規定不可取消信用狀付款擔保的絕對性。又由「發票人、背書人、善意執票人」這點看，可明瞭本信用狀並不限定讓購銀行，所以是 Negotiation Credit。

本信用狀上端有"Via Airmail Thru: Bank of Taiwan, Taipei, Taiwan"文句，是表示信用狀的傳達方法爲航空郵遞，寄到位於臺北的臺灣銀行。

第五節 信用狀的開發、通知、保兌及接受

一、信用狀的開發

㈠申請開發進口信用狀的一般手續

1.概述:

外匯銀行多依下述步驟接受開發信用狀的申請:

第一、由進口商向銀行提出申請。

第二、經銀行調查後答覆。

第三、如雙方在條件上獲得協議,即由進口商填送開發信用狀申請書及約定書。如約定須提供保證書或保證金(Margin Money),則由進口商依約定的辦理。

第四、進口商繳納各項費用後,才由銀行按照申請書開發信用狀。

2.銀行接受開發信用狀申請前的審查:

自接洽以至銀行開發信用狀的全部過程中,銀行方面事先例作必要的審查。開發信用狀乃銀行授信的一種形態,因此銀行在開發信用狀時,都像辦理一般放款業務一樣謹慎,這項開發信用狀的事前審查,其考慮的事項有:

⑴信用狀的種類⑵進口商的信用狀況⑶進口商品的內容⑷出口商的信用狀況 (如認爲有必要時) ⑸擔保問題

3.開發信用狀申請書

根據上述審查後,銀行覺得滿意而同意開發信用狀,進口商也已提供所需的擔保後,進口商即應向銀行提出開發信用狀申請書(Application for commercial Letter of Credit),這種申請書的內容、格式均由銀行印製。茲將富邦商業銀行之信用狀申請書格式附於下頁。

開 發 信 用 狀 申 請 書
APPLICATION & AGREEMENT FOR LETTER OF CREDIT

富邦商業銀行
To: Fubon Commercial Bank

核 准 額 度		主	管
墊款轉期(含本件)			
匯 率			
利 率			
本件結匯(%)			
手 續 費 (%)			
融 資 期 間		經	辦
授買時擬收擔保品			

□本分行同意超過21天押匯之墊款單
（未填者視為不同意）

分行

蓋請貴行以航郵/電報開發不可撤銷信用狀一份其內容如下
I/WE HEREBY REQUEST YOU TO OPEN AN IRREVOCABLE LETTER OF CREDIT
BY □FULL CABLE □BRIEF CABLE □AIR MAIL
CONTENTS OF WHICH AS FOLLOWS

ADVISING BANK (通知銀行)(如需指定通知銀行時填列)

CREDIT NO. (由銀行填列)　　　　　DATE 日期

APPLICANT (申請人)營利事業統一編號：

NAME:

ADDRESS:

& TEL:

外匯指定單位	
主	管
覆	核
初	核
狀	費

受益人
BENEFICIARY
NAME:
ADDRESS:

AMOUNT IN FIGURES (小寫)

AMOUNT IN WORDS (大寫)

□ 即期信用狀
□ 遠期信用狀　利息□買方員擔＿＿＿天 □賣方負擔＿＿＿天

EXPIRY DATE 有效期限　　年　　月　　日
IN THE BENEFICIARY'S COUNTRY 以受益人所在地為準
（未填信用狀日起三個月視為最後有效期限）

□AT SIGHT(即期信用狀及買方負擔利息之遠期信用狀請填此欄)
DRAFT(S) TO BE DRAWN □AT ＿＿＿ DAYS (賣方負擔利息之遠期信用狀填此欄) AFTER □SIGHT ON FUBON COMMMERCIAL BANK
□B/L DATE
□AWB DATE.

DOCUMENTS REQUIRED:
1. SIGNED COMMERCIAL INVOICE IN 6 ORIGINALS INDICATING NUMBER OF THE CREDIT AND IMPORT PERMIT NO. ＿＿＿＿＿＿＿

2. □FULL □2/3 SET OF CLEAN ON BOARD MARINE BILLS OF LADING MADE OUT TO ORDER OF FUBON COMMERCIAL BANK MARKED "FREIGHT □ COLLECT/□PREPAID" AND CREDIT NUMBER AND NOTIFY APPLICANT WITH FULL ADDRESS.
□CLEAN AIR WAYBILLS CONSIGNED TO FUBON COMMERCIAL BANK
MARKED "FREIGHT □COLLECT/□PREPAID" AND CREDIT NUMBER AND NOTIFY APPLICANT WITH FULL ADDRESS.
□AIR PARCEL POST RECEIPT SHOWING APPLICANT AS ADDRESSEE MARKED □"POSTAGE PREPAID"
□COURIER'S RECEIPT □"COURIER CHARGES PREPAID" AND INDICATING THIS CREDIT NUMBER.

3. □INSURANCE POLICY OR CERTIFICATE IN TWO ORIGINALS ISSUED BY AN INSURANCE COMPANY FOR AT LEAST 110 PCT INVOICE VALUE, BLANK ENDORSED AND WITH CLAIMS PAYABLE IN TAIWAN, COVERING: INSTITUTE CARGO CLAUSES
□ A, □ B, □ C, □ AIR, □ INSTITUTE WAR CLAUSES, □ INSTITUTE STRIKES CLAUSES, □＿＿＿＿＿
(ADDITIONAL RISKS TO BE COVERED IF ANY)

4. □PACKING LIST IN ＿＿＿＿ ORIGINALS

5. □BENEFICIARY'S CERTIFICATE STATING THAT 1/3 SET ORIGINAL MARINE BILLS OF LADING AND ONE NON－NEGOTIABLE SET DOCUMENTS HAVE BEEN FORWARDED TO APPLICANT BY REGISTERED AIRMAIL IMMEDIATELY AFTER SHIPMENT.
□BENEFICIARY'S CERTIFICATE STATING THAT ONE SET OF NON－NEGOTIABLE ABOVE MENTIONED DOCUMENTS HAVE BEEN FORWARDED TO BUYER BY REGISTERED AIRMAIL IMMEDIATELY AFTER SHIPMENT.

6. OTHER DOCUMENTS (IF ANY)

SPECIAL INSTRUCTIONS (IF ANY)

EVIDENCING SHIPMENT OF (請儘量簡要不必粘貼附表)(如為免許可運之貨品，請加註「進出口貨物分類號列」C.C.C.CODE:＿＿＿＿＿＿＿)

FROM 自　　　　　　　TO 運至　　　　　　　　(□FOB□C&F□CIF□C&I□CIP□＿＿＿＿)

LATEST SHIPPING DATE: 　年　　月　　日
（請勿遲於本信用狀及輸入許可證之有效期限）
（未填者自信用狀日起三個月視為最後運送日）

PARTIAL SHIPMENT: □PERMITTED/□PROHIBITED
（未填者視為得分批裝運）

必須從提貨單日期起 ＿＿＿ 天內提出押匯
（如未註明或久合理，得由貴行之予規定或更改押匯期限）

TRANSHIPMENT: □PERMITTED/□PROHIBITED
（未填者視為得轉船裝運）

請對本信用狀：□保兌
保兌費用：□買方負擔/□賣方負擔（請勿填列）
（無需保兌）

國外銀行費用：□買方負擔/□賣方負擔
（未填者視為賣方負擔）

申請人願遵守本申請書背面所列以及/或有關開發信用狀契約所訂各條款
THE APPLICANT DULY ABIDES BY THE TERMS AND CONDITIONS ON THE REVERSE HEREOF AND, IF ANY, THOSE OF THE RELATIVE CONTRACT FOR THIS LETTER OF CREDIT.
YOURS FAITHFULLY,

申 請 人(APPLICANT'S SIGNATURE)

本申請書文字部份，請以英文填寫，有關之選擇項目，請於方格□內作√記號以表明所需條件，不需者請刪除。

20－4001(83. 2 100 本)

填寫申請書應注意下列各點：

(1)必要事項應完全且正確的記載清楚，且各項內容彼此間不可相互矛盾。

(2)申請書內容不得違反買賣契約的條件。

(3)照申請書所示而開發的信用狀，在技術上或國際慣例上須不致發生困難。

(4)所要求的單據種類及形式、遞送方法等應能確保開狀銀行的債權。

(5)須合乎國家法令、規章。

(6)申請人不宜將買賣契約的內容詳載於信用狀上。

4.開發信用狀約定書（Commercial Letter of Credit Agreement）

開發信用狀約定書多與開發信用狀申請書印於同一表格之內，而由銀行免費供應，申請人依式填妥簽章即可。

約定書的內容，也因銀行而異，但大體而言，其主要部分則是大致相同。茲將中央信託局印製的約定書的要點摘錄於下：

(1)匯票與跟單到達後，一經提示，申請人即應承兌並依期照付。

(2)如果上項匯票及跟單於事後證實其為非真實或屬偽造或有其他瑕疵，則開狀銀行及其代理銀行不負責任，申請人仍應照付。

(3)如發生下述情事，開狀銀行及其代理銀行不負責任：即信用狀傳遞錯誤或文字解釋錯誤，單據滅失或遲延，貨物因未經保險所發生的損失，或雖經保險，但保額不足所發生的損失，以及第三者阻滯或扣留所生的損失。

(4)貨運單據、在開狀銀行的存款及有價證券均供作清償票款的擔保。

(5)申請人到期無法兌付匯票時，開狀銀行得將上述財產自由變賣抵充票款。

(6)前述五項約定，在信用狀展期或重開及修改時不受影響。申請人仍有踐約的義務。

(7)申請人有兩人或兩人以上時，負連帶責任。

(8)申請人應遵守現行信用狀統一慣例（包括日後的修改）。

以上八點，在一般開發信用狀約定書中均有類似記載。

此外爲配合外匯管制，乃於附註中另規定：

⑴申請書的記載必須與輸入許可證絕對相符，倘申請人疏忽以致信用狀不能照開時，開狀銀行概不負責。（「輸入許可證」請見第五章第一節）

⑵爲求與輸入許可證一致，開狀銀行對於申請書的任何部分，保留刪改權。

5.手續費及郵電費

開狀銀行向開發信用狀申請人收取的手續費通稱爲Opening Charges 或稱 Commission。就一般情形而言，各外匯銀行都備有收費表，依表規定費率收費。

㈡郵遞方式信用狀的開發

銀行審查進口商提出的開發信用狀申請書內容後，認爲妥當，即迅速辦理開發信用狀手續，並利用空郵寄請往來銀行通知受益人。

㈢電報方式信用狀的開發

通常因進口商多於裝貨期迫近時，才向銀行申請開發信用狀。在這種情形下，即可利用電報方式的信用狀，電開信用狀必須由開狀銀行將有關信用狀內容逐向通知銀行拍出電報，銀行以電報託同業通知信用狀受益人，多用預先編妥的密碼或 Skeleton 以通知對方，以防假冒並節省電報費。

二、信用狀的通知與保兌

㈠郵遞信用狀的通知

受開狀銀行的委託，將郵遞信用狀轉交給受益人的通知銀行，於收

到信用狀並經核符簽字後，即迅速而且確實地轉知受益人。

㈡電報信用狀的通知

接到開狀銀行開來電報信用狀時，通知銀行即核對押碼，經核符後即迅速通知受益人。信用狀如以電報開發，因傳達中可能有錯誤、Mutilation（殘缺不全）、脫漏的情形，所以都在通知函上註明不負責條款，並保留得根據後到的 Cable Confirmation 更正的權利。

如電開信用狀錯字、脫漏或殘缺不全情形嚴重或押碼不符時，通知銀行多暫以口頭將上情通知受益人，等電信局的更正電稿或向開狀銀行查詢收到覆電後，再遞交通知書；或照原電附註不全之處，暫先以 Preliminary Advice 或僅以 "Information" 方式通知受益人，等日後收到完整的電文後才正式發出通知書。

以電報方式開發信用狀，除說明擬以郵寄的電報證實書為生效的信用狀，發電後應另寄電報證實書外，這種電報信用狀，即為有效的信用狀。

㈢簡電通知

開狀銀行僅就信用狀號碼、金額、受益人、貨品、起迄港、裝船期限、信用狀有效期限等重要內容，先行用電報通知通知銀行，再轉知受益人，而後再以郵寄方式將信用狀正本寄予通知銀行。此種方式可使受益人提早確定信用狀已開發，而準備相關事宜，且其電報通知費用亦較便宜。

㈣信用狀的保兌

關於信用狀的保兌，已於前面述及，通常保兌銀行多由通知銀行擔任，在這種情形下的通知銀行已非單純的通知銀行，換句話說，尚負有兌付該信用狀項下匯票的義務。對受益人而言，因除有信用不明的開狀銀行擔保外，尚有信用卓著的保兌銀行負匯票兌付的責任，故極為有利。

三、信用狀的接受

㈠接受信用狀的意義

就進出口雙方的關係而言，如出口商收到的信用狀條件與原訂買賣契約規定相符,則出口商接受信用狀乃為根據買賣契約當然應有的義務。另一方面，就出口商與開狀銀行及保兌銀行的關係而言，則其接受信用狀，即等於獲得簽發匯票要求兌付的權利。但是，不論其為權利抑或義務，均以符合條件為前提。假如信用狀條件與約定的不符，出口商自無接受的義務。

㈡信用狀內容的審查

因信用狀是根據進出口當事人間買賣契約而開發，所以其內容理應與契約規定相符。然而實際上，信用狀條件與契約條件常有不一致的情形發生。須知出口商若不履行信用狀條件，則其匯票的兌付不能獲得保障，更不能援用買賣契約的條件，將信用狀條件予以補充或甚至變更。因此，審查信用狀條件是否與買賣契約內容相符，乃為賣方收到信用狀時，首先要做的重要工作。如發現有疑義時，應即洽詢通知銀行請其釋疑。假如需要修改，應逕向進口商要求修改，或經由通知銀行修改，使其成為完整的信用狀。

通知銀行常於其通知書上記載下列條款，藉以提醒受益人：

Should the terms of the above mentioned credit be unsatisfactory to you, please communicate with your customers and request that they have the issuing bank send us amended instructions.

這是指信用狀的條件如有問題，而需要修改時，請其逕洽進口商辦理修改手續。

㈢審查信用狀內容要領❷

出口商接到國外銀行開來的信用狀後，審查時，應行注意事項有下列各點：

1.將信用狀與買賣契約核對：因信用狀是基於買賣契約而開發，所以如果兩者有所出入，應即要求買方向開狀銀行申請修改信用狀條款。

2.有關信用狀應注意事項：

⑴開狀銀行的信用狀況：雖然近年來銀行倒閉的情形少見，但不能說沒有。如中東或非洲的新興國家，曾有不少憑該等地區銀行所開發的信用狀簽發的匯票發生遲延付款情事。所以出口商對於開狀銀行是否國際上著名銀行，應加十分留意。

⑵核對信用狀上有權簽名人的簽名：信用狀有經由本地銀行通知的，也有由開狀銀行或進口商逕寄出口商的。如屬於前者，通常已由通知銀行證實其真實性。如屬後者，即應請本地外匯銀行核對。

⑶是否為不可撤銷信用狀？信用狀上應表明是否為不可撤銷或可撤銷信用狀，如未載明，視為不可撤銷信用狀（統一慣例第六條）。

⑷有無遵照現行信用狀統一慣例與負責付款條款？有些開發中國家開來的信用狀上並無言明將遵照現行統一慣例辦理，也未載明擔保付款的條文。對於這種易滋事端的信用狀，不可接受❸。

⑸是否為保兌信用狀？如於買賣契約上要求「須由第一流銀行開發不可撤銷信用狀，並經由其他著名銀行保兌」，接到信用狀時，應檢查是否業經他行保兌？

3.有關信用狀條款應行注意事項

---

❷請參閱拙著，《如何預防貿易糾紛》，民國 65 年 8 月第二版，頁七八～一〇九。
❸請參閱 Glive M. Schmitthoff, *The Export Trade*, (London: Stev & Sons Limited, Fifth Edition, 1969), pp.200～201。又現行信用狀統一慣例全文，請參閱附錄三。

⑴受益人名稱是否完全相符？

⑵開狀申請人與受貨人名稱正確否？

⑶出口貨物名稱、數量、規格及品質與契約所訂的是否完全相同？

⑷信用狀金額開足否？

⑸提單、裝運條件：如信用狀不准許轉運，而無直達進口地的貨輪，或不准許分批裝運，但出口貨物的生產、採購方面恐無法一次裝運時，應請買方修改信用狀。

⑹保險問題：在 CIF，C&I 條件下的契約，保險是由賣方投保。應投保何種險類，投保金額多少，契約上應訂明，信用狀上也應載明。

⑺檢驗證明書等單據：此項單據是否爲契約中所約定的？是否易於獲得？

⑻信用狀有效期限：有效期限間有以開發地爲準的，在這種場合，須考慮該跟單匯票郵遞時間。但宜改以出口地爲準較妥。

⑼其他：

　　①無法履行的條款：例如在出口地並無進口國的領事館或代表其利益的機關時，卻要求領事發票，或領事簽證時，應請其刪除或改由商會代簽。

　　②簽發遠期匯票的方式，如未載明由何方負擔利息，通常由出口商負擔。

此外對於開發中國家的風俗習慣、道德水準、政情及外匯收支情況等應隨時留意。

四、信用狀的轉讓

信用狀的轉讓，應根據統一慣例第四十八條的規定辦理。信用狀的轉讓有全部轉讓與部分轉讓之分，通常應由第一受益人向通知銀行申請辦理。

申請全部轉讓時,銀行首先審核申請人是否爲合法而正當的申請人。之後, 作成全部轉讓通知書並於原信用狀背面記載轉讓的事實然後交付受讓人。

在申請部分轉讓的場合, 除應先審核申請人是否爲合法且正當的申請人外, 應在信用狀背面記載轉讓的事實及金額, 且作成信用狀部分轉讓通知書連同註明轉讓金額等條件的信用狀影本交付受讓人。

信用狀於轉讓分割後, 尙有餘額時, 由辦理銀行發還原受益人收執。如已用完, 由辦理銀行收存。

依照信用狀統一慣例, 信用狀轉讓手續可由通知銀行辦理, 也可由開狀銀行授權付款、承兌、讓購的銀行或其他善意的銀行辦理。但就愼重立場而言, 由通知銀行辦理較妥。不過在我國也有不少轉讓人並無經由銀行辦理而私下直接將信用狀轉讓給受讓人。

辦理轉讓的銀行於發生轉讓通知書後, 通常須將其一份 Copy 寄送開狀銀行通知其轉讓情形。信用狀上也常規定這項要求。但在我國似未必都照辦, 致請求付款時, 往往影響收回押匯款的速度。

五、信用狀的修改及撤銷

信用狀的修改通稱爲 Amendment 或 Modification。形式上雖由買方向開狀銀行請求, 但實際上, 多由賣方所發動。換句話說, 由賣方商請買方向開狀銀行申請修改。

進口商申請修改時, 應塡送信用狀修改申請書, 信用狀每一條款都有修改可能, 但以下列各項最多:

1.裝運期限及信用狀有效期限的延長

2.更換出口商名稱及地址或允准轉讓

3.金額與貨物增減

4.保險種類的變更

5.允許接受陳舊提單

6.分批裝運規定的修改

開狀銀行對於修改信用狀的申請，除應注意外匯管制的規定外，尚應研究其利害關係及與其他條款有無抵觸。

依信用狀統一慣例第九條第 d 項規定，不可撤銷信用狀非獲得各當事人之同意，不得修改或取消。因此開狀銀行於辦理修改信用狀時，均應於信用狀修改書上特別附註 "Subject to Beneficiary's Consent, Cable Result/Air Mail Result" 就其結果請以電報或航郵告知，以防日後糾紛。但實務上，信用狀修改書發出相當時間後，如未接到受益人的反應，即推定為無不同意。因此受益人如不同意其修改，應迅速表示異議。

此外，同一信用狀修改書上涉及兩個以上條款的修改，受益人不得就其中一部分同意，而另一部分卻加以拒絕。換句話說，僅准全部接受或全部拒絕。如受益人希望部分同意而拒絕另一部分時，應迅速與有關方面聯繫。

信用狀的撤銷通稱為 Revocation 或 Cancellation，往往由買方所發動，並由買方向開狀銀行請求。在不可撤銷信用狀的場合，買方欲撤銷信用狀，須徵得全體利害關係人的同意才可辦理。

第五章　進出口結匯[1]

　　進口結匯與出口結匯分屬進口商與出口商於國際貿易中，針對不同的付款條件，而採取的付款或取款行為。

　　進口結匯係進口商於取得進口簽證後，在貿易對象出口廠商所開匯票規定的結清日期內，以新臺幣向指定外匯銀行購買外匯，來支付其自國外進口貨物所需貨款。結匯方式則有信用狀、付款交單(D/P)、承兌交單(D/A)、寄售、分期付款、記帳、預付貨款等，其中以開發信用狀最為普遍，託收則次之。

　　出口結匯則是出口商出售商品予國外客戶後，以取得之外匯票據售予外匯指定銀行，而換得本國或外國貨幣。結匯方式則依對方付款方式而有信用狀、託收、預收貨款、寄售等，其中以信用狀佔大多數，託收則次之。

第一節　以開發信用狀方式辦理進口結匯

　　進口商若以開發信用狀為付款方式時，則其進口結匯可分兩個階段，第一階段是申請開發信用狀的各項手續，第二階段則是貨運單據寄到後，進口商應辦的各項手續。

　　在第一階段中，首先需查察所進口的項目是否為政府管制物品，若

[1]請參閱張錦源先生著《國際貿易實務概論》，三民書局，民國78年出版，頁七四六～七六八。

為政府所管制之項目，則得要到國貿局或中央銀行外匯局所授權之簽證銀行申請進口簽證（或稱「輸入許可證」），取得簽證後，即可憑之連同預約發票（Proforma Invoice，由交易之買賣雙方所共同簽署）到開狀銀行申請開發信用狀。若所進口物品並非管制項目，則直接以預約發票到銀行申請開發信用狀即可。由於本書第四章第五節已對申請開發信用狀已有說明，在此不擬予重複。

待貨運單據寄到後，進口商在提貨前須辦理各項手續以順利提領所進之貨品，這些手續統稱「付款贖單」；有時貨已運到而單據尚未寄達開狀銀行，而進口商又急於提貨，則又需辦理「擔保提貨手續」或「副提單背書手續」才能提領貨品。以下將介紹這些手續。

一、付款贖單

當開狀銀行接到國外押匯銀行寄來的報單及跟單匯票時，經核對報單所附貨運單據無誤後，即可通知進口商前來洽領各項單據。進口商將開狀銀行墊款部分及利息付清後，即可取得貨運單據辦理提貨。

在付款贖單時，進口商應注意下列各項：

1.提單（B/L）是否已由銀行背書，

2.各項單據是否齊全，有無蓋妥銀行的進口單據戳記，

3.商業發票份數是否足夠進口報關之用，

4.若進口管制物品，尚得向銀行取回輸入許可證正本。

二、擔保提貨與副提單背書

㈠擔保提貨

進口商以開發信用狀方式向國外購買貨物，則貨物出口後，貨運單據通常經由押匯銀行、開狀銀行而送到進口商手中。有時貨已運到而單據尚未寄達開狀銀行，若進口商此時急於提貨，則須辦理擔保提貨手續

☐ 副 提 單 背 書
☐ 擔 保 提 貨 申請書

APPLICATION FOR BILL OF LADING ENDORSEMENT/
ISSUANCE OF LETTER OF GUARANTEE

富邦商業銀行
To: **Fubon Commercial Bank**

日期
Date: _____

E/D NO. _____
L/G

敬 啟 者
DEAR SIR(S):

※申請人請於本表上方格子打✓註明所申辦項目。

　　茲附奉副提單／擔保提貨書請　貴行惠予背書／簽署
We enclose herewith for your endorsing / countersigning the duplicate bill of lading / our Letter of Guarantee
以 便 　　向(船、航空公司或其代理商)　　　　　　　　請求提取下列貨物該貨物係由
issued by / addressed to _____ for delivery of the following cargoes shipped from
(出口港)/(機場)　　　運抵(進口港)/(機場)　　　裝 載 於(船名)/(航次)
_____ to _____ per S.S. _____

L/C No. (信用狀號碼)	B/L No. (提單號碼)	Commodity (貨 名)	Quantity (數量)	Amount (金額)

　　貴行因背書／簽署上項副提單／擔保提貨書致引起之一切後果
　　In consideration of your endorsing / countersigning this duplicate Bill of Lading / Letter of Guarantee , we hereby agree
均由本申請人員負責決不使　　貴行因此而蒙受任何損失。茲並同意倘
to hold your harmless for all consequences that may arise from your so doing . We further agree that any discrepancies
嗣後寄達　　貴行之單據與信用狀條款有任何不符時，本申請人願意無條件接受，
appeared on original documents which shall be received by you later on shall be acceptable to us in every respect
並願意放棄抗辯權。並同意擔保提貨後提單寄達時，即將上項擔保提貨書換回送還
Without recourse to you and that on receipt of Bills of Lading for the above shipment we will deliver the said Letter
貴行註銷。或委由　　貴行代勞將該項提單逕交船公司換回上項擔
of Guarantee to you for cancellation or you may deliver the Bill of Lading direct to the steamship company on our
提貨書以便解除　　貴行之保證責任。
behalf to release your Letter of Guarantee.
　　倘若於申請副提單背書／擔保提貨之同時，正本單據已寄達　　貴行時，請　貴行同意本申請人
　　In case , at the time of this application , the original documents have been received by you , this application form shall
以此申請書代替「進口單據到達回單」領回下列單據。至於該進口單據縱有瑕疵，本申請人亦願意
serve as our receipt of import documents and our approval to release any Guarantee held by you or your
接受不予追究，並授權　　貴行轉知　貴行之通匯行解除保留或一切擔保責任。
correspondent for any discrepancies which may include therein.

茲同意倘國外押匯銀行以電詢方式要
求押匯時(單據有瑕疵)貴行有權直
接授權國外押匯銀行押匯，不須徵求
本申請人之同意。

INV	P/L	B/L	INS POL.	CTF. ORIG	CTF

申請人

國外部或外匯指定單位				※本筆業已辦妥結匯手續或贖單手續			
				營業單位		部 分行	
主 管	經	辦		主 管	經	辦	

_____
Signature of Applicant
(原留印鑑)

20－4007(83.1.100本)廣興

或副提單背書手續，才能提領貨物。辦理擔保提貨的手續，除由進口商結清銀行墊付票款及利息外，尚須填具一份擔保提貨申請書（格式如附表），附上船公司所定的擔保提貨書，及商業發票抄本、提單抄本(Non-Negotiable copy of B/L) 等有關證明文件，向開狀銀行提出。銀行接受申請後，經核無訛，即在擔保提貨書上簽署後交進口商。進口商憑以向船運或空運公司換取提貨單(Delivery Order)，以便報關提貨。俟日後收到提單正本後，再向該船運或空運公司換回本項擔保提貨書，以解除銀行擔保責任。

㈡副提單背書

進口商以開發信用狀方式向國外購貨，開狀銀行尚未收到匯票及貨運單據前，進口商已先接到國外出口廠商寄來之副提單（Duplicate B/L)，便可憑此填具副提單背書申請書(格式如附表)，請求銀行背書副提單之後，向船公司換取提貨單辦理報關提貨。這裡所謂副提單，應算是出口商依信用狀上之規定，而直接寄給進口商的正式提單，並非無效的提單抄本（Non-Negotiable Copy of B/L)。待開狀銀行收到押匯銀行寄來之提單正本而交給進口商後，該進口商再向該運輸公司換回本項擔保背書，以解除銀行擔保責任。

第二節　出口押匯

一般所稱之出口押匯（Negotiation of draft under L/C)，是指出口結匯各種付款方式中，採用信用狀的情況。其係銀行對出口商，憑信用狀簽發跟單匯票或單據辦理墊款或融資。亦即出口商為免耽擱資金週轉，而以其根據信用狀規定所簽發的即期或遠期跟單押匯匯票，向其當地往來銀行請求先行付款或貼現，再由接受押匯的銀行將跟單押匯匯票背書，寄請進口商所在地的開狀銀行，向付款人或承兌人請求承兌付款

❷。辦理出口押匯程序如下：

一、預備手續

出口商向外匯銀行申請辦理出口押匯，如爲初次往來，都須依照銀行規定辦妥各項手續，銀行才肯接受押匯。通常應辦的手續有下列二項：

㈠簽具質押權利總設定書（General Letter of Hypothecation）

這項質押權利總設定書空白表格由銀行提供，其內容雖各銀行略有不同，但其要點均在約定匯票關係人的權利義務，出口商簽具這種設定書須覓妥保證人連帶保證。

㈡簽蓋印鑑登記卡

出口商將其與銀行往來的印鑑或簽名，簽蓋於印鑑登記卡（空白卡片由銀行提供）交存銀行。凡具有該印鑑或簽名的文件單據，出口商均承諾負責。

二、備齊押匯單據

在貨物出口前，出口商應先塡好出口報單，再付運費（FOB 出口免付），將貨品裝運出口，並辦好出口報關手續及投保合適海上（空運）保險；出口商貨物出口後，再依信用狀的規定，備齊有關押匯單據，單據內容及份數均須符合信用狀的規定。

三、開製匯票

除少數「憑收據付款信用狀」及「憑貨運單據付款信用狀」外，銀行一般不能僅憑信用狀及有關貨運單據接受押匯，而一定需要由出口商開具匯票，附上信用狀及有關單據才肯辦理。匯票的製作可參考第三章

---

❷請參閱李森介先生著，《國際匯兌》，民國 83 年 3 月第 9 版，東華書局出版，頁三〇九。

匯票的記載事項填列。

四、簽立出口押匯申請書

　　每筆押匯出口商均需簽立出口押匯申請書，這種申請書押匯銀行備有空白格式（如附表），出口商可向銀行索取。申請書除填上匯票號碼、金額、信用狀號碼、開狀銀行並貼足印花外，有關押匯單據名稱，申請書上已印明，只須註上張數即可，無需再填寫其他文字。

五、辦理出口押匯

　　出口商將押匯申請書，連同匯票、信用狀、有關貨運單據，及輸出許可證海關回單聯遞送外匯銀行收單，經外匯銀行核對單據，如完全符合信用狀條件，即購入匯票，按當日牌價買入匯票匯率折成臺幣，扣除結匯手續費、對外貿易發展協會外銷推廣基金及代扣保險費（如交易條件為 CIF 或 C&I，保險由出口商負責投保，保險費有時由押匯銀行在押匯款中代為扣下轉交保險公司）後，將押匯淨款交付出口商，押匯手續於是完成。

六、特殊情形的處理

　　如果押匯單據未能完全符合信用狀條款，則押匯銀行基於本身的安全，往往不願意無條件收購匯票。平常銀行對於這種有瑕疵的押匯單據，按下列兩種方式之一處理：

㈠押匯單據與信用狀條款有嚴重不符時

　　例如裝船日期（即提單上的 On Board Date）在信用狀的交貨期限之後或押匯日期在信用狀規定的最後押匯期限之後等情形，銀行只允以託收（Collection）方式將匯票及有關單據等寄往開狀銀行，等收到貨款後再交予出口商。

出口押匯/貼現申請書

<table>
<tr><td>外匯指定
單位編號</td><td></td></tr>
<tr><td>營業單位
編　　號</td><td></td></tr>
</table>

富邦商業銀行　台照　　　日　期 _____

　　茲檢附本公司依據 _____ 銀行第 _____ 號信用狀所簽發之匯票/收據

金額 _____（號碼 _____）及下列各項單據，請准予辦理押匯/貼現：

商 業 發 票（Commercial Invoice） _____ 份		產地證明書（Cert. of Origin） _____ 份
海 運 提 單（Bill of Lading） _____ 份		檢 驗 書（Inspection Cert.） _____ 份
空 運 單 據（Air waybill） _____ 份		重 量 書（Weight List/Cert.） _____ 份
郵 政 收 據（Post receipt） _____ 份		包 裝 單（Packing List） _____ 份
保 險 單（Insurance Policy） _____ 份		公 證（Survey Report） _____ 份
領 事 發 票（Consular Invoice） _____ 份		轉 讓 書（Letter of Transfer） _____ 份
海 關 發 票（Customs Invoice） _____ 份		受益人證明書（Beneficiary's Certificate） ____ 份

　　本公司證明所有與本筆出口押匯/貼現有關之信用狀，包括修改書等業經全部向貴行提示無誤。

　　至上項押匯貼現款，請依照外匯管理之有關規定給付。

　　本公司同意如單據上欠缺，瑕疵或因單據正由貴行審核中，致不能及時完成押匯/貼現手續，而使本公司簽受匯率變動之損失時，概由本公司自行負擔與貴行無涉。

　　本公司保證貴行押匯後十二天內或貼現到期日收妥本筆押匯/貼現款，並保證決不使貴行因辦理本筆押匯/貼現而遭致任何損害。本筆押匯貼現票據如發生退票、拒付或因開狀銀行或付款銀行倒閉或外匯短缺等情事，致使貴行未能於上述期限內收妥款項時，不論為該票據金額之全數或一部，本公司於接獲貴行通知後，願立即如數以原幣清償所欠本金，並就貴行墊付押匯/貼現款之實際期間，按押匯/貼現日貴行所掛牌各該幣別之外匯授信牌告利率與基本放款利率加年息2.5%比較數較高者，加計遲延利息償還，並願負擔一切有關之費用。決不以票據之要件欠缺，法律上各項手續不完備或時效消滅等情為藉口，而拒絕清償。

　　本公司茲聲明願拋棄一切之抗辯權，並免於拒絕證書之作成及票據債權保全上之通知及其他法定手續，並願依照本公司另立之「出口押匯總質權書」所例條款履行責任。

本筆押匯/貼現款項處理方式如下：（於□擇一登記）

□全部結售貴行並將款項撥入本公司設於貴行之新台幣 _____ 存款第 _____ 號帳戶。（註：本公司之外
　匯活期存款帳號： _____ ）

□全部撥入本公司設於貴行之外匯活期存款第 _____ 號帳戶。

□金額 _____ 結售予貴行，並將款項撥入本公司設於貴行之新台幣 _____ 存款第 _____ 號帳戶；其餘金額
　　　請撥入本公司設於貴行之外匯活期存款第 _____ 號帳戶。

□押匯款收妥後，請悉數撥入本公司設立於貴行之外匯活期存款第 _____ 號帳戶。

□

申請人　（中文）：　　　　　　　　　　　　　　　　　　　（原留
　　　　（英文）：　　　　　　　　　　　　　　　　　　　　印鑑）

地　址　（中文）：
　　　　（英文）：

電　話：

<table>
<tr><td>主管</td><td>核章</td></tr>
<tr><td></td><td></td></tr>
</table>

20-3010（82.12.50本）興

(二)押匯單據與信用狀條款只有輕微的不符時

例如信用狀規定的印花布寬度爲 36″，而出口商提供的商業發票所列的寬度爲 36″min 時，進口商拒付的可能性較少，銀行通常可通融接受押匯，但須出口商出具一份保證書（Letter or Indemnity; L/I，或稱認賠書），以防萬一進口商拒絕付款時，可以向出口商追索該筆押匯款。

第三節　進出口託收

一、出口託收

如買賣契約約定的付款方式不是憑信用狀付款，則出口商所簽發的跟單匯票，除非出口商信用卓越，一般情形下銀行都不願收購，而僅允以代收的方式將匯票及有關單據寄往進口地的往來銀行，於進口商付款後交付單據或承兌匯票後交付單據。進口商付款後，進口地的代收銀行即將貨款匯來出口地的代收銀行，出口地代收銀行結購這筆外匯扣除代收手續費及郵電費後，將臺幣交付出口商。代收的出口結匯手續與憑信用狀押匯者並無差異，但如爲 D/P，跟單匯票的到期日應註明 at Sight（見票即付），另外加註 Documents (to be Delivered) Against Payment（付款交單）；如爲 D/A，跟單匯票的到期日應註明 at×× Days after Sight（見票後××天付款，期限依買賣契約規定），另外加註 Documents (to be Delivered) Against Acceptance（承兌交單）。委託銀行辦理代收，都須填具託收匯票申請書（Application for Bill for Collection），一般外匯銀行均備有空白格式，出口商填妥後併同匯票及有關單據交付銀行即可。以託收方式辦理結匯，收回貨款常須經一段相當時間，資金積壓，造成許多困難，出口商多不願以這種付款方式辦理出口。但因許多地區如中南美、非洲、中東等地盛行 D/P、D/A 方式付款，如

堅持買方開發信用狀，則市場難以打開。

　　若出口商要避免因出口託收造成之資金積壓困難，可以辦理出口託收融資；先向中國輸出入銀行投保輸出保險，而後可依規定憑保險單、匯票及有關文件向往來之外匯指定銀行申請融資，於收妥貨款後再予償還。如託收之匯票因故發生損失，則以實際損失金額爲準，由承保公司負擔某百分比，其餘自行負擔；輸出保險之保費費率則依輸出目的地、雙方付款條件、保險期限等因素考量訂定之。

二、進口託收結匯

　　如上所述，在以託收爲付款方式的貿易中，出口商所開匯票爲附有貨運單據的跟單匯票，由出口地的代收銀行將之寄給其進口地的往來銀行，再通知進口商至該往來銀行繳款。若出口商所開者爲即期匯票，則爲以付款交單（D/P）方式辦理之進口結匯，進口商接到銀行通知後，即刻繳付臺幣向銀行結購外匯清償票款，即可取得貨運單據辦理報關提貨。

　　若出口商所簽發的爲遠期匯票，則爲以承兌交單（D/A）方式辦理的進口結匯。進口商接到銀行通知後，即前往銀行辦理匯票的承兌事宜，經承兌後，即可取得貨運單據以辦理報關提貨。俟承兌匯票到期，再前往銀行辦理結匯貨款事宜，銀行再將結匯貨款匯付出口地託收銀行。

第四節　其他進出口結匯方式

　　除了使用信用狀押匯及託收等付款方式外，另有寄售、分期付款、預付貨款、記帳等結匯，茲分述如下。

一、寄售

寄售是出口商將貨物先運交進口地的代理商(受託人)，委託其代為出售，等貨物售出，再將扣除寄售佣金及費用後的貨款匯付出口商。貨款的清償通常採取下列三種方式之一：

1.出口商開發無跟單的光票，以代理商為付款人，委託銀行代收，銀行收到票款後即結購這筆外匯，扣除託收費用後將餘款交付出口商（出口商可保有外匯）。

2.代理商以電匯或信匯方式將貨款匯交出口商，出口商將外匯結售與外匯銀行（或不結售，而自行保有外匯）。

3.代理商以私人支票或向銀行購買銀行支票（Cashier's Check）或匯票寄出口商，出口商收到支票或匯票後即委請銀行辦理託收，銀行收到外匯後即予結購，並將臺幣交付出口商（出口商也可保有外匯）。

進口方面，在臺灣依規定，國外供應商（寄售人）可以其貨品委託經貿易局核准登記的營利事業，以寄售方式辦理進口。貨物進口後，受託人應自行洽存於保稅倉庫，取得保管單，並以倉邊交貨的條件洽銷寄售貨物。寄售貨品的買受人，於訂購後即比照一般進口手續辦理，向外匯銀行結購外匯以匯款方式支付國外供應商，另憑保管單出倉辦理報關提貨。

二、分期付款

買賣契約如約定以分期付款（Installment）方式付款時，通常都要求進口商提供銀行保證書（Bank Guarantee）或擔保信用狀。出口商裝出貨物後即向進口商簽發匯票，使其透過外匯銀行請求承兌，等到期日分別提示付款人請求付款。付款方式有採取逆匯方式的，即出口商委請託收銀行將經承兌的匯票向付款人提示請求付款，進口商即依付款日的

銀行賣出匯率結購外匯清償票款；也有採取順匯的，即屆到期日前由進口商結購外匯，請銀行將票款匯往其國外聯號，出口商領款時須憑原經進口商承兌的匯票領取票款，付訖的匯票則寄還進口商。依貨款清償方式，分期付款交易大致有下列兩種狀況：

　　1.進口商依約按期將應付貨款以匯款方式(電匯或信匯)透過銀行匯交出口商。

　　2.如到期出口商未收到匯款，則開發匯票併同規定的單據，憑銀行保證書或擔保信用狀委請外匯銀行收款。

三、預付貨款

　　於訂立買賣契約等後，進口商即以電匯 (T/T)、信匯 (M/T)、票匯 (D/D) 或外幣支票（須先辦理託收）等方式預付貨款，出口商將外匯結售外匯銀行之後，即可將貨物裝運出口。貨物出口後，出口商即將貨運單據直接寄給國外進口商。

四、記帳

　　進口商以記帳(Open Account) 方式進口貨物者，於到貨時，持提單及輸入許可證等辦理報關提貨。屆結匯時，檢附海關進口證明書，向銀行辦理結匯。

第六章　匯兌及其他外匯業務

第一節　民間匯入及匯出款項❶

一、匯出匯款

凡外匯銀行受顧客的要求，以信函、電報或匯票，通知其國外分支行或代理行，將款項解付給特定受款人的匯兌業務，稱爲匯出匯款（Outward Remittance），國際匯出匯款與國內匯出匯款一樣，其匯付的方式約可分爲三種。

㈠票匯（Demand Draft, D.D., D/D）

票匯是外匯銀行循顧客的要求，以其國外分支行或往來銀行爲付款人，簽發匯票，交付給顧客，顧客則將匯票寄給國外受款人，憑以向解款銀行取款的匯款。這種匯票，通常都採單張式，稱爲 Sola draft。現在有些銀行也採支票形式，所以又稱爲 Sola Check。茲將顧客向銀行申請票匯以及銀行簽發匯票的手續簡介於下：

1.填送匯出匯款或折換申請書

當顧客擬將款項匯往國外時，應填具「匯出匯款申請書」（Application for Outward Remittance），並在「匯款方式」欄「票匯」前的□

---

❶請參閱《臺灣銀行業務處理手冊》國外匯兌部份。

中註上符號(✓)，填明收款人名稱及地址、匯款金額及幣別以及申請人名稱及地址等。

2.繳款及手續費

顧客應按當天掛牌匯率，繳付現款(或支票)，並按規定費率繳納手續費。

3.簽發匯票 (或支票)

銀行收到上述申請書後，首先審核申請書內容，並於收妥款項及手續費後，即可簽發匯票或支票，交付顧客。所匯付的票款，如不是以收款人所在地國家貨幣表示者，通常多在匯 (支) 票上加註"Payable at the Current Buying Rate for Demand Draft on New York"（面額以美金表示時）或"Payable at the Buying Rate for Demand Draft on London"（面額以英鎊表示時）等字樣。

㈡信匯 (Mail Transfer, M.T., M/T, Letter Transfer)

信匯是外匯銀行循顧客的要求，以信函通知其國外分支行或往來銀行，將一定金額付給某特定受款人的匯款。此時，匯出銀行向其國外往來銀行所發出的付款委託稱為「付款命令」（Payment Order）或「信匯委託書」。

申請信匯的手續與票匯並無不同之處，請參見票匯部分之說明。

㈢電匯 (Telegraphic Transfer, T.T., T/T, Cable Transfer)

電匯是外匯銀行循顧客的要求，以電報通知其國外分支行或往來銀行，將一定金額解付某特定人的匯款。電匯方式速度最快，凡金額較大或急需解付時，即可用此方式。

當顧客擬以電報方式匯款時，除應在匯款申請書上填明有關事項外，並應在「匯款方式」欄「電匯」前的□中註明符號 (✓)，同時填明電報種類（包括書信電報 LT、普通電報 Ordinary 及加急電報 Urgent）以免耽誤時間。

富邦商業銀行
Fubon Commercial Bank

匯　出　匯　款　申　請　書
APPLICATION FOR OUTWARD REMITTANCE

本行匯款編號 OUR REF.NO.	NLAHR　　　RT
匯款分類編號 CLASSIFIED NO.	

日期
DATE

匯款金額 AMOUNT OF REMITTANCE　　收款人姓名地址 BENEFICIARY'S NAME AND ADDRESS

幣別 CUR.　　金額 AMOUNT

姓名：
NAME

地址：
ADDRESS

匯款方式 REMITTANCE METHOD

☐ 電匯 T/T
☐ 信匯 M/T
☐ 票匯 D/D

電話：
TEL NO.

繳款方式 SOURCE OF PAYMENT　　收款人之往來銀行名稱帳號 BENEFICIARY'S BANK NAME AND A/C NO.

外匯 FROM FCY:　　台幣結匯 FROM NT $
☐ 外匯活期存款 DEMAND DEPOSIT　　☐ 現款 CASH
☐ 外匯定期存款 TIME DEPOSIT　　☐
☐ 外幣現鈔 CASH　　☐
☐　　☐

帳　號：
ACCT NO.

銀行名稱
BANK'S NAME

地　址：
ADDRESS

存入外匯存款 TRANSFER TO FCY DEPOSIT A/C

☐ 活存帳號 D.D.A/C NO. _____
☐ 定存帳號 C/D A/C NO. _____

致收款人附言　MESSAGE FOR BENEFICIARY

備　註
REMARKS

名　稱
NAME
身份證統一編號
I. D. NO.
地址與電話
ADDRESS & TEL.NO

本匯款如因郵遞或電報傳送途中所生之耽擱、遺失、殘缺或其他錯誤以及任何非銀行所能控制之原因而導致之後果，雖非貴行應員之責，惟仍請貴行盡可能予以協助查匯款之下落。

指定單位	主管	經辦	營業單位	主管	驗印

申請人簽章
APPLICANT SIGNATURE _____

20-5005(82.12.50 本)廣興

第一聯：銀行留存

至於匯款的電文，約略如下：

1.ADVISE AND PAY <u>（金額）</u> TO <u>（受款人名稱及地址）</u> BY ORDER OF <u>（匯款人）</u> REPRESENTING <u>（匯款用途）</u>

2.ADVISE AND CREDIT <u>（金額）</u> TO THE ACCOUNT OF <u>（受款人名稱）</u> BY ORDER OF <u>（匯款人）</u> REPRESENTING <u>（匯款用途）</u>

二、匯入匯款

凡國外銀行以信函、電報或匯票，委託本國銀行，將款項解付給特定受款人的匯款業務，稱為匯入匯款(Inward Remittance)，國際匯入匯款，與國際匯出匯款一樣，也可分為三種方式。

㈠票匯

即國外匯款銀行簽發以我國收款人所在地銀行為付款人的匯票，交由匯款人逕寄收款人的匯款方式。

解款銀行收到匯出銀行發出的「票匯代解委託書」（Advice of Drawing）後，即予編號暫存檔卷，以備受款人前來領款。但有些通匯銀行間約定，在一定金額以下的匯款，不另寄發「票匯代解委託書」。

受款人收到匯票後，即可前往匯票上所指定的付款銀行領取票款，此時受款人應隨身攜帶圖章及身份證明文件。

付款銀行於兌現時，應查核下列各點：

1.已收到匯出銀行所寄發的「票匯代解委託書」，且匯票上所載內容與該委託書內容相符。

2.匯票上匯出銀行名稱、簽字經核對無誤。

3.匯票未經止付（Stop Payment）。

4.匯票未曾塗改或損壞。

5.匯票係於法定期間內（普通為自發票日起 6 個月）提示。

查核上述各點無誤後，即可付現，匯票如有受款人抬頭的，受款人應在匯票背面背書，並收回該匯票。

解款銀行經付現後，即應向匯出銀行發出「付款通知書」，並依約定方法收回代墊之款。

㈡信匯

即國外匯款銀行以 Payment Order 郵寄我國受款人所在地銀行，委託其將一定款項解付本地某特定人的匯款。

當解款銀行收到 Payment Order 後，首先須核對委託書上簽字，經核無誤後，隨即編列號碼，繕打「匯入匯款通知書」(Remittance Advice)通知受款人。其格式如附表。

受款人收到該通知書後即隨身攜帶圖章及身份證明文件，前往該解款銀行領款。

㈢電匯

即國外匯款銀行以電報(現大多使用 Telex)委託我國受款人所在地銀行，將一定款項解付國內某特定人的匯款。

受託付款的解款銀行於收到電匯電報後，首先須核對押碼 (Test Key)，經鑑定 (Authenticate) 無誤後，即可編到 I/R 號碼，繕打「匯入匯款通知書」通知受款人前來領款。如電文中有受款人電話時，應同時以電話通知受款人，以符迅速匯付的目的。

受款人接到通知書後，即可如信匯一樣，隨身攜帶圖章及身份證明文件，前往解款銀行領款。

富邦商業銀行

國 外 部
台北市民生東路3段138號3樓

0101

```
**********************************
*  匯 入 匯 款 通 知 書  *
* R E M I T T A N C E   A D V I C E *
**********************************
```

收 款 人 ：
地　　址 ：
電　　話 ：
設 帳 行 ：FUBON BANK
帳　　號 ：

日　期：

敬啓者：茲有匯交台端下列匯款一筆
Dear Sirs, we take pleasure in informing you of a remittance in your favor for

本 行 編 號 Our Ref.　　： 　　　　　匯款金額 Amount　 ：
匯款行編號 Their Ref.： 　　　　　生效日 Value Date：
匯 款 人 Remitter
匯款人國別 Country
匯 款 行 Remit. Bank.
備　　註 Remarks

敬請攜帶此通知書（紅色聯蓋妥印鑑）及台端之身份証件親來領取。公司戶請攜帶公司及負責人印鑑，連同經濟部國貿局核發之出進口廠商登記卡。敝行如認為有疑義時，應覓妥殷實舖保方可領取款項。兌換匯率以領款日牌價為準。
Please call at our office bringing with this advice and bearing the duly
signature on red sheet along with your positive means of identification
for collection. Guarantee might be required if deemed necessary. Payment
is to be effected based on the current exchange rate of payment day.

```
**********************************
*  藍色聯：客戶留底，不得作  *
*      為向銀行領款之用。    *
*  紅色聯：正收條。          *
**********************************
```

富邦商業銀行　國外部

```
匯入匯款收款人正收條  ACKNOWLEDGEMENT OF RECEIPT
============================================================
```
茲收到富邦商業銀行上述匯款一筆，特立此據為憑。此項匯款，收款人如有錯收或多收等情事即如數退還無誤。
I/We hereby acknowledge receipt of the payment described hereon. I/We agree
to reimburse you on demand without delay for the whole or part of the said
amount, should there be any error or irregularity in the transmission of
the remittance.

身份証／統一編號　　　　　　 收 款 人 簽 章
Identification No.　　　　　 Signature of Payee
　　　--------------　　　　　　　　　----------------------

FIIR-20-5008

核章 _____

20-0003 83. 7 10萬

第二節 光票的買入及託收

票據有跟單票據（Documentary bill）與光票（Clean bill）之分。前者主要是指附有提單、保險單、發票等貨運單據的匯票而言，通常用於進出口貿易。後者則指不附有任何貨運單據的票據而言，通常用於匯款或無形貿易。

外匯銀行買入國外付款的光票是爲買入光票；代客向國外收取光票款是爲光票託收。

一、光票的種類

光票的種類很多，常見者有下列數種。

㈠銀行匯票（Bank Draft）

銀行匯票爲由銀行開發並以同業爲付款人的一種票據，在美國，銀行匯票性質上與我國的同存支票相當，但其作用則類似我國的匯款支票，美國銀行對銀行匯票的定義如下：

A bank draft is a check drawn by one bank against funds deposited to its account in another bank.

㈡保付支票（Certified Check）

保付支票係指存戶所開發，以銀行爲付款人的票據，這種票據由銀行在票面上加註 "Certified"，"Good" 或 "Accepted" 等字樣，並由銀行方面簽章。經此簽章的票據，法律上具有承兌的效果，銀行對執票人負有擔保付款的責任。美國銀行界對於保付支票的定義如下：

A Certified Check is a check of a depositor drawn on a bank

upon the face of which the bank has written the words "ACCEPTED" or "CERTIFIED" with the date and signature of a bank official. The check then becomes an obligation of the bank and regulations requires that the amount of the check be immediately charged to the depositor's account.

㈢銀行本票（Cashier's Check）

銀行本票係指銀行所開發以其本身爲付款人的一種票據。美國銀行界對銀行本票做如下定義：

A Cashier's Check is a bank's own check drawn upon itself, and signed by the cashier or other authorized official. It is a direct obligation of the bank.

㈣私人支票（Personal Check）

私人支票係指由個人（individual）或公司行號（firm）所開發，而委託銀行付款的票據，性質上與我國支票相同。

㈤匯款支票（Money Order）

匯款支票係指由銀行所發行的一種票據，通常是由與銀行無存款往來而需要匯款的人，向銀行購買這種支票，然後逕寄受款人，由其憑以向票據上所指定的銀行兌現。性質上與我國銀行界使用的匯款支票相同。匯款支票上通常印有"Money Order"字樣，這種支票的金額通常都有限額，例如每每在票面上印有"Not Good For Over ＄500"，"Not Payable For More Than ＄500"或"Not Valid Over ＄500"等字樣，因此，在美國又稱這種支票爲"Limited Check"，美國銀行界對匯款支票作如下定義：

Money orders are instruments commonly purchased for a fee

by people who do not maintain checking accounts, but wish to send money to distant point.

㈥公庫支票（Treasury Check）

公庫支票係指以國庫爲付款人，而由國庫簽發的支票，又稱爲政府支票（Government Check），美國對美國公庫支票作如下定義：

A Government Check is a check drawn on the Treasury Department of the United States.

㈦郵政匯票（Postal Money Order）

郵政匯票係指由郵局發行的 Money Order 而言。

㈧到期的公債及息票（Matured bonds and coupons）

㈨旅行支票（Traveler's check）

二、買入光票

買入光票是指銀行先就光票付現，然後再將其送國外收款者而言。就銀行而言，是一種授信行爲。前述光票，因其性質互不同，所以，銀行是否同意先付後收，須視顧客的信用如何而定，銀行承做買入光票的手續，大致如下：

1.由申請人填具「買入匯款記錄簿」，並簽章。

2.申請人須在票據背面背書。

3.如係由銀行發票者，且與買入銀行有往來的，可核對其簽字，以證實其可靠性。

4.買入旅行支票時，請執票人當面副署（Countersign），此簽字必須與原簽字相符，並驗對身份證明。

5.買入外幣公債等時，須注意是否已到期。

6.發票日期已逾六個月者，不予買入。

7.經塗改或污損的票據，不予買入。

8.私人支票，原則上不逕予買入。

PAY TO THE ORDER OF

××× BANK

FOR DEPOSIT IN OUR ACCOOUNT

All prior Endorsement Guaranteed.

BANK OF TAIPEI

光票一經買入，即由買入銀行在票據背面作如上形式的背書並將其寄到國外託收。此時，所用委託代收的信函稱爲代收委託書，其格式如附表。

三、光票託收

凡光票不符合銀行買入條件的，只能委託銀行代收，俟收妥票款後才付款，也即先收後付。由於受理代收光票的銀行，於光票寄往國外收款時，須在光票上背書，保證前手所有背書均屬正確無誤，以及執票人確爲正當的執票人(Holder in due course)，且此項保證延續到一年至數年不等，所以，銀行受託代收光票，並不是無條件的。通常銀行受理代收光票時，應就以下各點審核無誤後，才予受理：

1.執票人的身份有無問題。

2.執票人是否爲光票的眞正權利人。

3.光票有無塗改，或變造情事。

4.光票上有無禁止該票據在我國流通，或禁止對我國執票人付款的記載。

```
FORM ID : 20-5013      DESCRIPTION : Cash Letter


           F U B O N   C O M M E R C I A L   B A N K
                    INTERNATIONAL DEPARTMENT
  TELEX: 26277 FUBA    3F. NO. 138 MIN SHENG E. RD. SEC. 3,
         26278 FUBA         TAIPEI, TAIWAN R.O.C.


              ********************************
              *     C A S H   L E T T E R    *
              ********************************

  TO:                                      Date:



  Attn.:Cash Letter Dept.


  Dear Sir,

  We enclose the following Cheque(s)/Travelers Cheque(s) for payment as
  per our agreement. Where travelers cheques are concerned, kindly be
  informed that we have duly verified the signatures appearing thereon.

  Our Ref. No.:
  Payee      :
  Total amount of cheques:




  Please credit our account with you under your advice to us.


                              Yours faithfully,
                              FUBON COMMERCIAL BANK




                              ---------------------
                              Authorized  Signature
```

[H] 富邦商業銀行

第三節　買賣外幣現鈔及旅行支票

一、買賣外幣現鈔

外幣現鈔的買賣亦就是外幣現鈔的收兌，現今在我國境內，民間要買進外幣現鈔或將所持有之外幣現鈔兌換成新臺幣，均須至中央銀行指定之外匯銀行，或依規定設立之外幣收兌處辦理。其中外幣兌換處是指未經中央銀行指定辦理外匯業務之銀行、觀光旅館、旅行社、百貨公司等行業，以及其他從事國外來臺旅客服務之機構團體，因其業務有收兌外幣之需要，而向臺灣銀行申請設置於其營業地點之外幣買賣單位。

在買賣外幣現鈔的程序上，凡是公司行號一年內累積結購或結售金額未超過 1,000 萬美元或等值外幣者、年滿二十歲之個人一年內累積結購或結售金額未超過 300 萬美元或等值外幣者，或者是居留未逾 6 個月之外國人結售外幣未逾 5,000 美元者，皆可直接填具「民間匯出款項結購外匯申報書」或「民間匯入款項結售外匯申報書」，然後交予業務辦理單位買賣外幣現鈔即可。

在買賣外幣現鈔匯率方面，若是以新臺幣結購外幣，則依辦理單位公佈的現鈔賣匯計算；若是以外幣現鈔結售新臺幣，則依辦理單位公佈的現鈔買匯計算。

二、買賣旅行支票

在我國旅行支票買賣的地點僅限於外匯指定銀行。由外匯指定銀行與國外發行旅行支票的銀行或公司簽定經銷合約後，即由該發行銀行寄存適量的旅行支票於該外匯指定銀行備售。

民眾要購買旅行支票時，比照匯出匯款結購外匯方式辦理，並依需

要填具旅行支票發行銀行所準備的購買合約書（Purchase Agreement），將旅行支票張數、號碼、面額及日期等逐項填妥，並填明自己姓名與地址，且於每張旅行支票的簽名處（Signature）簽名。支票上副署（Countersign）簽名留待兌現時當支票受益人之面爲之。至於購買旅行支票，其匯率則依即期賣匯計算，而手續費則免收。

　　旅行支票售出後，申購人如因遺失或被竊要求該代售銀行止付時，則應出示購買契約，提供支票號碼、購買日期及地點等詳細資料，以使該代售銀行通知旅行支票的發行銀行或公司辦理止付。若申購人直接向發行銀行或公司辦理止付，亦應提供上述資料。

　　若申購人持有尚未使用的旅行支票向該代售銀行申請退款時，仍需備好相關證件以供核對，並於票面副署處簽名，其餘手續與銀行買入外幣票據相同，惟該金額可從購買外幣累積額度內予以扣除。

　　如果旅行支票申購人係以同一幣別的現鈔與旅行支票相互兌換時，若是以現鈔換旅行支票，則銀行應加收匯差，計算方式爲以當日銀行現鈔買入與牌告買匯的差價計算；若爲旅行支票換現鈔，則銀行亦應加收匯差，計算方式爲以當日銀行現鈔的賣出匯率，及牌告賣匯匯率的差價計算。

第四節　外匯存款

　　我國允許各外匯指定銀行辦理外匯存款，各銀行辦理外匯存款各項業務時，主要依據「中央銀行管理指定銀行辦理外匯業務辦法」、「指定銀行辦理外匯業務應注意事項」、「民間匯出款項結匯辦法」及「民間匯入款項結匯辦法」等有關規定辦理，若有上述各辦法未定之處者，則依有關的法令規定辦理。

一、存戶對象與開戶文件

以下分別敍述外匯存款業務中的存戶對象及開戶文件。

㈠存戶對象

1.經中華民國政府核准設立登記的公司、行號或團體。

2.在中華民國境內居住，年滿 20 歲領有國民身份證的個人。

3.在中華民國境內居住，年滿 20 歲領有外僑居留證的個人。

4.其他經中央銀行核准辦理民間匯出款項或民間匯入款項之公司、行號、團體或個人。

㈡開戶文件

1.經中華民國核准設立登記之公司、行號或團體：憑經濟部核准的公司執照、營利事業登記證或有關主管機關所核發載有統一編號的證照，負責人國民身分證或護照資料，由負責人或經其合法授權的代理人辦理開戶。其無載有統一編號的證照者，應憑載有設立登記主管機關登記字號的文件辦理開戶。

2.在中華民國境內居住，年滿 20 歲領有國民身分證的個人：憑國民身分證由本人或經其合法授權的代理人辦理開戶。

3.在中華民國境內居住，年滿 20 歲領有外僑居留證的個人：憑外僑居留證由本人或經其合法授權的代理人辦理開戶，無外僑居留證者，應憑護照辦理開戶。

4.外國公司 (包括本國民營企業在海外設立的子公司)：憑該公司在外國的登記證明或營業執照或其他法律文件，及負責人或經其合法授權的代理人辦理開戶。

5.其他經中央銀行核准辦理民間匯出款項或民間匯入款項的公司、行號、團體或個人：憑中央銀行所核准匯出或匯入款項文件，及主管機關所核發或登記的文件、或國民身分證、或外僑居留證、或護照等文件，

則由本人或經合法授權的代理人辦理開戶。

二、外匯存款規定事項

㈠存款種類及期限

外匯存款分為外匯活期存款及外匯定期存款兩種：

1.外匯活期存款：客戶依約定方式隨時提取外匯之存款，但不得開立支票。

2.外匯定期存款：客戶以外匯一次存入，憑存單或依約定方式於約定期間屆滿時一次提取本息之存款。期限分為1、2、3週及1、3、6、9個月，1年期及指定到期日之定期存款（期間不得超過1年）。

㈡存款幣別及利率

1.存款幣別：以銀行掛牌之各種外幣為原則。

2.存款利率：由銀行自行訂定並公告。

㈢外匯存款之存入

1.以新臺幣結購外匯存入者：視為民間匯出款項，應依據中央銀行「民間匯出款項結匯辦法」辦理。

2.以匯入匯款存入者：應憑匯入匯款通知書辦理。

3.以外幣現鈔存入者：應憑存入文件辦理。(視銀行持有外幣現鈔種類，酌情辦理)

4.以外幣票據存入者：票據抬頭須與存戶戶名一致，且需先辦理託收，俟收妥票款後，憑存入文件處理。

5.以出口所得外匯存入者：應憑有關交易憑證辦理。

㈣外匯存款提領方式

1.活期存款提取時：應憑加蓋原留印鑑或簽名之取款憑條辦理。

2.定期存款提取時：憑存單並於存單背面簽蓋原留印鑑或簽名，以提取本息。

3.提領並結售為新臺幣者：視為民間匯入款項，應依據中央銀行「民間匯入款項結匯辦法」之規定辦理。

4.提領外幣現鈔時：視該銀行外幣現鈔庫存量，酌情辦理。

5.由存戶申請轉匯他行，依各銀行匯出匯款之規定辦理。

6.轉存其他外匯存款戶。

7.償還外幣貸款。

8.結購旅行支票。

㈤外國公司之結匯限制

依據央行「民間匯入／出款項結匯辦法」之內容，外國公司除經申請主管機關核准外，不得結匯與填列為申報人。

㈥外匯存款之結清

1.存戶填製取款憑條，簽蓋原留印鑑或簽名，憑以取款結清銷戶。

2.經辦人員抽出印鑑卡註銷，連同有關文件送主管人員覆核，並註明結清銷戶日期。

㈦外匯存款利息之處理

1.支付外匯（或外幣）：

因外匯存款所發生的利息，存戶可要求以外匯（或外幣）支付，惟利息所得稅之繳納應由利息所得中扣繳。

2.支付新臺幣：

若外匯定期存款到期，存戶提取相當於外匯利息金額之新臺幣時，銀行應將代支付的利息合計金額計入外匯存款日報，買入外匯日報表及承作外匯明細表。

3.利息轉存：

定期存款到期所發生利息，存戶要求轉存時，銀行應繕製「外匯存款日報表」、扣繳稅額繳款書及利息扣繳憑單各乙份。

三、銀行計費標準與其他事項

㈠存入方式

1.以匯入匯款存入：得免收存入手續費，惟仍應依匯入匯款標準計收匯入匯款手續費。

2.以新臺幣結購存入：以即期匯率計算。

3.以外幣現鈔存入：依承作當日外幣現鈔買入匯率及牌告買入匯率的差額計收匯差。

㈡提領方式

1.兌換爲新臺幣：得免收提領手續費。

2.償該銀行外幣貸款：得免收提領手續費。

3.提領外幣現鈔：依承作當日賣出外幣現鈔的匯率，與牌告賣出匯率的差額計收匯差。

4.轉存他人帳戶：按轉存金額萬分之五計收手續費，並得另訂最低與最高收費額度。

5.提領匯出國外：免收提領手續費，惟應依匯出匯款標準計收匯出匯款手續費。

㈢外匯定期存款中途解約依下列規定辦理

1.一個月以上的外匯定期存款到期前中途解約者，存戶應於 7 日以前通知銀行，並於解約時將該存款全部一次結清，未於 7 日以前通知者，如經該行同意，亦得受理中途解約。中途解約大致依下列方式計息：

⑴存滿 1 週以上，未滿 1 個月者，按其實存期間，依活期存款利率 8 折計息。

⑵存滿 1 個月未滿 3 個月者，按其實存期間，照存款日 1 個月期存款利率 8 折計息。

⑶存滿 3 個月未滿 6 個月者，按其實存期間，照存款日 3 個月期存

款利率 8 折計息。

　⑷存滿 6 個月未滿 9 個月者，按其實存期間，照存款日 6 個月期存款利率 8 折計息。

　⑸存滿 9 個月未滿一年者，按其實存期間，照存款日 9 個月期存款利率 8 折計息。

　2.1、2、3 週之外匯定期存款到期前中途解約者，應於解約時將該存款一次結清，其計息方式如下：實存未滿 1 週者，不予計息。存滿 1 週以上未滿 1 個月者，分別按其實存期間，依活期存款利率 8 折計息。

第五節　外幣貸款及保證❷

　外幣貸款及保證即是國際貿易資金融通中以外幣表示的貸款及保證。國際貿易由於交易距離遠、運輸時間長、花費成本高，並且交易量大，因此進出口廠商常需鉅額資金以資因應；而其資金來源除自有資金外，常須向外舉借融通，也因此外幣貸款及保證便有其重要性。以下將分別敍述。

一、外幣貸款

　外幣貸款依貿易種類分，則有出口外幣貸款與進口外幣貸款。現今國內各銀行外幣貸款業務中，屬於出口貸款者有外銷貸款、中長期外銷貸款、外商銀行外幣外銷貸款等；屬於進口貸款者有購料貸款、進口機器設備貸款、美國進出口銀行合作融資貸款等。茲將各項貸款分述如下。

㈠外銷貸款

　出口廠商在貨品裝運前，可憑買賣契約或信用狀，向銀行申借該筆

❷請參閱李森介著，《國際匯兌》，民國 83 年 3 月第 9 版，東華書局出版，頁三五三～三六一。

出口交易的貸款；若在裝運後，則憑遠期匯票向銀行貼現或以承兌交單、付款交單向銀行融資。其中憑信用狀申貸時，由銀行視實際情況，按照信用狀金額逐筆核貸（通常為 7 成），貸款期限以每筆信用狀的有效期為準，必要時得展期，但以 180 天之內為限。若外銷廠商表現優良，外銷筆數多，銀行可按廠商所申請，給予其一定額度，准其在一定期間內憑國外信用狀按照核定成數循環用款。

㈡中長期外銷貸款

這是中國輸出入銀行所專辦的業務，申請人以國內製造廠商、公營貿易機構、大規模貿易商，及國外進口廠商為限；而以機器設備、整廠設備，及其他資本財的出口為對象。申請時應提供國內外金融機構的保證，或銀行認可的擔保品或保證人為擔保。期限為 7 年，額度以不超過出口值的 9 成為限。

㈢外商銀行外幣外銷貸款

以財務結構健全、外銷實績良好的廠商為對象，按外銷實績每年 3～4 週轉率貸予外幣，並以出口所得外匯歸還。

㈣購料貸款

為融通進口貨品所需資金，廠商可憑外匯貿易主管機關核發的輸入許可證，要求銀行核定一貸款額度，准其在一定期間內循環使用，擔保品為本貸款下進口的貨物。本項貸款的期限以實際約定者為準，但每筆墊款自國外付款日起算，以不超過 180 天為原則，在契約有效期間內均可開發信用狀。

㈤進口機器設備貸款

現行國內這方面的貸款項目計有進口機器設備分期償還貸款、中央銀行生產企業進口機器外幣貸款、中央銀行技術密集及主要出口工業進口機器設備及購買新技術外幣貸款等。

1.進口機器設備分期償還貸款：這是長期貸款，由借款人分期攤還

本金，按約定的還款期限以新臺幣結匯繳納，承辦貸款的銀行再將此金額向中央銀行結回外匯。進口的機器應辦理動產擔保登記，再將登記證明交存銀行，並辦妥火險，而以銀行爲優先受償人。

2.中央銀行生產企業進口機器外幣貸款：這是中央銀行對生產事業進口機器設備時，所需鉅額外幣資金的融通業務。貸款限額爲該進口機器價款的 7 成，期限最長 5 年，每半年一期分期平均攤還，外幣資金悉由中央銀行提供。

3.中央銀行技術密集及主要出口工業進口機器設備及購買新技術外幣貸款：這是中央銀行對於機械、電子、紡織、電機等產業的廠商，在進口機器設備及購買新技術所需外幣資金的融通。按所購買的機器或新技術總價 8 成撥貸，貸期可達 7 年，另自立約日起算有 2 年的寬限期內，每半年一期平均攤還本金。

㈥美國進出口銀行合作融資貸款

這是美國進出口銀行與我國中央銀行合作,對進口廠商融資的貸款。申請融資的廠商需向美國採購貨物、機器設備及所需勞務，貸款限額爲所採購產品的 CIF 貨價 9 成,期限最長 5 年,每半年一期平均攤還本金。

二、外幣保證

銀行接受申請人的委託,擔保申請人在約定條件下,履行一定義務;倘申請人不履行時，則銀行應依所定條件代爲清償，此種業務稱爲保證業務；而用於國際貿易中外幣融通者，即是外幣保證業務。

依承作的方式，外幣保證可分爲:

1.票據保證：在票據上所爲之保證。

2.簽發保證函(Letter of Guarantee)：指銀行循客戶的請求，出具保證函，保證債務人（申請人）按期履約或償付債款，否則由出具保證函的銀行依所定條件代爲清償。

3.簽發擔保信用狀(Standby L/C)：係銀行依申請人要求，而簽發一種以融通資金或保證債務為目的之特殊信用狀，其與一般以清償買賣貨品價款為目的之商業信用狀有別，但同樣採用信用狀統一慣例所示的原則。

現行外幣保證種類頗多，現舉其要者分述如下：

㈠分期付款保證（Installment Payment Guarantee）

我國進口廠商以分期付款方式進口機器設備時，國外供應商為確保其給予我國廠商分期付款能如期分次收回，往往要求進口廠商洽請銀行開發保證到期償還之保證函，一旦客戶違約，保證銀行即須負擔清償債務之責任，保證金額一般包括分期付款之本金、利息及違約金。

㈡借款保證（Loan Guarantee）

我國廠商直接向國外金融機構借款時，貸款銀行通常要求國內廠商，洽請銀行提供還本付息的保證，一旦國內廠商無法如期償還借款本息時，保證銀行即須依保證條件負清償債務的責任，稱之借款保證。

㈢押標金保證（Bid Bond）

國內廠商參與國外廠商招標工程或採購時，業主或招標人通常規定有意投標者須於投標前，按底價繳納若干成金額以為保證，其目的在約束並促使投標人於得標後，與業主或招標人簽訂契約，俾能如期交貨或按期施工。在一般國際性投標中，通常要求投標人提供信譽卓著之金融機構所開具之保證函，以代替現金保證金。

㈣履約保證（Performance Bond）

國際間貨物與勞務供應上買受人或定作人（受益人）在與供應商或工程承攬人（委託人）簽約時，為恐委託人嗣後不履約，規定委託人應繳納若干金額以為保證，此稱履約保證金。此項保證金亦以銀行保證代替，銀行循委託人的請求，向受益人出具保證函承諾於委託人不能充份履行委託人與受益人所約定之條款時，願在約定金額範圍內，對受益人

履行賠償責任。

㈤預付款保證（Prepayment Guarantee）

在買賣或承攬工程合約中，賣方或承包商通常要求買方預付部份或全部貨款或工程款，而買方或業主則要求賣方提供銀行保證函，作為依約交貨或施工之保證，否則退還買方預付款項。

㈥關稅貨物稅保證

這是銀行對於經海關及稅捐處等稅收主管機關，同意記帳的企業辦理稅捐記帳保證。廠商必須先向往來銀行申請此項保證函，再出具給海關，然後始可免繳關稅提貨進關。之後於加工外銷期限內出口，再憑出口報單向海關申辦沖銷記帳稅捐手續；或於開工生產一年後按月分期繳納關稅；如未外銷，則應補繳各項稅捐。

㈦中小企業信用保證基金對外銷貸款保證

凡中小企業具有外銷實績且無不良紀錄者，均可以向已與中小企業信用保證基金簽訂信用保證契約的外匯銀行申請信用狀貸款額度。在契約期限及額度內憑國外信用狀循環申貸，每筆自撥款日起至信用狀有效日期內清償。

第 二 篇
外 匯 理 論 與 實 務

第七章　國際收支

第一節　國際收支的概念

一、國際借貸與國際收支

前面已說過國際匯兌與國際收支有關。而欲瞭解國際匯兌的變動起伏，須先瞭解一國的國際收支。

我們知道國際經濟交易的結果，大多會發生國際間的借貸關係。例如國際間發生商品交易，則輸出商品的國家就有收受輸出商品價款的債權（貸），而輸入商品的國家就有支付商品價款的債務（借）。由於國際經濟交易而在國際間所發生的借（債務）貸（債權）關係，稱為「國際借貸」（Balance of International Indebtedness; International Debts and Credits）。

國際借貸關係通常具有在某一時點發生(例如商品輸入時)，與某一時點消滅（例如支付商品價款時）的性質，因此國際借貸即為一個國家在某一特定時點（例如某年某月某日，通常為年底）的對外債權、債務之綜合對照。這一點與企業的資產負債表類似。

國際經濟交易所發生的國際借貸關係的清算，使國際間發生貨幣的流通。但所謂貨幣的流通，並非指各國貨幣實際上超越國境的流通而言。因為各國的貨幣制度不同，貨幣的國際間流通就有許多困難，所以國際

間的支付，大部分以外匯票據（Foreign Exchange Bills）爲主要工具。

國際借貸的清算，旣然大多以外匯票據進行，因而國際經濟交易的結果，就發生以外匯票據爲工具的國際支付的流通。這種流通有自國外流至國內，與由國內流至國外兩種，前者爲外匯的收入，後者爲外匯的支付。因此國際經濟交易的最後結果，得以國際間的收入（Receipts）與支付（Payments）的關係——即國際收支或國際支付平衡表（International Balance of Payments）表示。通常的「收支關係」乃表示特定期間的收入與支出的關係，因此，國際收支就是表示一個國家在一特定期間（通常爲 1 年）的對外收支的情況。就此點而言，與企業的損益表類似。

國際借貸表示一國的某一特定時點的債權、債務餘額，而國際收支則表示一國的某一特定期間的對外收支情況。在一個國家與其他國家之間，發生借款或貸款時，國際借貸與國際收支的區別更爲明顯，因爲向國外借款時，由於有金錢的收入，在國際收支上爲記入貸方，而在國際借貸上，則因借款增加，故債務增加。在貸出款的國家，因支出金錢，故在國際收支上爲借方，而在國際借貸上，則因貸款增加，故債權增加。

二、國際收支的意義

因大部分的國際經濟交易均以外匯票據清算，所以國際收支往往又稱爲「外匯收支」。但實際上，國際收支與外匯收支，兩者所包括的範圍略有不同。在國際經濟交易中，如捐款、僑民匯款等無償交易，係屬於不發生國際借貸關係的交易，但卻包括在國際收支之中。又如貨物交換，不結匯進出口等，是包括在國際收支之中的交易，但實際上卻無外匯交易。因此如將一定期間的國際收支稱爲外匯收支，則這種國際收支應屬於狹義的國際收支；至於廣義的國際收支，則應包括一定期間所有的國際經濟交易在內。

　　狹義的國際收支，現在仍然是分析一國外匯情況的變化，以及分析外匯市場安定性的重要工具。但是自二次大戰結束以後，這種狹義的國際收支概念就逐漸不能滿足實際上的需要。因為二次大戰以後，無外匯交易的無償輸出——即以美國的對外援助為中心的無償交易（片面移轉）的重要性大為增加。此外，最近各國對於國內經濟與國外經濟的關係，必須明確地加以把握的重要性增大，因而必須整個地把握一國的全部對外經濟關係，這也就是狹義的國際收支概念，已不能滿足實際需要的原因。

　　因此，目前的國際收支的範圍已較以前廣泛，不僅包括具有外匯交易的國際經濟交易，而且也包括一定期間的全部國際經濟交易。國際貨幣基金（IMF）對國際收支概念的規定即為這種廣義的國際收支的代表。IMF 印行的《國際收支手冊》（*Balance of Payment Manual*），對國際收支所下的定義是：「某一特定期間，某一國居民與其他國家的居民（為方便見見，稱為外國人或非居住民 Non-residents）之間，所進行的各種經濟交易之有系統的記錄。」其為一統計表，記錄一國在某一特定期間內(1)對國外輸出商品、勞務與所得的交易，(2)該國對國外債權、債務的變動，(3)為平衡上列未能相互抵銷的交易及變動，而所需會計上的無償性移轉交易。

　　現在一般人對於「國際收支」的概念，大都採廣義的解釋。對於國際收支作這種廣義的解釋時，國際收支亦可稱為「國際交易的收支」（Balance of International Transactions）或「國際經濟交易帳」（International Transactions Account）。

　　國際收支之具有明確的觀念，雖然是近年來的事，但是這個概念很早以前就被作為經濟分析的工具而運用，其起源可溯及重商主義的理論，而 Thomas Mun（1571～1641）即其代表人物。然而正如 J. Viner 所指出的，最先以現代的意義使用國際收支一詞的，卻是 J. Steuart

(1712～1780)。

　　雖然很早就有國際收支的概念，但在一段很長的時期內，無論是在學術上或在實際上，國際收支都未引起一般人的特別注意。因此其計算方法也到最近才告完成。其主要原因是古典學派國際貿易理論的風靡與金本位制度的盛行使然。原來重商主義者對國際收支的概念頗爲重視，以之作爲貿易政策的基準。但其後的古典學派貿易理論重視國際收支的自動均衡作用──即「物價與現金流出入機能」(Price Specie Flow Mechanism)作用，對於國際收支的概念，無論在學術上或實際上，均未予重視。迄至一次大戰前後，大規模的國際資本移動與戰爭賠款的移動發生以後，國際收支的概念，才被用作重新檢討古典學派貿易理論的工具，而再度受到重視。

　　然而，國際收支的概念，是在二次大戰後，才受到特別的重視。這時古典學派所主張的國際收支自動調整的貿易理論，已失去實際上的意義。因此，各國經濟政策當局，已不能有忽視國際收支的問題。同時分析國際收支的新理論，也跟著一般對於國際收支問題的重視而有許多的發展。首先對於國際收支問題的分析提出新理論的，就是 J.M. Keynes。在以前，一國的對內經濟活動與對外經濟活動是被當作不同的問題而研究的，Keynes 首先根據國際的所得循環理論，對一國的國內經濟活動與對外經濟活動，作整體的把握。這種所得分析的國際經濟理論，能夠同時說明(1)國際收支的調整過程，與(2)經濟活動變化與就業變動在國際間的影響。而此兩者是相互關聯的事實。因此 R. Nurkse 乃稱 Keynes 的此項理論爲「貨幣的所得支出分析」(Money Income and Expenditure Analysis)。

　　要言之，最近對於國際收支概念的重視，無論在學術上或實際上，都明顯的增加，並且現在業與國民所得同樣的成爲經濟理論上不可或缺的重要概念。

第二節　國際收支的內容

　　國際收支的內容，可用國際匯兌發生的原因加以說明，因爲發生國際匯兌的原因，即構成國際收支的內容。茲將構成國際收支內容的主要項目說明於下。

一、商品的輸出或輸入（Merchandise exports & imports）

　　這是國際收支中最主要的項目，輸出商品有貨款的收入，而輸入商品時即須付出貨款。國際經濟交易大部分爲商品（Commodity, merchandise, goods）的買賣交易。國際間的商品交易，即稱爲國際貿易（Foreign trade; Oversea trade），具體的說，就是進出口貿易（Export & import trade）。

二、勞務的輸出或輸入（Services rendered & acquired）

　　勞務（Service）是無形的東西，從表面觀察，似不應成爲國際收支的項目，但因輸出入勞務時，同時發生外匯的收支，故應列入國際收支的內容。但勞務如果是免費提供時，則不構成國際收支的項目。勞務的交易，包含運輸、港埠、倉庫、保險、通訊、商業、金融等服務業提供的勞務。此類交易，大部附隨於商品交易而生，因此也是國際收支的主要項目。茲就較重要者分述於下：

㈠運費

　　本國輪船運輸外國的商品或旅客時，有運費的收入；反之，外國的輪船運輸本國的商品或旅客時，則發生運費的支付。此外如飛機等運輸

工具所提供的勞務亦發生運費的收付。

㈡保險費及保險賠償金

　　本國的保險公司自外國的被保險人所收取的保險費，或本國的被保險人向外國的保險公司投保而支付的保險費，均構成國際收支的內容。又因保險事故發生，所收付的保險賠償金亦應列入國際收支的內容，自不待言。

㈢旅費

　　外國人來本國旅行或本國人赴外國旅行，均發生外匯的收支，故為國際收支的項目。有些觀光事業發達的國家，其自國外觀光客所收入的外匯，數目相當可觀，構成其國際收支的重要內容之一。

㈣駐外機構的經費

　　本國在外國的公私機構，如使領館、銀行、公司等所需經費，對本國的國際收支而言，均屬於支的方面。至於外國在本國的公私機構所需經費，對本國的國際收支而言，係屬於收的方面。一個國家在國外的活動越多，其所需經費在該國的國際收支所佔的份量越大。

㈤投資的收益

　　指因國家與國家之間，資金的借貸或投資等所生的利息、股息、利潤等而言。

㈥其他

　　例如銀行或一般公司行號因業務往來所發生的各種手續費、專利費、廣告費等。本國的銀行或公司行號從國外銀行或公司行號所收取的手續費、專利費等，屬於國際收支的收方，反之則屬於付方。

三、片面的移轉（Unilateral transfers）

　　以上所述商品或勞務等的交易均為有償交易。換言之，一方面有商品或勞務的輸出入，他方面有對等的資金收付。至於片面的移轉，則無

等值的相對收付。例如僑民匯款、捐款、贈與、對外援助、戰事賠款等，均屬於片面的移轉。在國際收支上此項目的重要性所以增加，乃因戰後美國對外援助款（Foreign Aid Fund）大量增加所致。

四、資本的借貸（Capital transactions）

國家與國家之間發生資本的借貸時，貸款的國家在其國際收支上應記入付方，借款的國家在其國際收支上應記入收方。國家與國家之間的借貸，包括政府之間的借貸以及人民之間的借貸。資本交易自貸款（投資）國立場言，為對外投資（Foreign Investment）或資本輸出（Export of Capital），自借款（被投資）國立場言，則為外資引進或資本輸入（Import of Capital）。

借款期限屆滿，借款國家應償還其債務，故發生資金的收付，此時收付的方向與借貸發生時相反，即借款國發生「支付」，貸款國發生「收入」，至於因資本借貸而生之利息、股息、利潤等，則屬於勞務輸出入項下的投資收益。

資本的借貸，可分為短期借貸與長期借貸兩種。借貸期間在 1 年以內者，為短期借貸，例如存放外國的活期存款，購買期限在 1 年以內到期的匯票或證券等是。期間在 1 年以上者為長期借貸，例如購買外國政府的公債、公司債或 1 年以上的貸款或分期付款等是。

第三節　國際收支平衡表的意義及編製目的

國際收支的內容，已如前述，而將一定期間（通常為 1 年）各項與國際收支有關的項目與金額，按照特定形式，有系統地予以記錄、分類、編列出來的表，稱為國際收支平衡表（Balance of International Payments），具體言之，所謂國際收支平衡表，就是將一國居民、企業及政

府等在一定期間內，跟其他各國之間發生的所有商品、勞務、資本借貸、片面移轉等交易或資金的移轉，予以分類編製而成的一覽表。

自重商主義以來，有一段很長的期間，國際收支被解釋爲貿易收支（Balance of Trade）。但實際上，貿易收支的範圍較小，不足以涵蓋全部的國際經濟交易，例如戰爭賠款與片面資本移轉等均不包括在貿易收支之內。其後，又有許多國家按照國際借貸關係，作成國際借貸表（Balance of International Indebtedness），用以表示一國對外的債權債務餘額。這種國際借貸表，頗能表示國際間的債權債務狀態，尤其對國際投資狀況的瞭解，提供重要的資料。然而國際借貸表，實際上不但不能包括不具借貸關係的國際經濟交易（如賠償與贈與等），而且在統計上尚有極難把握債權與債務的缺點。同時，在理論上，借貸是表示一定時點的資產負債存量（Stock）觀念，因此用以表示一定期間（例如某年某月某日至某年某月某日）的經濟流量（Flow）的概念，亦有困難。而就國民經濟的立場言，這種經濟交易流量的重要性，較存量爲大。於是既包含全部國際經濟交易又能表示經濟流量的國際收支平衡表，乃應實際上與理論上的需要而產生。

根據 J. Viner 的研究，國際收支的正式計算，始於 1615 年英國對商品貿易所作的統計。但是到了最近，才有依照現在的統一形式作成的國際收支統計。國際聯盟於 1924 年公佈各國的國際收支統計（Memorandum on balance of payments and foreign trade balances, 1910～1923, Geneva, 1924），並於 1938 年作成國際收支分類項目的標準形式，而從 1939 年起，依照這個標準形式公佈各國的國際收支統計。這項工作嗣因二次大戰而告中斷。大戰後聯合國繼承這項工作，而由屬於它的專門機構——IMF 處理。

至於編製國際收支平衡表的目的，可分述如下：

1.國際收支平衡表的使用，最初僅作爲學理分析上的工具，用來檢討

過去的經濟發展及批判當前的經濟政策。到了1930年代，有些國家開始利用國際收支平衡表作為決策的工具。及至二次大戰以後，各國對國際收支平衡表才有普遍的注意，於是國際收支平衡表乃成為一個現代國家決定重要內外政策，尤其是決定財經大計時的主要參考資料。故其編製目的，在於向政府提供可靠的資料，俾便於釐訂貨幣政策、財政政策，及處理對外貿易、國際收支的問題。

2.編製國際收支平衡表，有助於經濟分析（Economic Analysis）。經濟分析以研究經濟現象的因果關係為目的，經濟分析的結果可作為擬訂經濟政策的根據。因此，重視經濟分析的國家，必同時重視國際收支平衡表的編製。

3.策劃經濟動員時，對於人力、物力、財力等可資動員的資產必須有精密的調查及統計分析，編製國際收支平衡表可瞭解經濟交易所引起的國外資產、負債變動情形及資本移轉情況，這對經濟動員的策劃甚有幫助。故為策劃經濟動員，亦需編製國際收支平衡表。

4.編製國際收支平衡表可幫助貿易商與金融機構瞭解世界貿易的情況而便於預測，例如由國際美金的移動情形，可預測某國因美金的增減影響其物價的變動，進而瞭解該國的購買力與償債能力。

5.編製國際收支平衡表可瞭解一國外匯的來源與使用途徑，進而分析其內容並瞭解該國收支逆差或順差的原因，以謀補救。

6.編製國際收支平衡表的另一目的是，依國際貨幣基金協定第八條第五款的規定，各會員國有向基金提供金融及經濟情報的義務，此項情報包括國際收支平衡表在內。我國雖已非國際貨幣基金會員國，但自1950年起迄今，即由財政部委託中央銀行逐年編製。

第四節 國際收支平衡表的會計原理

國際收支平衡表或國際收支表是建立在複式簿記基礎上，類似於企業廠商所使用的損益表。因此，一項國際經濟交易將在國際收支平衡表上產生兩個登錄（Entries）：相等金額的一項借方登錄與一項貸方登錄。

如以本國觀點而言，一項國際經濟交易（價值的交易）有兩面：

㈠價值的輸入 (Import of Value)

它對其他國家產生一種支付（Payment），具體而言，例如商品與勞務的輸入。

㈡價值的輸出 (Export of Value)

它從其他國家獲得一種收入（Receipt），具體而言，例如商品與勞務的輸出。

價值的輸入（或支付）爲一項借方登錄（Debit Entry），出現在國際收支表上爲負號(−)。價值的輸出則爲一項貸方登錄（Credit Entry），出現在國際收支表上爲正號(＋)。爲了分類借方或貸方登錄，我們可以針對價值的流動方向或支付方向加以區別。

一般而言，支付項目（借方登錄）表示，本國居民爲了融通從其他國家輸入財貨與勞務，貨幣與其他資產所從事的「實際的外匯購買」（Actual Purchases of Foreign Exchange），亦稱爲「外匯的流出」（Outflow of Foreign Exchange）。同樣的，收入項目（貸方登錄）表示，本國居民對其他國家輸出財貨與勞務，貨幣與其他資產而收到的「實際的外匯銷售」（Actual Sales of Foreign Exchange），或稱「外匯的流入」（Inflow of Foreign Exchange）。

表 7-1 利用 T 字帳（T Account）說明上述的原理，它紀錄一筆國際經濟交易的借方與貸方登錄。假設佳鼎公司（本國的一個法人居民）

輸出價值為 US＄10,000 的印刷電路板給一位美國的客戶，而該客戶則開出一張花旗銀行帳戶的支票支付貨款。為了簡化，假設佳鼎與美國客戶均在花旗銀行設有美元帳戶，那麼花旗銀行會從進口商帳戶將 US＄10,000 移轉至佳鼎公司的帳戶。此一 T 字帳紀錄印刷電路板的輸出為一項貸方登錄（商品輸出），因為它表示一種價值的輸出，而它產生 US＄10,000 的「收入」。US＄10,000 轉移到花旗銀行的佳鼎帳戶是一種價值的輸入，而它產生「支付」（以價值 US＄10,000 的印刷電路板輸出的形式表示）；它在 T 字帳上紀錄為一項借方登錄（中華民國國外資產的增加）。為了避免混淆，可以將佳鼎在花旗銀行所取得的存款視為一項國外資產的購買。此一 T 字帳說明了複式登錄的基本原理：每一筆經濟交易將產生相等金額的一項借方登錄與一項貸方登錄。

表 7-1 中華民國的 T 字帳

借方（－）	貸方（＋）
中華民國國外資產的增加 　在花旗銀行的存款　　＄10,000	商品輸出 　印刷電路板　　＄10,000

為了瞭解國際經濟交易的會計帳是以複式登錄簿記（Double-entry bookeeping）原理記載，我們舉下列簡例說明：

假設一國的國際經濟交易共有 11 筆（單位：百萬美元）

1.輸出商品　90

2.輸入商品　60

3.輸出勞務　30

4.輸入勞務　40

5.僑民匯出匯款　50

6.僑民匯入匯款　　30

7.外國人匯入證券投資　80

8.本國人匯出國外銀行半年期存款　70

9.本國人在國外發行公司債　　　　60

10.本國對外贈與輸出　　　　　　50

11.外國對本國贈與輸入　　　　　40

根據這 11 筆交易，我們可以分別列出下列借貸分錄

1.輸出商品分錄　借：外匯資產　90

　　　　　　　　貸：商品　　　90

2.輸入商品分錄　借：商品　　60

　　　　　　　　貸：外匯資產　60

3.輸出勞務分錄　借：外匯資產　30

　　　　　　　　貸：勞務　　　30

4.輸入勞務分錄　借：勞務　　40

　　　　　　　　貸：外匯資產　40

5.僑民匯出匯款分錄　借：移轉支出　50

　　　　　　　　　　貸：外匯資產　50

6.僑民匯入匯款分錄　借：外匯資產　30

　　　　　　　　　　貸：移轉收入　30

7.外國人匯入證券投資分錄　借：外匯資產　80

　　　　　　　　　　　　　貸：長期資本　80

8.本國人匯出國外銀行半年期存款分錄　借：短期資本　70

　　　　　　　　　　　　　　　　　　貸：外匯資產　70

9.本國人在國外發行公司債分錄　借：外匯資產　60

　　　　　　　　　　　　　　　貸：長期資本　60

10.本國對外贈與輸出分錄　借：移轉支出　50

　　　　　　　　　　　　　貸：商品　　50

11.外國對本國贈與輸入分錄　借：商品　40

　　　　　　　　　　　　　貸：移轉收入　40

將上述分錄登入各有關的會計帳，我們可以看出各帳戶的變動情況。

A.商品帳			
2.輸入	60	1.輸出	90
11.國外贈與	40	10.對外贈與	50
	100		140
（貸差）	40		
	140		140

B.勞務帳			
4.輸入	40	3.輸出	30
	40		30
		（借差）	10
	40		40

C.片面移轉帳			
5.僑民匯出款	50	6.僑民匯入款	30
10.對外贈與	50	11.國外贈與	40
	100		70
		（借差）	30
	100		100

D.長期資本帳			
		7.證券投資	80
		9.國外借款	60
（貸差）	140		140

E.短期資本帳			
8.對外存款	70		
	70	（借差）	70

F.外匯資產帳			
1.商品輸出	90	2.商品輸入	60
2.勞務輸出	30	4.勞務輸入	40
3.僑民匯入款	30	5.僑民匯出款	50
7.證券投資	80	8.對外存款	70
9.國外借款	60		
	290		220
		（借差）	70
	290		290

由上述六個帳戶所結出的餘額分別爲:

A.商品帳順差（貸差）	＋40	
B.勞務帳逆差（借差）	－10	
C.片面移轉帳逆差（借差）	－30	
D.長期資本帳順差（貸差）	＋140	
E.短期資本帳逆差（借差）	－70	
順差餘額	＋70 →外匯資產帳增加（借差）	

由此可見，五個帳戶的清算結果爲順差 70(百萬美元)，亦等於外匯資產增加 70（百萬美元）。

第五節　國際收支平衡表的分析

一、國際收支平衡表的模式

我們以表 7-2 說明國際經濟交易所產生的國際收支平衡表。其中，依會計分錄（或縱）的分類，有借方與貸方的金額登錄，以「×」表示；另外，依交易種類（或橫）的分類，則依經常帳戶、資本帳戶、片面移轉帳戶及政府準備帳戶等四大類，其中值得注意的，是政府準備帳戶爲一個調節性交易項目或平衡項目，因此，其借方或貸方金額將視前面三個交易帳戶爲「逆差」（借方大於貸方）或「順差」（貸方大於借方），而作相反方向而相同金額之登錄，以求得國際收支平衡表的平衡。

二、經常帳的經濟意義

一國國際收支平衡表的經常帳戶赤字的意義爲何？特別是美國在

表7-2 國際收支平衡表的模式

項　　目	借方	貸方
Ⅰ 經常帳戶		
A.商品交易		
1.商品輸入	×	
2.商品輸出		×
B.勞務交易		
1.運輸		
(a)外國船舶飛機等提供的勞務	×	
(b)本國船舶飛機等提供的勞務		×
2.旅行支出		
(a)本國人赴國外旅行	×	
(b)外國人來本國旅行		×
3.投資所得		
(a)支付給外國人的利息與股利	×	
(b)從外國獲得的利息與股利		×
4.銀行與保險勞務		
(a)外國機構所提供的勞務	×	
(b)本國機構對外國人所提供的勞務		×
5.政府支出		
(a)本國政府在外國的支出	×	
(b)外國政府在本國的支出		×
Ⅱ 資本帳戶		
A.長期資本		
1.向外國人購買證券	×	
2.外國人向本國購買證券		×
B.短期資本		
1.本國人在國外銀行與經紀人處的存款餘額增加	×	
2.外國人在本國銀行與經紀人處的存款餘額增加		×
3.外國人在本國銀行與經紀人處的存款餘額減少	×	
4.本國人在國外銀行與經紀人處的存款餘額減少		×
C.其他資本		
1.統計誤差負值	×	
2.統計誤差正值		×
Ⅲ 片面移轉帳戶		
A.民間片面移轉		
1.個人與機構匯款給非本國居民	×	
2.收到國外的匯入款		×
B.政府片面移轉		
1.對外國的贈與賠償與賠款	×	
2.收到外國的贈與賠償與賠款		×
Ⅳ 政府準備帳戶		
A.短期政府資本移動	×或	×
B.國際準備移動	×或	×

1980 年代後期，經常帳戶赤字大幅攀升之意義何在？這不僅止於說，商品交易之輸出大於輸入（稱爲「出超」），或商品交易的輸入大於輸出（稱爲「入超」）之意義。在此，我們必須先了解資本帳戶餘額的意義。

國際收支平衡表大略可分類爲兩大類，即經常帳戶與資本帳戶。資本帳戶登錄所有的國際資產交易（包括政府準備），經常帳戶則登錄所有的其他國際經濟交易。換句話說，經常帳戶可以細分成兩類，即財貨與勞務餘額以及片面移轉餘額；而資本帳戶也可以細分成兩類，即資本帳戶本身以及政府準備帳戶。因此，國際收支餘額可以表示爲

$$國際收支餘額＝經常帳戶餘額＋資本帳戶餘額＝0$$

也就是，經常帳戶餘額爲資本帳戶餘額之反映，即，

$$經常帳戶餘額＝－資本帳戶餘額$$

或，

$$－經常帳戶餘額＝資本帳戶餘額$$

因此，一國經常帳戶赤字表示該國資本帳戶有盈餘。但是一國資本帳戶盈餘的意義又是什麼？此一資本帳戶盈餘表示淨貸方餘額，也就是本國對其他世界各國的淨負債的增加。採用這種淨貸方的資本帳戶餘額是爲了融通經常帳戶的赤字。因此，本國的經常帳戶赤字表示本國國際負債的增加。反之，本國的經常帳戶盈餘表示本國的淨國外財富的增加。經常帳戶盈餘是資本帳戶（包括政府準備）赤字的反映，也就是資本帳戶爲淨借方餘額，這意謂本國淨國外資產的增加（或其國外負債的減少）。

總而言之，一國經常帳戶的餘額顯示了該國淨國外財富的變化。經常帳戶盈餘將使該國的淨國外財富增加，通常也稱爲「淨國外投資」（Net Foreign Investment）；反之，經常帳戶餘額赤字，表示該國淨國外財富

減少，通常也稱爲「淨國外負投資」（Net Foreign Disinvestment）。

三、國際收支的均衡

　　國際收支表是以複式登錄的簿記爲基礎作成的，因此，以會計意義而言，國際收支總是平衡的。也就是說，借方總額等於貸方總額。但這種會計平衡並非意謂國際收支都處於均衡。換句話說，借方總額＝貸方總額之恆等式並非意謂本國將永遠不會有任何國際收支的困難。茲說明如下：

㈠自主性交易與調節性交易

　　原則上，在會計餘額上所記載的交易可以劃分爲自主性交易（Autonomous transactions）與調節性交易（Accomodating transactions）。自主性交易是基於自主追求商業利潤所發生的交易，通常是對應於商業考慮，但有時也對應於政治考慮而進行的交易。所有的其他非自主性交易都稱爲調節性交易。調節性交易的發生是爲了彌補自主性交易留下的差額。

　　自主性交易幾乎包括所有爲追求利潤而從事的財貨與勞務的輸出、片面移轉、直接投資以及爲賺取一種較高報酬的欲望而進行的證券投資。調節性交易包括中央銀行爲彌補本國居民的外匯收入與支出的差額而出售黃金或外匯，以及本國貨幣當局爲彌補其自主性收入與支出的差額所收到的國外政府的貸款。

㈡逆差與順差的定義

　　假設我們在國際收支表上劃上一條假想的線。在這一條假想的線之上均排列所有的自主性交易(登錄)；在這一條假想的線之下均排列所有的調節性交易 (登錄)。當自主性交易的餘額爲零時 (即，當自主性支出等於自主性收入時)，國際收支將處於均衡(Equilibrium)。但是當自主性收入總和（貸方）大於自主性支出總和（借方）時，國際收支表上出

現順差(Surplus)。相反的，當自主性收入總和小於自主性支出總和時，國際收支表出現逆差（Deficit）。在上述的任一種情況下，失衡（Disequilibrium）（順差或逆差)的會計測度是以自主性收入總和與自主性支出總和的差額來表示。

國際收支是一個恆等式，其式表現如下：

$$自主性交易總和 + 調節性交易總和 = 0$$

或者，

$$自主性交易總和 = - 調節性交易總和$$

因此，國際收支失衡的會計測度也可以由調節性收入與支出的差額的負值來決定。

㈢自主性與調節性交易的困難

雖然自主性與調節性交易的分析性區別是健全的，但在實際的應用上卻面臨不可克服的困難。

第一，國際間不一致性存在的可能性。一項交易在一個國家被視爲自主性交易，在另一個國家則可能被視爲調節性交易。例如，當面對國際收支困難時，一個國家的貨幣當局便在另一個國家的民間金融市場上借款。對借款國而言，這是一筆調節性交易，但對貸款國而言，它是一筆基於商業謀利動機而發生的自主性交易。因此，國際間對某些項交易性質的認定不一致。

第二，自主性與調節性交易的區別是一種事前的概念，它是視其「動機」（motives）而定，但動機不能由一個事後的統計表如國際收支表來觀察。如果我們可以從交易型態或交易者型態來推論動機，則此一問題並不難解決。但是情況並非如此，其結果在任何實際的應用時，必須對每一筆交易背後的最終動機作一種主觀的判斷。這種主觀的因素遂引起

統計人員的不同意見。

第三，與貨幣政策有關的影響認定困難。例如，假設本國貨幣當局僅經由提高利率，而從國外金融中心成功的吸收了大筆的短期資本流入。這種短期資本流入的本質為何？自主性或調節性？從私人套匯者觀點而言，這些交易必然是受利潤動機所推動，因此應該被歸類為自主性交易。但是他們的利潤大小實際上是受本國貨幣當局的行動所影響，而後者大體上只關心本國的國際收支的狀況。如此從本國貨幣當局的觀點，這些交易是調節性交易，它們是為了彌補其他交易所造成差額而採行的貨幣政策所推動的。

總之，將事後交易歸類為自主性與調節性交易並非明確的。我們可以以許多不同的方式劃出穿過國際收支登錄的橫線。因此國際收支的失衡，在會計上並無獨一無二的測變標準，所以不能光憑一個單獨數字就以為能精確顯示國際收支失衡的程度。

第六節　國際收支平衡表的格式及其內容

國際收支平衡表有各種不同的格式，茲將 IMF、美國及國際聯盟的國際收支平衡表格式，列表比較如表 7-3 ❶。

IMF 的標準格式是 IMF 公佈各國國際收支統計的格式，其範式如附表 7-4。

IMF 標準格式的平衡表，將交易分為經常交易與資本及貨幣性黃金交易兩種，故帳戶亦劃分為經常帳戶及資本帳戶。

---

❶請參閱 Richard I. Leighton, *Economics of International Trade*,(New York: McGrow-Hill Book Company, 1970) pp.115～131 及 Charles P. Kindleberger, *International Economics*, (New York: Richard D. Irwin, Inc. Fifth Edition, 1973) pp.303～321.

表7-3 不同國際收支平衡之比較

Ｉ　Ｍ　Ｆ	美　　　　國	國　際　聯　盟
一、 經常交易 　　 商品 　　 勞務 　　 移轉收支 二、 資本及貨幣性黃金 　　 交易 　　 資本 　　 貨幣性黃金	一、 經常帳 　　 商品貿易 　　 勞務 二、 資本帳 　　 長期資本 　　 短期資本 三、 片面移轉 　　 私人匯款 　　 政府贈與 四、 黃金	一、 商品 二、 黃金與現金 三、 資本 四、 利息與股息 五、 其他項目

一、經常帳戶

經常帳戶（Current Account）爲平衡表的第一部分，包括下列各項目：

㈠商品（Merchandise）交易

商品的輸出入，原則上必須通過海關，故通常以海關統計爲基礎。海關統計的估價，許多國家對輸出是以 FOB 價格爲基礎，對輸入以 CIF 價格爲基礎。而 IMF 規定的國際收支平衡表則無論輸出、輸入都以 FOB 價格爲計算基礎。因此在輸入方面，必須從海關統計的輸入值（CIF）減去運費（F）及保險費（I），並且應將運費記入下述的運費項目，保險費記入下述的保險項目。

㈡非貨幣性黃金（Non-monetary Gold）交易

關於黃金交易，有經常帳的本項目，與資本帳的貨幣性黃金兩項目。非貨幣性黃金表示國內黃金生產量與消費量的差額，包括私人黃金持有額與金礦存貨的增減。這種國內的黃金生產與消費，雖然與國際經濟交易不發生關係，但政府在國內購買黃金，亦與輸出商品一樣，可以增加

表7-4　IMF 國際收支統計標準格式

IMF MODEL BALANCE OF INTERNATIONAL PAYMENTTS
CURRENT TRANSACTIONS

DEBIT		CREDIT	
Merchandise imports	$ ×××	Merchandise imports	$ ×××
Foreign travel	×××	Foreign travel	×××
Transportation	×××	Transportation	×××
Investment income	×××	Investment income	×××
Government	×××	Government	×××
Insurance & miscellaneous	×××	Insurance & miscellaneous	×××
Sub-total	×××	Sub-total	×××
(Net credit balance on current transactions	×××		
Donations:			
Private	×××	(Net debit balance before	
Official	×××	capital transactions	×××

CAPITAL AND MONETARY GOLD

Short-term capital	×××	Short-term capital	×××
Long-term capital	×××	Long-term capital	×××
		Monetary gold	×××
		Errors and omissions	×××
Total	×××	Total	×××

IMF 國際收支平衡表範式經常交易

借　方　科　目	金　額	貸　方　科　目	金　額
商品輸入	×××	商品輸出	×××
旅行費用	×××	旅行費用	×××
運輸費用	×××	運輸費用	×××
投資收益	×××	投資收益	×××
政府費用	×××	政府費用	×××
保險及雜項費用	×××	保險及雜項費用	×××
小　計	×××	小　計	×××
（經常交易貸方淨差額	×××	（資本交易前借方淨差額	×××
捐贈：			
私人捐贈	×××		
政府捐贈	×××		

資本及貨幣性黃金交易

短期資本	×××	短期資本	×××
長期資本	×××	長期資本	×××
貨幣黃金	×××		
錯誤遺漏	×××		
總　計		總　計	

IMF 國際收支平衡總表

A.經常交易　　　　　　　　　　　　B.資本及貨幣性黃金移動

報告國＿＿＿＿＿＿＿＿＿＿　　　報告有關時期＿＿＿＿＿＿＿

通貨＿＿＿＿　單位＿＿＿＿　　　匯率：U.S.$ ＿＿＿＿＿＿ 合＿＿＿＿＿

項　　目	貸方(收入)	借方(支出)	淨貸或淨借	項　　目	移動淨增(＋)　減(－)		
					資產	負債	淨資產
1.商　品				私人方面(銀行機構除外)			
1.1 輸出入 (f.o.b.)				11.長期資本			
1.2 其　他				11.1 直接投資			
2.非貨幣性黃金移動				11.2 證券：債券			
（淨額）				11.3 證券：股票			
3.國外旅行				11.4 償債			
4.運輸				11.5 其他契約性償還			
4.1 運費總額				11.6 其他			
4.2 其他				12.短期資本			
5.保險				12.1 通貨存款政府債務			
6.投資收益				12.2 其他			
6.1 直接投資				官方及銀行機構			
6.2 其他權益				13.長期資本			
6.3 其他股權				13.1 官方貸款			
7.政府收支（不屬其他項目者）				13.2 銀行貸款			
7.1 軍事支出及剩餘資產				13.3 證券			
7.2 其他				13.4 償債			
8.雜項收支				13.5 其他契約性償還			
貨物及勞務總計				13.6 其他			
9.贈與				14.短期資本			
9.1 個人及機構匯款				14.1 支付及清算協定			
9.2 其他私人移轉				14.2 對國際銀行及貨幣基金債務			
9.3 賠款				14.3 其他對官方及銀行機構之債務			
9.4 其他捐助				14.4 其他			
10.經常交易總計				15.貨幣性黃金			
錯誤及遺漏				16.資本及貨幣性黃金移動			
				總　　計			

對外支付準備; 反之, 政府在國內出售黃金, 即與輸入商品同樣, 及減
少對外支付準備, 故仍列入國際收支平衡表。

㈢保險 (Insurance)

商品輸出與輸入, 大都需投保保險, 國際間的貨物海上保險、再保
險等保險費、再保險費及保險賠償金的收支, 均在此項目表示。如向本
國保險公司投保, 則爲保險費的收入; 反之, 如向國外保險公司投保,
則成爲保險費的支出。

㈣運輸 (Transportation)

包括利用本國及外國船舶、鐵路、航空運輸貨物及旅客的運費、船
舶、飛機的修繕費、港灣設備的使用費等有關運輸方面的全部收支。

㈤國外旅行 (Foreign Travel) 費用的收支

本國人赴國外旅行及外國人來本國觀光所花費的費用是列在此項目
下。

㈥投資收益 (Income on Investment)

國外投資的收入, 外來投資收益的支付、公債與公司債的利息、股
票的股息、IMF 的手續費, 以及 IBRD (國際復興開發銀行) 的借貸利
息等均包括在本項目。

㈦政府交易 (Government Transactions, not Included Else Where)

不列入其他項目的政府交易, 列入此一項目。政府的商品貿易列入
「商品」項目, 公債利息列入「投資收益」項目。而戰爭賠償則計入「移
轉收支」項目。此一項目的主要內容包括外國使領館、駐軍的消費收入。
外國政府對本國居民支付的年金收入, 以及在外使領館經費、對國際機
構的費用攤額等的支付。

㈧其他勞務 (Miscellaneous Service)

有關勞務方面的交易, 如未列入前面㈢～㈥各項目者, 均列入此項
目。例如在外國任職人員的報酬、各種手續費、通信費、廣告宣傳費、

著作權、影片租金、以及特許權使用費等。

㈨移轉收支（Transfer Payments）

　　包括私人移轉收支及政府移轉收支兩種。僑民匯款與捐款、遺產贈與、個人或團體的金錢或物品的贈與、物品與勞務的賠償、對外援助、以及政府贈與等均屬此一項目。

二、資本帳戶

　　資本帳戶（Capital Accounts）爲平衡表的第二部分，包括資本及貨幣性黃金移動交易的記錄，其主要項目如下：

㈠私人長期資本（Private Long-term Capital）

　　包括金融機構以外的本國或外國居民的長期投資，這種投資的形態甚多，可大別爲直接投資與證券投資兩種。長短期的區別，以期限超過一年以上者、未定有期限者（如股票）、以及超過償還期限的短期投資，列入長期投資。本國人向外投資時列入借方，外國人向本國投資時列入貸方。

㈡私人短期資本（Private Short-term Capital）

　　此項目包括不滿一年的私人直接投資、證券投資、以及要求即付(on Demand）的投資。

㈢政府及金融機構長期投資（Long-term Capital of Official and Banking Institutions）

　　包括政府對外長期借款及其償還，外國公債的發行及其償還、IMF的攤額、IBRD 的投資等項目的收支。

㈣政府及金融機構短期投資（Short-term Capital of Official and Banking Institutions）

　　包括政府短期借款、支付協定及清算協定所發生的借貸餘額、及向IMF 的借款等項收支。

㈤貨幣性黃金（Monetary Gold）

此一項目表示政府及金融機構所持有黃金量的變化。借方爲黃金的進口，貸方爲黃金的出口。

㈥錯誤與遺漏（Errors and Omissions）

編製國際收支平衡表，是就前述各項作成複式記錄（Double-entry），所以借貸兩方必須永遠平衡，然而由於資料的不夠完整，錯誤與遺漏在所難免。爲補救起見，乃設「錯誤與遺漏」帳戶來校正，務使國際收支平衡表的借方與貸方達到平衡的目的。

美國的國際收支平衡表格式也是比較流行的格式，其最大特點是將各類交易的記錄劃分爲經常帳戶、資本帳戶、片面移轉帳戶、及黃金帳戶四大類。茲將其範式列示於後：

MODEL BALANCE OF PAYMENTS

	Debit	Credit
I.Current account:		
A.Merchandise trade:		
1.Merchandise imports ·························	X	
2.Merchandise exports ·························		X
B.Service transactions:		
1.Transportation:		
a)Rendered by foreign vessels, airlines, etc ···	X	
b)Rendered by domestic vessels, airlines, etc ········		X
2.Travel expenditures:		
a)In foreign countries ······················	X	
b)By foreigners in home country ···············		X
3.Interest and dividends:		

　　　　　a)Paid to foreigners ·················X

　　　　　b)Received from abroad ··················· X

　　　　4.Banking and insurance services:

　　　　　a)Rendered by foreign institutions ·············X

　　　　　b)Rendered to foreigners by domestic institutions ··· X

　　　　5.Government expenditures:

　　　　　a)By home government abroad ················X

　　　　　b)By foreign government in home country ············ X

II.Capital account:

　A.Long-term:

　　　1.Purchase of securities from foreigners* ·········X

　　　2.Sale of securities to foreigners* ·····················X

　B.Short-term:

　　　1.Increase of bank and brokerage balances abroad···X

　　　2.Decrease of foreign-held bank and brokerage

　　　　balances in home country ····························· X

　　　3.Increase of foreign-held bank and brokerage

　　　　balances in home country ····························· X

　　　4.Decrease of bank and brokerage balances abroad ······ X

III.Unilateral transfers:

　A.Private:

　　　1.Personal and institutional remittances to nonresidents X

　　　2.Remittances received from abroad ························ X

　B.Governmental:

　　　1.Grants, indemnities, and reparations made to other

countries ···X

2.Grants, indemnities, and reparations received from other countries ·· X

IV.Gold account:

　A.Import of gold and increase of earmarked gold abroad　X

　B.Export of gold and increase of earmarked gold foreign account ···X

　　*Includes new issues, transactions in outstanding issues, and transfers resulting from redemption and sinking-fund operations.

　　Also includes currency holdings, acceptances, and other shortterm claims not listed.

　　**"Earmarked" gold is gold physically held in one country for the account of another.

　　至於我國中央銀行所編的國際收支平衡表，其格式大致與 IMF 的格式相同，其格式如表 7-5。

　　不論 IMF 標準格式的收支平衡表或美國式的國際收支平衡表，如作「鳥瞰」的分析其內容，大致說來，縱的方面，兩種格式都有借方科目與貸方科目；橫的方面，標準式的收支平衡表包括經常帳戶與資本帳戶，美國式的收支平衡表則包括經常帳戶、資本帳戶、片面移轉帳戶及黃金帳戶，各帳戶所包括的內容大同小異。各種交易何者應記入借方，何者應記入貸方，兩種格式均有表示。但記帳、編表時，因各國的貨幣制度不同，貨幣價值單位不同，究竟應以本國貨幣記帳、編表，或以外國貨幣記帳、編表？國際收支平衡表內所列的數字是用何種貨幣表示？對此一問題，大致言之，根據 IMF 的標準，一律折成美元，以美元為記帳、編表的單位。此乃因美元為當今的關鍵貨幣（Key Currency），為

表7-5　中華民國國際收支平衡表

項　　　　目	民國 82 年 1993	
	貸　　方 CREDIT	借　　方 DEBIT
A.經常帳	5,842	—
a.貨物、勞務與所得	103,998	97,172
商品：F.O.B.	84,177	72,734
貨物運輸	2,387	3,019
其他運輸	1,304	3,331
旅行	2,225	7,585
投資所得	6,674	2,338
其他貨物、勞務與所得	7,231	8,165
b.無償性移轉	1,858	2,842
民間	1,832	2,749
政府	26	53
B.直接投資與其他長期資本*，不包括 F	—	2,416
直接投資	917	2,411
其他長期資本	—	922
合計，A 加 B	3,426	—
C.短期資本*，不包括 F	—	1,633
D.誤差與遺漏淨額	—	347
合計，A 至 D	1,446	—
E.相對科目	6	—
黃金貨幣化／非貨幣化	6	—
特別提款權之分配／取消	—	—
合計，A 至 E	1,452	—
F.銀行體系國外資產淨額之變動*	—	1,452
存款貨幣機構	95	—
中央銀行	762	1,547

附　　註：*不包括價值變動。

　　　　　**自民國 73 年起，包括國際金融業務分行與非居住民間之交易。

資料來源：中央銀行「中華民國國際收支平衡表」。

現代重要的國際準備(International Reserve)，在國際上的通用性幾與黃金相等，故以美元作爲國際準備所佔的重要地位幾與黃金相等。

　　一國在某一定時期所編製的國際收支平衡表，就其所包含內容分析其交易性質，根據較詳細的三分法，可分爲商務交易、金融交易、投機交易。經常帳戶所列各項目多屬於商務交易，資本帳戶所列各項目多屬於金融交易及投機交易，根據二分法，整個國際收支的交易內容，可分爲自主性交易❷與誘發性或補償性交易❸。商品、勞務的進出口屬於自主性的交易，資本及貨幣性黃金的移動含有誘發或補償的性質。又根據二分法，平衡表內所列各項目的交易性質亦可分爲有形貿易（Visible trade）與無形貿易（Invisible trade）。貨物、非貨幣性黃金的進出口貿易爲有形貿易；勞務、僑民匯款、投資等項目爲無形貿易。

❷自主性交易(Autonomous transaction)係因交易本身的需要而發生者，例如商品與勞務的輸出或輸入，乃因國內有輸入的需要，或爲應外國請求而有輸出的需要。又如長期資本移動，其目的在獲取投資利益；短期資本移動，其目的在獲取較高利息或爲遂行資本的逃避，凡此均屬因本身的理由而生的交易。

❸誘發性交易(Induced transaction)係因其他交易而發生者。例如由於輸出入貿易差額，而引起的國外存款餘額的增減，或爲彌補對外收付而產生的貨幣性黃金的移動及有關交易屬之。

第八章　外匯市場

　　現代國際貿易的結果，參與者之間發生了債權債務的關係，對於這些關係的收付清算必然產生國際間資金的移動。然而由於各國所使用的通貨並不相同，國際間資金的移動往往牽涉兩種幣別以上，爲使國際間不同幣別之清算能順利進行，一種提供國際間通貨互換、交易的場所——外匯市場於焉產生。

第一節　外匯市場之意義、組成與功能

一、外匯市場的意義

　　外匯市場（Foreign exchange market）係由各種媒介外匯買賣機構、接洽外匯買賣專門業者及外匯供給與需要者等彼此之間所形成的市場。外匯的買賣，各買賣當事人並非於一定時間集於一定場所互相供求，故外匯市場並非指外匯交易的建築物或場所等具體的市場（Market place），而是綜合的指外匯交易所進行的範圍而言，可說是一種抽象的區域。換言之，外匯市場不像證券市場或商品市場，並無一特定營業地點，也無一定的開盤收盤營業時間。此外，外匯市場對參加交易者的資格，除參照買賣者長時期所顯示的財務狀況及商業道德建立的商譽等不成文記載，予以非正式的承認外，餘無其他規定。因此，外匯市場可視爲蓋括一切外匯買賣行爲及外匯供求關係的抽象範圍。此外，外匯買賣

雙方很少面對面進行交易, 而多藉電話、Telex、電報或通信做成交易❶。

　　另外, 歐洲大陸的外匯市場交易, 例如巴黎、布魯塞爾, 尚在證券交易所等地的一角設置外匯交易所(Exchange Bourse), 而由各個銀行的代表訂定一定時間, 集合在此地從事外匯市場交易, 可以說是一種具體的市場。不過交易項目僅限於對顧客交易的公定匯率的決定或調整即期外匯交易的買賣頭寸等項, 大多數的交易仍在交易所以外為之, 這種交易方式稱為「大陸方式」(Continental Style)。但此種交易已漸由無形市場所取代, 例如紐約、倫敦、新加坡、東京等地之外匯交易方式即是, 稱為「英美方式」(Anglo-American Style)。

　　由於近年來科技發達, 訊息傳遞快速無比, 各地銀行均可藉著先進的電訊設備立即連線處理外匯交易,在世界各地之金融市場上 24 小時都有外匯交易在進行。

二、外匯市場的組成

　　外匯市場是由下列各種匯兌機構及外匯供求者所組成:

㈠外匯銀行 (Foreign Exchange Banks)

　　外匯交易多透過外匯銀行進行, 故外匯銀行為外匯市場的中心。

　　外匯市場中的外匯銀行, 通常包括

　　1.以媒介外匯買賣為主要業務的本國銀行。

　　2.兼營外匯的本國銀行。

　　3.在本國的外國銀行分行。

㈡外匯經紀商 (Exchange Bill Broker)

　　外匯經紀商係以賺取佣金為目的,為客戶代洽外匯買賣的匯兌商人。其地位極似房屋經紀商, 乃居於買主與賣主之間, 拉攏撮合, 以賺取介

❶請參閱 Rudi Weisweiller, *Foreign Exchange*, (London: George Allen & Unwin Ltd. 1972), pp.17～28.

紹佣金。外匯經紀商本身並不負擔外匯交易盈虧風險，而僅從中抽取佣金而已。

外匯經紀商通常利用各種通訊工具及交通工具，或以電報、電話連絡，或奔走於外匯銀行、進出口商、貼現商及其他匯兌機關之間。這種經紀商通稱爲 Running Broker，中文叫跑街捐客。

外匯經紀商因熟悉市場外匯供需情形，對匯率漲跌及各方買賣外匯者的信用頗具心得，故買賣當事人樂於利用。

㈢承兌商 (Acceptance House; Finance House)

承兌商爲倫敦外匯市場的特殊產物，現約有十餘家。嚴格說來，承兌商並非銀行，充其量只不過是 Merchant Bankers 而已。當 19 世紀初葉，英國對外貿易發達，世界各地的出口商對倫敦承兌商開發英鎊匯票，作爲其對英國及他國進口商收取債權的一種方式。首先出口商據進口商的購貨通知開發匯票，匯票經外匯經紀商之手而至倫敦，再經倫敦承兌商予以承兌，至此匯票就成爲流通證券 (A marketable security)，在市場上流通，可隨時變現，俟承兌匯票到期，即支付英鎊，而償付資金則由進口商備供。

承兌商在外國各大城市，均設有代理人或代理行號，對於當地進出口商號的信用，至爲明瞭，而其資金，除自備資本及公積金外，其顧客常有存款存放該處，以保證到期匯票的清償，如有餘額，即隨時借出，作爲短期貸款。承兌商除承兌匯票外，常直接經營進出口貿易，並代理外國政府與外國公司發行債券。

承兌商爲客戶擔任承兌業務時，通常從中收取若干手續費。

㈣貼現商 (Discount House)

貼現商係以買賣遠期票據爲主要業務的商號。在美國，貼現商分公司組織與私家商號兩種，其資金來源爲自備資本、顧客通知存款、及銀行拆進款項。

倫敦市場上的票據可分爲國內商業票據、外國匯票、及國庫券三種。其中以外國匯票最爲貼現商所歡迎，因此項票據多已經由銀行或著名商號承兌，信用可靠，需用資金時，並可以這些票據向銀行請求再貼現。

貼現業務在英國最發達，現有十餘家貼現商，紐約次之。由於貼現商熟悉外國信用，對經手賣出的匯票也擔保付款，銀行爲運用短期剩餘資金，多願以較高價格向貼現商購買長期匯票。貼現商間亦有代各國政府銷售公債、支付利息、或兼營銀行業務者。

⑸外匯交易商（Exchange Dealer，在美國稱爲 Exchange Trader）

外匯交易商係經營匯票買賣業務的商號,多由信託公司或銀行兼營,也有個人經營的。外匯交易商從事匯票買賣，其經營方法或先買後賣，或先拋後補，或同時進出，不外利用時間及空間距離，獲得價格上的差額，其交易或透過外匯經紀商接洽，或直接向銀行買賣，但以經由外匯經紀商交易的佔大部分。

⑹進出口商及其他外匯供需者

1.出口商：當出口商輸出貨品後，即可在外匯市場賣出其所獲得的外匯。由於國際貿易的發達，出口商成爲外匯的主要供給者。

2.進口商：進口商自國外進口貨物,通常應支付貨款,而貨款大多爲外匯，進口商即在外匯市場買進外匯。由於國際貿易的發達，進口商實爲外匯的主要需求者。

3.其他由於貿易外收支而對外匯發生供需者：例如因運輸、保險、旅行、留學、國外公債買賣，國外公債本息支付等收支而產生的外匯供給者與需求者。

⑺外匯投機供需者

外匯投機者，預期匯率的漲跌，以「買空」方法，即先買進外匯，做「多頭」；或以「賣空」方法，即先賣出外匯，做「空頭」，皆是以少數保證金，在外匯交易市場做期貨的買進賣出交易，圖獲厚利，所以他

們經常係大量外匯的供給者或需要者。

三、外匯市場的功能 ❷

外匯市場可以說是因應國際交易活動的需要而產生，其功能主要在於促進國際交易活動的順利進行，茲分項說明如下：

㈠貨幣交換

透過外匯市場從事外匯的買賣，國際間不同貨幣才能有效的移轉，國際貿易才能順利進行。

㈡規避匯率風險

在浮動匯率制度下，匯率的變動所隱藏對進、出口商獲利的不確定性，將使國際交易的風險增加。若外匯即期市場與遠期市場同時存在，則進、出口商即可利用外匯交易的操作，規避非必要的匯率風險。

㈢清償債務、調節信用

外匯市場之於國際交易，正如國內金融市場之於國內交易，透過外匯市場(如商業銀行)，國際交易的各種票據得以順利清算。另外，個人或企業亦可透過外匯市場借入或貸出外匯，故其存在有利於外匯信用的調節。

㈣獲取額外收益

外匯市場的存在，使得投機者得以利用國際間匯率變動的不確定性，進行投機性的外匯買賣，以獲取額外的利益。

---

❷請參閱歐陽勛、黃仁德編著《國際金融理論與制度》，頁四一。

第二節　世界各主要外匯市場

一、紐約外匯市場

紐約外匯市場為世界最大的外匯市場，不但是美國國內外匯交易的中心，也是世界各國外匯結算的樞紐。在美國境內的銀行和外匯經營者，多藉紐約市場以買賣外匯，雖波士頓、芝加哥、洛杉磯與舊金山等大城市亦早有地方性外匯市場，但這些城市的商業銀行，均與紐約的商業銀行有存款往來，彼此聲息相通，外匯標價仍受紐約市場的支配。

在紐約有很多美國商業銀行在國外同業設有外幣存款帳戶，以利外匯買賣的經營。此外，外國銀行在紐約也有幾十家分支行與代理機構，另有數十家外國銀行在紐約派駐代表，它們吸收外人的美元存款，少數並吸收美國人的美元存款，它們部分以經營外匯買賣為其主要業務。

紐約外匯市場可解釋為一種三層市場(A three-tiered market)，換言之，是由三個層次的市場所構成，即：

1.紐約商業銀行與其顧客之間的交易：這些顧客或為外匯的直接需求者 (進口商)，或為外匯的直接供給者 (出口商)。銀行每日買賣外匯，係以大致軋平為原則，藉以避免風險。如買入多於賣出時，必設法向同業賣出其差額，如賣出多於買入時，也必設法自同業補進其差額，因此之故，在紐約各銀行間，又形成一外匯批發市場。

2.紐約各銀行透過外匯經紀商的外匯交易：紐約各銀行並不直接互相交易，而係利用外匯經紀商為之居間拉攏。當一家銀行的外匯供求失衡而需買進其不足或賣出其剩餘外匯時，只須以電話通知經紀商買進或賣出數量，及希望成交的價格，經紀商即為暗中媒介，透過其媒介，各銀行對於某種外匯的過多或過少，遂大致能軋平，而不致影響外匯價格

的波動。外匯經紀商接受銀行委託買賣外匯，在正式成交前，絕不透露委託銀行名稱，故具有保密作用。交易撮成，則由賣方銀行給予佣金。紐約外匯市場在 1920 年代，以迄 1930 年代初期，曾有 45 家外匯經紀商，目前則僅剩下十幾家。這些經紀商中有少數是專營某種外匯，而大部分則係同時買賣重要國家的外匯，如英鎊、加拿大幣、瑞士法郎等。他們彼此競爭劇烈，其所憑的本錢是精湛的交易技術，以及銀行對他們的信任而已。

3.紐約各銀行與外國銀行之間的外匯交易：紐約外匯市場校正外匯供求失衡的最重要手段，乃是紐約各銀行向外國銀行買進或賣出外匯，另外外國中央銀行與貨幣機構的介入買賣亦佔重要地位。例如某一外國銀行爲應其顧客的美元需要，每向紐約外匯市場詢價，而在紐約賣出本國貨幣以換取美元；如其顧客有美元待售，則在紐約出售美元以換回本國貨幣。由於身爲世界外匯結算的樞紐，因此紐約外匯市場與各國重要外匯市場交易至爲頻繁。

由以上可知，紐約外匯市場係一綜合性外匯市場，目前每日之外匯交易量約有 1,920 億美元，其中，透過經紀商交易者約佔 60%，直接交易約占 40%，以幣別分，則馬克占約 33%，日圓占 25%，英鎊 15%，瑞士法郎 12%，其他 16%，以交易種類分，即期占約 63%，換匯交易占 25%，選擇權占 6%，遠期交易 5%，期貨交易 1%。

二、倫敦外匯市場

倫敦外匯市場過去執世界的牛耳，雖然目前其地位已爲紐約市場所取代，但其業務量之大，舉世也僅有紐約市場可與之匹敵。

倫敦外匯市場的結構，可分兩部分，一爲經營外匯業務的銀行及金融機構（Financial Houses），一爲外匯經紀商（Broker Firms）。就整個倫敦金融區而言，即有約二百家銀行從事外匯交易，這些銀行均領有

英格蘭銀行（Bank of England）的許可執照。有一個時期銀行彼此間不互相買賣外匯，而都是透過外匯經紀商的居間媒介。自 1951 年 12 月外匯市場重開，情況才開始改變。遇有需要，銀行彼此間得互相買賣。經營外匯的銀行組有倫敦外匯銀行委員會（London Foreign Exchange Bankers' Committee），主要目的在於使外匯市場實務規則的標準化，並在與外匯經紀商及政府的關係方面代表各銀行的利益。其後，因爲各銀行間的直接買賣做法，無甚利益可言，故實際上，大多數銀行的外匯買賣，係藉外匯經紀商的居間媒介而達成。

倫敦市場的外匯經紀商，在二次戰前約有 30 至 40 家。1951 年戰後外匯市場重開，英格蘭銀行堅持減少家數，最後減爲 9 家，此 9 家經紀商形成了今日倫敦外匯市場的主要角色。他們可以說支配了倫敦外匯市場，據估計，倫敦市場中透過這些經紀商的外匯交易，約佔總交易額的 75%。

目前，倫敦外匯市場交易量仍然占世界第一，每日外匯交易量約有 3,030 億美元。其市場形態與紐約外匯市場大致相同，就地理位置言，倫敦上午 8：00 開市，正值亞洲收市時間（臺灣下午 4：00，日本下午 5：00），下午 2：00 又可連接北美洲外匯交易開市，也難怪其交易量始終世界第一了。

三、東京外匯市場

日本外匯市場雖然分佈於東京、大阪，及名古屋等主要城市，然而東京外匯市場一地的交易量即佔全國總交易量的 99%，故大阪及名古屋僅可視爲東京外匯市場的附屬市場而已。又東京市場交易的通貨以美元爲主，約佔 90%，其餘爲其他外幣。

東京外匯市場，係由下列外匯交易機構所組成。

㈠外匯銀行

指根據日本「外國爲替銀行法」（即外匯銀行法）成立的東京銀行以及根據「外國爲替及外匯貿易管理法」（即外匯及貿易管理法）認可的銀行總稱爲外匯銀行。

外匯銀行與顧客作各項外匯交易的結果所產生外匯頭寸之差額——亦即外匯部位（Exchange Position）可在市場上買賣而獲得調整，同時亦可從事套利交易。

㈡外匯經紀商

指仲介外匯銀行交易的業者。外匯經紀商以直通電話經常不斷地與外匯銀行連繫，通常以電話洽詢買賣雙方的意願，並從中撮合而促成交易以獲取手續費收入。但經紀商本身並不參與直接買賣亦不承擔風險。目前日本有兼營外匯仲介業務的短資公司6家，即日本割引短資、東京短資、上田短資、山根短資、八本短資、名古屋短資，另有專營外匯仲介業務的公司三家即羽鳥商會、南商會及小林等，所以共計有9家經紀商從事外匯仲介業務。

㈢平衡操作當局

1963年4月20日，日本政府當局鑒於外匯市場匯率波動幅度的逐漸擴大，爲防止並維持市場的穩定，因此決定行使平衡操作方法。其操作的機構根據1951年4月外匯資金特別會計法曾設置有「外國爲替資金特別會計」（即外匯資金特別會計），但實際上係由日本銀行代理大藏省執行營運。

東京外匯市場與倫敦及紐約外匯市場相同，並非在固定地點如證券交易所的場內交易，而係以電話從事買賣，亦即電話市場（Telephone Market）。在巴黎、法蘭克福等的外匯交易雖有固定的交易場所，但該市場僅不過是決定各種貨幣對顧客的即期基本匯率而已，銀行間交易的主體仍然是電話市場。

東京市場交易的時間分爲前場與後場，前場自早晨9時起至中午12

時爲止, 午場自下午1時30分起至3時30分爲止。交易日爲銀行的營業日, 但自1973年3月10日以後, 星期六的交易已告停止。此外如主管機關認爲情況需要, 亦可根據「外國爲替及外國貿易管理辦法」第九條隨時命令市場停止交易。

由於實際上參加外匯買賣的銀行爲數甚多, 要想一一詢問對方銀行, 尋覓適當對象, 勢必浪費許多時間, 故由經紀商來負起仲介銀行交易的責任。銀行間直接交易的例子並非沒有, 但東京外匯市場交易原則上仍以透過經紀商爲主。

經紀商與銀行的交易廳 (Dealing room) 之間通常設置有直通專線電話, 外匯市場開市時, 經紀商即同時以電話探尋那家銀行, 在何時, 擬以何種價格, 買賣多少外匯等等, 如遇有適當對象即立刻撮合雙方成交。如交易成立, 則經紀商可自買賣雙方收取手續費。

東京外匯市場交易時間與紐約及倫敦均不重疊, 因此上午開盤價常受紐約市場收盤價影響而與前一日日本外匯市場收盤價有段距離, 目前每日外匯交易量約有1,280億美元, 堪稱亞洲最大外匯市場, 其中, 遠期外匯交易約占8%, 爲國際外匯市場上規模較大之遠期外匯市場。

四、德國外匯市場 ❸

德國的外匯市場, 大約包括60家主要銀行及10家經紀商, 並在Frankfurt, Berlin, Hamburg, Düsseldorf, Münich等地, 有5處外匯交易所, 並且有一般無形的外匯交易市場。在交易所決定16種通貨的公定行市。5處交易所的營業時間, 自星期一至星期五, 每日於下午1時開始, 約爲45分鐘。交易對象僅限於電匯現貨, 期貨交易則除外。外匯

---

❸請參閱 Donald R. Mandich Editor 編, *Foreign Exchange Trading Technigues And Controls*, (American Banker's Association 1976), Chapter I, by Talat M. Othman, *How Foreign Exchange Markets Works*, pp.18～19.

交貨不論現貨或期貨均爲兩天營業日後，如逢例假日順延。交易最低金
額，依通貨別分別規定。經紀商手續費爲交易所交易者，收取 0.025%，
外匯交易所以外的市場交易於上午 9～12 時及下午 2～4 時之間營業，由
外匯經紀商從事仲介交易。

五、法國外匯市場

法國巴黎外匯市場，分爲公認外匯市場、外國銀行券市場及自由外
匯市場等。

公認外匯市場的現貨交易，由外匯銀行間或在交易所內交易，期貨
交易由經紀商仲介外匯銀行之間交易。經紀商不能參加交易所內的商議，
交易所的交易，以拍賣方式進行。

對於外國銀行券的買賣，不在交易所內交易，而是在銀行同業市場
內買賣。自由外匯市場所買賣的外匯，爲准許上市的指定通貨的一部分，
及未上市通貨。

六、瑞士外匯市場

瑞士外匯市場僅有一般市場，而沒有另設外匯交易所。外匯交易係
由外匯銀行及少數的外匯經紀商以電話和 Telex 作成。由 5 家銀行控制
市場，國際清算銀行也參加外匯交易，瑞士國立銀行（瑞士中央銀行）
則以蘇黎世銀行，透過上述 5 大銀行介入市場操作。外匯交易，主要在
Zurich 買賣，也在 Geneva, Basle 等地交易。

銀行的外匯交易金額，最低單位爲 50 萬美元、10 萬英鎊，或其相當
金額的其他通貨，已成爲交易慣例，不過在最低金額以下的交易，也有
成交之情形。然而對瑞士法郎的交易如達到或超過五百萬美元，則應即
向中央銀行報告，俾便中央銀行立刻作成干預市場的決定。期貨交易僅
限於確定日期之期貨。

七、新加坡外匯市場

新加坡外匯市場包括以新幣爲基礎的外匯（美元）及其他貨幣爲基礎的外匯兩種。以新幣爲基礎的，主要爲美元，以其他貨幣爲基礎的，則與新幣不發生關連，如美元對西德馬克、美元對英鎊、美元對瑞士法郎等。

新加坡共有 47 家授權銀行（Authorized Banks）准許買賣外匯，此外另有 5 家經紀商，只准許做爲買賣外匯的仲介人，本身並不直接參加外匯買賣。

第三節　歐洲美元市場

一、歐洲美元與歐洲美元市場

所謂「歐洲美元」（Eurodollar）是指存放在美國境外的各銀行（美國各銀行在國外的分行亦包括在內）的生息美元存款。美國境外各銀行若將其歐洲美元貸出或轉存其他銀行時，則在美國境內各銀行的「美元餘額」會有同額的減少；而接受歐洲美元或自其他銀行借入歐洲美元時，其在美國境內各銀行的「美元餘額」會有同額的增加。

自 1950 年代後期，歐洲的銀行就將其在美國的美元存款，貸放給美國以外的歐洲客戶的交易量驟增，因而形成了歐洲美元利率體系，也就成爲美元外匯存款的國際金融市場——歐洲美元市場（Euro-dollar Market）。歐洲美元係屬一種短期的國際資金，經常在國際間迅速而大量的移動，因而歐洲美元市場幾乎完全就是國際短期資金市場。

二、促成歐洲美元市場產生的因素

　　1950 年代初期，蘇聯的中央銀行 Gosbank 將美元存款由美國移存到巴黎的北歐商業銀行，這是歐洲美元的肇始。1950 年以來，美國國際收支赤字累增；1957 年，英鎊發生危機而實施非居民貿易金融限制措施；美國聯邦準備當局對於存款利率的最高限制，使得美元存款由美國流入西歐各國。1958 年，西歐各國恢復各國貨幣兌換性。1960 年，美國經濟景氣蕭條，西歐經濟景氣繁榮，因而引起了利率裁定（interest arbitrage）；再加上美國銀行又避免英格蘭銀行（Bank of England）的管制。基於這些因素造成歐洲美元市場得以迅速展開。

三、歐洲美元的供給與需求

　　歐洲美元的供給不外乎有下列幾項：

　　第一、政府及中央銀行，可將美元外匯準備的一部分存入美國以外的商業銀行或國際清算銀行（International Bank for Settlement），直接供給歐洲美元。第二、中央銀行與本國商業銀行以換兌協定（Swap Agreement）供給美元，運用於歐洲美元市場。第三、企業因美元為清算貨幣（Currency of Settlement），將美元存款存入歐洲銀行。第四、美國企業以歐洲債券（Eurobond）籌措的資金，部分投資於歐洲美元市場。

　　至於歐洲美元的需求，也有下列兩項：

　　第一、可將歐洲美元兌換為其他貨幣後，貸予本國或外國的非銀行部門或直接貸予本國或外國的企業與個人；而借款人或用以兌換其他貨幣，或作為美元支付之用。第二，可將歐洲美元轉貸或轉存於本國與他國的其他銀行。❹

---

❹請參閱李孟茂先生著，《貨幣銀行學下冊》，臺北：五南圖書公司，民國 70 年 9 月，pp.915-6。

四、歐洲美元的管制

德國 Bundes Bank 對商業銀行，以較市場有利的換兌比率（Swap rate），賣出即期美元外匯，買入遠期美元外匯，供給美元，再投入歐洲美元市場。英國於 1971 年 12 月，將全體外匯淨額限制為每一家銀行的買超最高額度為 10 萬英鎊。另外，美國課征利息平衡稅（Interest Equalization Tax），而將其稅率大幅度降低，同時廢止對外直接投資管制及融資管制。其他如對於非居民存款，禁止付息或是以外匯管理管制向非居民借款或管制外匯兌換本國貨幣等皆是對歐洲美元的管制。

第四節　亞洲美元市場

一、亞洲美元市場的起源

歐洲美元與亞洲美元（Asian dollar）之間的區別是視美元存放的地區而定；存放在歐洲的美元，稱之為「歐洲美元」；同理，存放在亞洲的美元，就稱之為「亞洲美元」了。

當初，在亞洲成立區域性美元市場的構想，是由美國商業銀行設計出來的。當時，越戰正在激烈進行，美國商業銀行殷切希望在亞洲（太平洋地區）潛在的過剩美元能善加運用。當初國際銀行圈曾以香港、東京、或新加坡作為亞洲美元交易中心展開辯論，最後因香港不願對海外通貨交易免除 15%的利息所得稅，及日本不願放棄外匯管制措施，因而，美國商業銀行在 1968 年，要求新加坡政府當局，准許該行在財務部門下，設立一個特別的營業單位，專營借入非居民外幣及將之貸放至外地的業務。1968 年 10 月 1 日，該單位獲准營業。1969 年，花旗銀行（First National City Bank）、華僑銀行（Overseas Chinese Banking Corpo-

ration)、渣打銀行（Chartered Bank)、聯合大通商人銀行（United
Chase Merchants Bank)、匯豐銀行等都獲准在市場經營此項業務。亞
洲美元市場就這樣在新加坡誕生了。

二、亞洲美元市場的成長

　　為了區別亞洲美元交易與當地通貨交易，新加坡政府規定所有被核
准設立的銀行必須制定一種特殊的記帳單位，稱為亞洲通貨單位（Asian
Currency Unit, ACU)，亞洲美元交易即以 ACU 記帳。而經營亞洲通
貨單位業務的銀行，就簡稱為亞洲通貨單位銀行。

　　在 1968 年年底，新加坡亞洲美元市場的存款額還相當小，只有 3,
080 百萬美元，如今已成長壯大，1975 年，亞洲美元的存款額已達 126 億
美元，1982 年更高達 1,033 億美元。目前全體 ACU 資產已逾 2,000 億美
元。與歐洲美元市場相比較，新加坡亞洲美元市場之成長算相當迅速，
新加坡已發展成為與紐約、倫敦、蘇黎世並稱的世界金融中心。

三、亞洲美元市場資金的來源與運用

　　亞洲美元市場的主要業務，就是接受活期及定期可兌換的外國通貨
存款，以及再把這些外幣貸放出去，供貿易及投資之用。亞洲美元市場
的資金來源包括負債與存款，而資金的運用則變成資產與貸款。在 1971
年之前，亞洲美元市場資金的來源主要來自亞洲地區的存款彙積，而這
些資金卻大多運用在世界其他地區，主要是用於歐洲及北美洲。另外，
新加坡政府當局准許儲蓄基金及退休基金將其基金總額的 15%投資在
亞洲美元市場，以便日後可供政府長期向市場借款的資金來源。

　　亞洲美元市場資金最主要的用途，是以國際聯合中期信用貸款的方
式，貸放給亞洲（太平洋地區）的借款人。另外，亦對亞洲區域以外的
企業進行貸款或購買其債券，或者將亞洲美元轉貸或轉存其他銀行。

第五節　ECU 之創設 ❺

一、歐洲經濟共同體的形成

　　遠在 1951 年歐洲國家爲免除各國間煤與鋼進口的關稅障礙，即由法國、西德、義大利、荷蘭、盧森堡及比利時等國成立歐洲煤鋼共同體（European Coal and Steel Community），此一共同體亦於 1958 年根據羅馬條約（Treaty of Rome）創設歐洲經濟共同體（European Economic Community），簡稱 ECC，藉由各國間所有財貨關稅及貿易障礙之消除，達到經濟共同成長的目的。之後，1973 年英國、愛爾蘭、丹麥加入，1981 年希臘加入，1986 年西班牙及葡萄牙加入後，使歐洲經濟共同體的會員國增加至 12 個。

　　1987 年單一歐洲法案（Single European Act of 1987）通過後，已於 1992 年底成立歐洲單一市場，各國間所有財貨均得自由移動，其中亦涵蓋了歐洲貨幣的統一。

二、歐洲貨幣制度的成立及其目的

　　歐洲貨幣制度（European Monetary System），是由歐市決策機構——部長理事會與會員國的中央銀行於 1978 年 12 月 5 日在布魯塞爾召開會議同意，並於 1979 年 3 月 13 日歐市高峰會議決議後成立的制度，希望藉由集體的力量加強會員國間匯率的穩定，進而推動歐洲經濟共同體的發展，其主要目的有下列幾點：

　　1.將通貨統一視爲政治統一的一個步驟。因爲通貨統一之後，各會員

---

❺孫義宣編著，《國際貨幣制度》，國際金融系列⑥，民國 82 年 7 月增訂 6 版。

國間的貨幣政策便於調和，而在相似的通貨膨脹率之下，易於維持對外一致的匯率，進而逐漸促成政治統一。

　　2.作爲促進區內貿易成長的手段。通貨統一能減輕區內各國貿易商的區內貿易風險，可促進會員國間的貿易成長，對區內各國生產廠商具有貿易保護作用。

　　3.促進區內的貨幣及經濟安定。

三、歐洲貨幣制度的內容

㈠歐洲通貨單位的創設

　　爲解決歐洲貨幣制度中各會員國間債權、債務之清算及記帳問題，乃決定創設歐洲貨幣單位（European Currency Unit）簡稱 ECU，其標準籃（Standard Basket）係由歐市 12 國通貨共同組成，而各國通貨的比重，則取決於各國在歐洲貨幣制度中的重要性，例如，各國的國民生產毛額，進、出口貿易數量，表 8-1 係 1989 年 9 月修正後的比重分配，往後，通常五年會檢討一次。表 8-2 即是該制度創立以來前三次變動情形。

　　其中，若以馬克表示的雙邊匯率（各會員國貨幣兌馬克的匯率）計算而得的比重謂之「權數」，如表 8-3。若以各會員國貨幣對美金的匯率計算，亦即計算出市場 ECU 的價值，其比重謂之「相對權數」，如表 8-1。

㈡匯率機能的建立

　　爲加強各會員國間匯率的穩定，歐洲貨幣制度的匯率機能（Exchange Rate Mechanism）簡稱 ERM，乃限制各會員國貨幣間彼此浮動的上下限，其內容說明如後：

　　1.中心匯率（Central Rate）

　　⑴雙邊中心匯率（bilateral Central Rates）

　　各會員國通貨相互間的中心匯率，目前歐市大都以馬克表示雙邊中

表 8-1 歐洲通貨單位的計價

1989 年 9 月 20 日

幣　　　別	(1) 通貨構成單位數	(2) 9月20日匯率	(3)＝(1)／(2) 折合成美元的價值	(5)＝(3)／(4) 相對權數(%)
德國馬克	0.6242	1.9461	0.320746	30.1
法國法郎	1.332	6.5789	0.202464	19.0
英　　　鎊	0.08784	1.5770	0.138528	13.0
義大利里拉	151.8	1,403.502	0.108158	10.15
荷蘭基爾德	0.2198	2.1944	0.100166	9.40
比利時法郎 盧森堡法郎	3.431	40.7601	0.084182	7.90
丹麥克羅那	0.1976	7.5689	0.026107	2.45
愛爾蘭鎊	0.008552	1.3707	0.011722	1.10
希臘拉克馬	1.440	168.915	0.008525	0.80
西班牙比塞塔	6.885	121.91	0.056477	5.30
葡萄牙厄斯科多	1.393	163.40	0.008525	0.80
合　　　計			ECU＝1.065600(4)	100.00

說明:
- ⑴: ECU標準籃的構成單位數。
- ⑵: 除英鎊係指該通貨一單位兌美元匯價外, 餘均為一美元兌換其他通貨之匯價。
- ⑶: 各構成單位折合成美元的價值, 亦即⑶＝⑴／⑵; 不過, 英鎊則是⑶＝⑴×⑵。
- ⑷: 該欄的合計數。
- ⑸: 標準籃各構成份子的權數, 它是以⑶／⑷而得。

資料來源:《東京銀行月報》, 1990 年 2 月。

心匯率。

(2)以 ECU 表示的中心匯率

以權數計算出 ECU 的價值後, 各國通貨亦可得到一個以 ECU 表示之中心匯率。

表 8-2　ECU通貨籃各通貨構成單位數的變動情形

幣　　別	1979年3月13日 以　降	1984年9月17日 以　降	1989年9月21日 以　降
德國馬克	0.828	0.719	0.6242
法國法郎	1.150	1.310	1.332
英　　鎊	0.0885	0.0878	0.08784
義大利里拉	109.000	140.000	151.8
荷蘭基爾德	0.286	0.256	0.2198
比利時法郎 盧森堡法郎	3.660 0.140 }3.800	3.710 0.140 }3.850	3.301 0.130 }3.431
丹麥克羅那	0.217	0.219	0.1976
愛爾蘭鎊	0.00759	0.00871	0.008552
希臘拉克馬	—	1.150	1.440
西班牙比塞塔	—	—	6.885
葡萄牙厄斯科多	—	—	1.393

（註：1ECU=）

資料來源:《東京銀行月報》, 1990 年 2 月。

2.干預法則

匯率機能規定，除了西班牙貨幣比塞塔及葡萄牙貨幣厄斯科多可適用在中心匯率上下各6%之範圍浮動外，其他會員國皆為2.25%，當各國貨幣匯率超越所規定的範圍時，各會員國有義務維持該國貨幣匯率的穩定。

四、歐洲貨幣制度的發展過程❻

1991 年 12 月 11 日，歐市各會員國領袖於荷蘭馬斯垂克（Maastri-

---

❻鄭清保編譯,《歐洲匯率穩定機能瀕臨解體》, 民國 82 年 8 月 16 日,《工商時報》。

表 8-3 歐洲通貨單位的中心匯率及權數

幣　　別	(1) 通貨構成單位數	(2) 以馬克表示的 雙邊中心匯率	(3)＝(1)×(2) 折合成馬克的價值	(5)＝(3)／(4) 權　數（%）
德國馬克	0.6242	1	0.6242	30.4
法國法郎	1.332	0.2981629	0.397153	19.3
英　　鎊	0.08784	2.95	0.259127	12.6
義大利里拉	151.8	0.0013365	0.202882	9.9
荷蘭基爾德	0.2198	0.8875122	0.195075	9.5
比利時法郎 盧森堡法郎	3.431	0.0484836	0.166347	8.1
丹麥克羅那	0.1976	0.2621618	0.051803	2.5
愛爾蘭鎊	0.008552	2.67893	0.022910	1.1
希臘拉克馬	1.440	0.01001337	0.014419	0.7
西班牙比塞塔	6.885	0.0153846	0.105923	5.2
葡萄牙厄斯科多	1.393	0.01150228	0.016023	0.8
以馬克表示的 ECU中心匯率			ECU＝2.05586(4)	100.00

說明:
　⑴: ECU標準籃的構成單位數。
　⑵: 各會員國通貨以馬克表示的中心匯率。
　　　例如，1法國法郎＝0.2981629馬克；1英鎊＝2.95馬克；……等。
　⑶: 各構成單位折合成馬克的價值，亦即(3)＝(1)×(2)。
　⑷: 該欄的合計數。
　⑸: 標準籃各構成份子的權數，以(3)／(4)而得。
資料來源: Strohmeyer, H.: The Future of the ECU, *the world of Banking*, Nov-
　　　　　Dec. 1991, p.13.

cht) 簽署了「歐洲經濟暨貨幣同盟」協議，確定最遲於 1998 年年底創
立歐洲單一貨幣，其要點如下:

　　1.歐洲貨幣同盟共分三階段進行

第一階段，自 1990 年 7 月 1 日開始。在此一階段內，規劃單一市場之完成，以及各國經濟、貨幣政策之密切合作。第二階段，自 1994 年 1 月 1 日開始。此階段主要工作爲建立歐洲貨幣機構，以及未來施行單一貨幣所需之經濟政策程序及法規之擬定。第三階段，1999 年 1 月 1 日實施。建立歐洲央行進而採行單一貨幣，各會員國彼此之間爲固定匯率、而會員國本身必須具備匯率穩定、低通膨、低政府赤字等條件。

2.歐洲單一貨幣實行前，ECU 的組合不再改變，以強化 ECU 的地位，即使有新會員加入，亦不能成爲 ECU 的一部分。

3.英國國會得經表決拒絕接受採行單一貨幣。

4.丹麥須於歐洲單一貨幣實行前，以公民投票表決加入與否。

馬斯垂克條約雖業經各會員國領袖簽署同意，然付諸實行前依舊困難重重，其發展過程及其未來路途之坎坷，或可由下列重大事情窺得端倪：

1992 年 6 月 2 日，丹麥公民投票否決了馬斯垂克條約，金融市場開始懷疑歐洲單一貨幣的可行性。

1992 年 7 月 16 日，德國顧及本身之經濟因素，調高重貼現率，歐市各會員國匯率穩定機能危機開始顯現。

1992 年 9 月 8 日，芬蘭取消該國貨幣與 ECU 的連動關係。

1992 年 9 月 13 日，各國協議義大利里拉貶值 7%以交換德國降低重貼現率。

1992 年 9 月 16 日，英鎊無法承受投機客打壓，宣佈退出歐洲匯率穩定機能。

1992 年 9 月 17 日，義大利里拉亦退出歐洲匯率穩定機能。

1992 年 9 月 20 日，法國公民投票以 51.05%贊成對 48.95%反對，通過馬斯垂克條約。但弱勢貨幣依舊遭受打壓。

1992 年 12 月 12 日，歐洲高峰會議於愛丁堡舉行，各國重申支持馬

斯垂克條約。

1993 年 4 月 19 日，歐市各國財政部長發表 420 億美元的經濟振興方案。

1993 年 5 月 18 日，丹麥公民第二次複決馬斯垂克條約，雖然勉強通過，但仍舊未能排除外界對歐體貨幣聯盟的疑慮。

1993 年 6 月 21 日，歐市各國高峰會議於哥本哈根舉行，會中要求各國迅速降低利率。

1993 年 10 月 29 日，歐洲共同體各會員國領袖在布魯塞爾舉行高峰會後決定，將未來歐洲中央銀行的前身——歐洲貨幣機構——設在德國法蘭克福，使歐體向經濟暨貨幣統合邁出一大步。該機構預定 1994 年 1 月 1 日起運作，職責為協調歐體 12 國中央銀行之貨幣政策，並在貨幣統合的第二階段籌備實施單一貨幣。

1993 年 11 月 1 日，馬斯垂克條約於本日開始生效。歐洲同盟亦於同日誕生。歐體三億四千六佰萬人口的政、經命運將正式展開緊密結合的運作。

1994 年 1 月 11 日，歐洲貨幣機構首次會議。由比利時貨幣機構專家蘭法路西出任總裁。

1994 年 3 月 30 日，奧地利、瑞典、挪威、芬蘭四國通過歐盟理事會投票表決，可望於 1995 年加入歐盟；另外波蘭依規定申請加入歐盟，可望於西元 2000 年前成為正式會員國。

1994 年 5 月 4 日，歐洲議會以壓倒性的多數票通過奧地利、瑞典、挪威、芬蘭加入歐盟的申請案。這四國已同意加入歐盟所需的條件，正式加入的日期是 1995 年 1 月。

1994 年 6 月 12 日，奧地利公民投票以 66.39% 的贊成票，通過於 1995 年 1 月 1 日加入歐盟議案。

1994 年 10 月 16 日，芬蘭公民投票，以 57% 比 43% 的差距，贊成加

入歐洲同盟。

1994 年 11 月 13 日，瑞典公民投票，以 52%贊成票通過加入歐盟議案。

1994 年 11 月 29 日，挪威加入歐盟議案，經公民表決以 52.2%反對，被選民否決。

1994 年 12 月 6 日，歐盟財長會議，正式把歐洲貨幣制度匯率機能（ERM）中的匯率波幅上下限由原來的窄幅（2.25%或 6 %）調整為寬幅（中心匯率上下各 15%）。

1995 年 1 月 9 日，奧地利先令加入歐洲貨幣制度的匯率機制（ERM），奧地利先令將以 13.7167 兌 1 歐洲通貨單位（ECU）的中心匯率，在上下各 15%的範圍內自由浮動。

1995 年 3 月 6 日，西班牙主動要求讓西班牙幣比塞塔貶值 7 %，這是 1993 年以來，歐洲貨幣制度的匯率機能遭受嚴格考驗，一般相信此舉可能延緩歐洲通貨的整合大業。

1995 年 4 月 8 日，歐盟各會員國財長與央行總裁會談。會中已就歐洲單一貨幣的規模、形式、面額等重要細節達成共識。

1995 年 5 月 31 日，歐洲同盟（EU）執委會經濟事務委員戴席吉公布「歐洲單一貨幣草案」，旨在降低計劃的不確定性，及加強民眾的支持。歐盟單一貨幣目前暫稱歐洲通貨單位（ECU）。

1995 年 6 月 27 日，歐洲同盟 15 國高峰會議本日在法國坎城閉幕，各會員國決議歐盟在 1999 年 1 月 1 日進入統合的第三階段。

1995 年 9 月 30 日，歐盟各國財政及金融首長在西班牙召開會議，其中對各國必備的財經水準、推動程序再次達成結論。

1995 年 12 月 15 日，歐盟高峰會在馬德里召開，確定將單一貨幣命名為「歐元」（EURO）。此次高峰會另一重點是歐盟的東進擴張，歐盟打算在西元二千年前吸收部份東歐國家加盟。

1996 年 4 月 13 日, 歐盟財政部長與央行總裁會議, 新的 ERM 提案中, 仍同意保留寬廣的匯率浮動帶、中央匯兌平價匯率, 以及各國央行與未來歐盟央行 (ECB) 某種程度的干預必要。

1996 年 11 月 24 日, 歐盟財長與央行總裁經討論後達成協議, 讓義大利里拉以 990 兌 1 馬克的中央匯價重返歐洲匯率機制。此舉讓義大利在 1999 年成爲單一貨幣創始國踏出重要一步。

1997 年 3 月 17 日, 歐盟財政部長同意馬斯垂克條約的財經標準可以有些彈性, 便使德國與法國成爲歐洲單一貨幣的創始會員國。另外, 歐盟將以 1997 年底各國經濟條件之狀況, 決定 EMU 第一輪有資格加入之國家。

1997 年 6 月 29 日, 荷蘭央行總裁將接掌設於法蘭克福的歐洲貨幣機構 (EMI), 他希望 EMI 是成爲計劃中歐洲央行第一任總裁的跳板, 並且將評估 1999 年首批歐洲經濟貨幣同盟 (EMU) 成員的經濟發展。

第六節　EURO 之成立 ❼

一、歐洲經濟暨貨幣聯盟 (European Monetary Union, EMU) 之成立

依據馬斯垂克 (Maastricht) 條約的規定, 爲順利推動歐盟的統合, 必須成立歐洲經濟暨貨幣聯盟, 其主要目標在於建立原則以健全歐盟區域之財政及貨幣政策、改善區域內之國際收支平衡、在穩定物價的前提下促進經濟發展。

---

❼陳福雄著,《瞄準歐元》, 實戰智慧叢書 235, 86 年 6 月初版。中央銀行外匯局翻譯,《歐元的誕生》, 87 年 10 月。《工商時報》,《經濟日報》, 87 年 1 月至 88 年 1 月。

依規定，加入 EMU 必須符合下列之條件:

1.會員國之通貨膨脹率(以消費者物價指數計算)不得超過歐盟通貨膨脹率最低 3 個國家之平均水準加 1.5% 以上。

2.會員國之年平均長期名目利率不得超過歐盟通貨膨脹率最低 3 個國家年平均長期名目利率之平均水準加 2% 以上。

3.會員國政府預算赤字不得超過其國內生產毛額(GDP)之 3%; 或其超過只是例外、暫時之情形。

4.會員國政府總負債不得超過其國內生產毛額 (GDP) 之 60%; 或超過後須儘速降低。

5.會員國必須參加歐洲匯率機制 (ERM) 至少兩年且匯率未大幅波動，該機制以歐元為中心匯率，會員國之匯率只能在歐元上下 15% 間自由浮動。

表 8-4　EMU 成立三階段主要工作內容

第一階段 1998 年 5 月 1 日至 1998 年 12 月 31 日	1.決定第一批加入 EMU 的會員國。 2.決定各會員國的雙邊匯率。 3.成立歐洲中央銀行體系 (ECB)
第二階段 1999 年 1 月 1 日至 2001 年 12 月 31 日	1.決定會員國貨幣與歐元之轉換匯率，ECU 將以 1：1 的比例轉換為歐元。 2.TARGET汎歐自動即時總額清算快速匯款系統開始運作。 3.會員國政府以歐元發行新債。 4.會員國會計帳以歐元為基準，原幣仍可流通。 5.會員國股市以歐元報價。
第三階段 2002 年 1 月 1 日至 2002 年 6 月 30 日	1.歐元硬幣及紙鈔正式啟用。 2.會員國硬幣及紙鈔仍可流通。 3.2002 年 7 月 1 日起，歐元成為會員國間唯一法定貨幣。

　　1998 年初，擔任歐洲議會議長的狄羅（Jacques Delor）提出狄羅方案，確立了成立 EMU 的過程，並將此過程分爲三階段（表 8-4）。

　　1998 年 3 月 26 日歐洲聯盟執行委員會主席宣佈，歐盟 15 國中符合在 1999 年一月加入歐洲經濟暨貨幣聯盟條件者共有 11 國，法國、德國、荷蘭、比利時、盧森堡、芬蘭、愛爾蘭、義大利、奧地利、葡萄牙和西班牙。

　　符合條件的 11 國，共有近 3 億之人口，全部之生產毛額約佔全球 19.4%，貿易值則佔全球之 18.6%。美國與日本之國內生產毛額則分別佔世界之 19.6% 及 7.7%，而貿易值則分佔世界之 16.6% 及 8.2%。

　　此外，15 國中希臘是惟一不符合貨幣統合條件的國家。而英國、丹麥和瑞典則堅持不願採用單一貨幣。

　　1998 年 5 月 3 日歐洲議會正式批准 11 個國家於 1999 年加入歐洲經濟暨貨幣聯盟先行採用單一貨幣「歐元」。

　　歐洲經濟暨貨幣聯盟乃於 1999 年 1 月 1 日起，由創始會員國法國、德國、荷蘭、比利時、盧森堡、芬蘭、愛爾蘭、義大利、奧地利、葡萄牙和西班牙正式組合而成，且開始運作。

二、歐洲中央銀行(European Central Bank, ECB)之組織架構及功能

　　1994 年歐盟依據馬斯垂克條約，法蘭克福成立歐洲貨幣機構(European Monetary Institute, EMI)。

　　1998 年 7 月 1 日歐洲中央銀行正式成立，同時取代原來的歐洲貨幣機構，而歐洲央行首任總裁，則由荷蘭籍杜森柏格(Willem Duisenberg)擔任，任期八年，不得連任，副總裁由法國籍前財政部長諾亞(Christian Noyer) 擔任，另外選出四名理事分別爲德國籍易新（Otmar Issing）、義大利籍史契帕（Tommaso Padoa-Schioppa）、西班牙籍蘇南

（Eugenio Domingo Solans）及芬蘭籍漢姆林（S. Hamalanin）。

1.歐洲中央銀行的組織架構

歐洲央行的組織架構沿襲了德國央行的制度，分為央行與邦行兩等級，決策單位是理事會，理事會的成員除了歐洲央行總裁、副總裁及四位理事外，還包括會員國各國之央行總裁。

理事會作決策時，採多數決，表決權多寡則由會員國之人口數及其國內生產毛額大小決定，每位理事具有同等的表決權，當正反票相同時，歐洲央行總裁有絕對的決策權，理事會作成決策後，則交由歐洲央行六位理事負責執行。

2.歐洲中央銀行體系（European System of Central Banks, ESCB）的運作

歐洲中央銀行體系（ESCB）包括歐洲中央銀行（ECB）及各會員國之中央銀行。歐洲中央銀行為一獨立機構，不受任何會員國約束，其理事成員任期八年一任且不得連任。而各會員國中央銀行總裁任期五年可連任。

歐洲中央銀行掌控會員國之貨幣政策，因此，歐洲央行理事會決定的融資利率，應在各會員國內一體適用。而貨幣政策的目標有貨幣數量成長目標及通貨膨脹目標兩種。各會員國依歐洲央行之決策，以公開市場操作維持貨幣市場的穩定。

3.歐洲中央銀行的功能

A.控制貨幣供給量，維持物價穩定

透過歐洲中央銀行體系的運作，以控制貨幣數量成長目標及通貨膨脹目標為主要任務，以維持歐洲經濟暨貨幣聯盟區域內之物價穩定，確保經濟蓬勃發展。

B.發行歐元貨幣

歐元貨幣之發行只有歐洲央行理事會有決定權及核准權，鈔票之發

行由歐洲央行與各國央行共同辦理，鈔票面額共分成七種，五、十、二十、五十、一百、二百及五百歐元，硬幣之發行則由各國央行辦理，但數量須由歐洲央行核准，一歐元分成一百分，共有八種幣額爲一、二、五、十、二十、五十分及一、二歐元。

C.維持歐元支付系統之穩定

TARGET（Trans-European Automated Real Time Gross Settlement Express Transfer System）汎歐自動即時總額清算快速匯款系統，自 1999 年 1 月 1 日起擔任歐元的清算工作，且不論是否加入 EMU，TARGET 將連結歐洲中央銀行與 15 個歐洲國家之中央銀行，負責其間歐元交易之清算，此系統具有大額交割的特性，並藉由各國家中央銀行間之連線，透過各國區域性清算網路，形成總數超過 6 千家銀行的清算系統。

三、歐元匯率之決定

1999 年 5 月 2 日的歐盟高峰會中，歐盟各國財長議定了將加入歐洲經濟暨貨幣聯盟的各國貨幣的雙邊匯率（表 8-5）。

1998 年 12 月 31 日歐洲經濟暨貨幣聯盟以三步驟完成 ECU 與 EURO 間的轉換。首先，確定美元與各會員國之匯率，包括英國、瑞典、丹麥及希臘，雖然這四國尚未加入歐洲經濟暨貨幣聯盟，但仍須通報該國貨幣兌美元之匯率以計算 ECU 兌美元之官方匯價。接著歐洲經濟暨貨幣聯盟參考市場價格，並決定 ECU 的市場起始價，將歐洲貨幣單位（ECU）以一比一的方式過渡成歐元（EURO），各會員國與歐元之匯率也因此永久固定下來。

歐洲經濟暨貨幣聯盟於 1999 年 1 月 1 日，正式公佈歐元的起始匯率及歐元與會員國貨幣間不可撤銷的固定轉換匯率（表 8-6）。

表 8-5　歐洲經濟暨貨幣聯盟會員國貨幣與馬克雙邊匯率表

幣　別	基準匯率（馬克）	市場匯率（馬克） （1998/4/30）
法國法郎（100）	29.8164	29.828
義大利里拉（1000）	1.01010	1.013
荷蘭基爾德（100）	88.7517	88.83
比利時法郎（100）	4.84837	4.8453
盧森堡法郎（100）	4.84837	4.8453
愛爾蘭鎊（100）	2.48228	2.519
西班牙比塞塔（100）	1.17547	1.1778
葡萄牙厄斯科多（100）	0.975559	0.9756
芬蘭幣（100）	32.8947	32.94

資料來源：德利銀行（Dresdner Bank）提供

表 8-6　歐元與歐盟會員國貨幣間轉換匯率表

幣　別	歐元與各貨幣間之轉換匯率
德國馬克	1.95583
法國法郎	6.55957
義大利里拉	1936.27
奧地利幣	13.7603
芬蘭幣	5.94573
荷蘭基爾德	2.20371
比利時法郎	40.3399
盧森堡法郎	40.3399
愛爾蘭鎊	0.787564
西班牙比塞塔	166.386
葡萄牙厄斯科多	200.482

資料來源：德利銀行（Dresdner Bank）提供

為確保會員國貨幣與歐元間正確無誤地轉換，歐洲經濟暨貨幣聯盟規定，歐元與會員國貨幣間之轉換匯率係固定的，且只涵蓋六位數字，如果第一個數字是零，則自其後需涵蓋六位數字，此外，僅有官方公佈之轉換匯率可以適用，其他諸如以倒數表示的轉換匯率，或未透過歐元轉換匯率而藉由會員國間貨幣直接轉換，均在禁止之列(例如，1 馬克＝0.513693 歐元或 1 法國法郎＝0.2958 馬克，均違反匯率轉換規則)。

第七節　境外金融中心

一、境外金融中心的意義

境外 (Offshore) 一詞係源自英國，由於英國是一個島國，當地居民很自然將發生在島外的事件謂為境外事件，事實上，英國所稱的境外，也就是我們一般所稱的國外 (Foreign)。

所謂「境外金融中心」(Offshore Banking Center) 是一個國家准許國內金融機構辦理「境外金融業務」(Offshore Banking)，即非居民之間相互金融交易的市場。換句話說，在一國領域之內以本國通貨以外的他國貨幣為計值單位進行之金融借貸活動的場所，就是「境外金融中心」。

境外金融中心其實是發生在國境之內的金融業務，但卻是利用境外銀行體系操作，故不受該國原有金融體制之約束，因此這種境外金融交易只有在經該國特殊立法之後，提供與一般銀行業務分開之適當環境，才能順利展開其業務。

此外，各國對境外金融中心的用詞亦不一致，例如，美國稱為 IBF (International Banking Facility)；新加坡稱為 ACU (Asian Currency Unit)；我國則稱為 OBU (Offshore Banking Unit)。無論其名

稱爲何，所經營者均爲境外金融業務，其間差異只在於各國規章與經營態度不同而已。

二、境外金融中心之類型

㈠以作業方式來區分

1.機能中心

鼓勵國際性銀行在該中心作業，並於該中心記帳以吸收境外資金，例如倫敦、香港、新加坡。

2.記帳中心

國際金融機構以設立分行或與該境外金融中心當地之信託公司簽訂代理合約方式，將其在其他地區之業務記帳於該中心，以取得優惠之租稅，例如巴哈馬及開曼群島。

㈡以地域範圍來區分

1.國際金融中心

該境外金融中心以全球爲範圍具有國際金融市場規模者，如倫敦、紐約。

2.區域金融中心

該境外金融中心之範圍不超過一個區域，如香港、新加坡、巴林等。

㈢以發展的過程來區分

1.政府刻意創立者

大部分開發中國家的境外金融中心屬之，如新加坡、巴林。

2.自然產生者

已開發國家之境外金融中心多屬之，如倫敦。

三、境外金融中心成立之必備條件

㈠政治長久安定

一般存款人、投資人考量投資環境的首要條件即是資金的安全性，惟有良好的政治制度及安定的社會才能提供投資者可靠的投資環境，否則再高的報酬率一樣無法吸引國際投資者。

㈡良好的地理位置

目前國際性交易多已邁向 24 小時交易，若該境外金融中心所在地區能同時跨越較多不同國家的時區，其營業時間較易與其他主要金融市場的營業時間重疊，自然較易吸引投資者前來參與。

㈢資金、人員進出之自由化

為發揮國際金融市場之功能，外匯交易的管制務必撤除，包括資本與盈餘的自由兌換與匯出、專業人員進出國境之自由。

㈣優惠的租稅及誘因

在稅法上提供優惠，例如，營利事業所得稅、利息收入所得稅、印花稅的減免。

㈤優良的週邊環境

包括優良的通訊設備、現代化的交通設施、專業的會計師、律師、資訊公司之支援。

四、我國境外金融中心籌設經過及發展

為因應經濟發展需要，我國亟須建立臺灣成為遠東金融中心，以吸收國際金融市場短期及中長期外資。民國 71 年 7 月 15 日行政院院會通過「提高我國在遠東地區經貿地位方案」，要點包括指示經濟部籌辦「自由貿易區」及由財政部負責籌設「境外金融中心」。72 年 2 月 17 日，財政部會同中央銀行擬具之「境外金融業務分行特許條例」草案，經行政院院會原則通過，嗣於 4 月 28 日再作修訂後，送立法院審議。11 月 29 日經立法院審議修正通過，更名為「國際金融業務條例」。同年 12 月 12 日經總統頒佈施行。財政部與中央銀行依據「國際金融業務條例」第二

十三條之規定，自民國 73 年 1 月以降即著手研擬「國際金融業務條例施
行細則」草案，以便加速推展境外金融業務。該施行細則於 73 年 4 月下
旬定案並正式公佈實施。我國境外金融中心於民國 73 年 6 月正式成立，
至民國 83 年 1 月底已有中國國際商業銀行、第一銀行、華南銀行、臺灣
銀行⋯⋯等 19 家本國銀行及美國商業銀行、美國花旗銀行、美國運通銀
行等 19 家外商銀行開辦境外金融業務。總資產值已達 268 億 5 千 6 百萬
美元❽。

　　依據「國際金融業務條例」第三條之規定，具下列條件的銀行得由
其總行申請主管機關特許，在中華民國境內，設立會計獨立的國際金融
業務分行，經營國際金融業務：

　　1.經中央銀行指定，在中華民國境內辦理外匯業務之外國銀行；

　　2.經政府核准，設立代表人辦事處之外國銀行；

　　3.經主管機關審查合格之著名外國銀行；

　　4.經中央銀行指定，辦理外匯業務之本國銀行。

　　目前我國「國際金融業務分行」的業務範圍以下列為限：

　　1.收受中華民國境外之個人、法人、政府機關或國內外金融機構的外
匯存款，但不得收受外幣現金，其外匯存款亦不得兌換為新臺幣提取。

　　2.透過國際金融市場吸收、運用資金。

　　3.對於個人、法人、政府機關或金融機構的放款。

　　4.外幣放款的債務管理及記帳業務。

　　5.外幣買賣及匯兌。

❽見中央銀行 83 年 2 月出版之《金融統計月報》。

第九章　期貨與選擇權市場

第一節　期貨市場簡介[1]

一、期貨市場的發展

期貨市場的產生，最早是由於農作物的價格易受天候戰爭的影響，造成大起大落的現象，這對農作物的供給和需求雙方帶來極大的困擾。於是買賣雙方爲了控制成本及保障利潤，事先約定未來買賣商品的價格及數量，以規避價格波動的風險，這便是期貨市場的起源。

最早的期貨交易所是 1848 年成立的芝加哥期貨交易所（Chicago Board of Trade; CBOT）。在成立之初，其以現貨及遠期合約的交易爲主；至 1860 年代中期，方發展出眞正的期貨交易。在期貨市場中，期貨交易所不僅可提供交易所會員所需利用的設備、資訊、場所，同時也是一個執法與立法的單位。交易所本身不從事期貨合約的買賣，只負責交易法令及規章的執行，並確保市場的交易秩序，迅速並公平的調整市場紛爭，提供有價值的資訊給客戶。

美國主要的交易所及交易商品，簡列於表 9-1：

---

[1] 請參閱林昌義著，《期貨交易之原理與實務》，民國 78 年 6 月版，五南圖書出版公司。

表 9-1 美國主要之期貨交易所

市場名稱	簡稱	所在地	成立年代	主要交易商品類別
芝加哥交易所 (Chicago Board of Trade)	CBT	芝加哥	1848	穀物，油籽及其產品，金屬，林產，金融債券及石油產品。
芝加哥商品交易所 (Chicago Mercantile Exchange)	CME	芝加哥	1874	畜產品，林產，外幣與金融債券，及證券指數。
中美洲商品交易所 (Mid America Commodity Exchange)	MACE	芝加哥	1868	穀物，油籽，畜產品，金屬及金融債券。
堪薩斯市交易所 (Kansas City Board of Trade)	KC	堪薩斯市	1856	穀物及證券指數。
明市穀物交易所 (Minneapolis Grain Exchange)	MPLS	明市	1881	穀物及油籽。
紐約棉花交易所 (New York Cotton Exchange)	CTN	紐約	1870	纖維，糧食及石油產品。
紐約商品交易所 (New York Mercantile Exchange)	NYM	紐約	1872	金屬，糧食及石油產品。
商品交易公司 (Commodity Exchange, Inc)	CMX	紐約	1933	金屬及金融債券。
紐約咖啡、糖及可可交易所 (New York Coffee, Sugar & Cocoa Exchange)	CSCE	紐約	1882	糧食。
紐約期貨交易所 (New York Futures Exchange)	NYFE	紐約	1979	外幣與金融債券及證券指數。

二、期貨合約的意義與特色

期貨合約乃一定型化合約，此合約言明買賣雙方有義務在未來某一特定時間，依事先約定的價格，付款與交割特定數量的某特定商品或金融工具。由於是現在約定價格及數量，因而成本已於事先固定，不管未來交割付款時價格如何變動，都不影響交易雙方，因此可以規避風險。

期貨合約與遠期合約同樣有著事先約定價格、數量、未來交割的性質，但兩者之間仍有差異。例如：遠期合約通常為當事人雙方之間的議價行為，沒有一個正式的公開的場所；而遠期合約到期必須交割，若有一方在到期前不想履約，則另一方將蒙受損失，即遠期合約的交易雙方承擔相當程度的信用風險。此外，遠期合約在到期日方有資金交付的義務，這往往使得在到期日前，商品市價與約定價相差過大，而合約修改、轉手不易，減低其避險的功能。

此外，期貨合約與遠期合約的不同，也在於它具備下列的特色：

㈠期貨合約均在交易所交易

為了確保交易的公平、迅速，期貨合約必須在期貨交易所中競價交易，以避免人為的作價，及不公平的情事發生。

㈡合約標準化

期貨合約均是由期貨交易所設計與訂定，其決定標準化的要素包括：契約中交易數量（如商品期貨）或總額（如金融期貨）的大小、交易商品或指數（index）的定義、價格計算方式及最後結算方法等。其中以交易商品或指數（又稱為交易標的物）之定義而言，則必須規定出可供交割之基準等級（basis grade）。在這方面外匯期貨的定義比較單純，因其交割標的物並無品質之差異。契約的大小則主要決定於價格變動率（price volatility），一般而言，價格變動愈小，每口契約的交易金額便可以愈大，但變動率本身會變，也使契約金額有調整之必要。如CME的

英鎊期約規格原本是 25,000 英鎊, 但因有一度其變動非常小, 1988 年之後遂改爲每口 62,500 英鎊。至於結算方式, 以外匯期貨之結算時間而言, 大部分集中在近兩個契約月分; 而其交割方式則爲現金交割 (cash settlement或cash delivery)。

合約標準化的好處, 在於規範交易及交割的商品品質及數量, 可減少紛爭; 此外, 因合約規格化, 交易者若不願持有原合約, 可以很容易的在交易所中出售, 如此一來, 市場活絡性大增, 也提供了避險者良好的避險管道。

㈢逐日結算

期貨合約不同於遠期合約的一大特點, 在於其逐日按市場收盤價格結算。例如, 某投資人在 9 月 1 日買入 12 月份交割的黃金期貨合約 1 口, 市場爲 390 元/每盎司 (1 口爲 100 盎司), 若 9 月 1 日收盤價爲 392 元/每盎司, 則該投資人的保證金帳戶餘額便增加 200 元。若 9 月 2 日之收盤價爲 391 元, 則保證金餘額須扣除 100 元, 僅增加 100 元。期貨經紀商在投資人進行期貨合約買賣之前, 會先收取一定金額的原始保證金 (Initial Margin), 此金額由交易所按不同商品的合約大小及價格波動幅度的不同訂定之。因爲逐日結算的特性, 使得期貨保證金每日反映投資人買賣的賺賠金額。當保證金餘額低於交易所訂定的下限, 即所謂的維持保證金 (Maintenance Margin) 時, 經紀商會給投資人一個保證金催繳的通告 (Margin Call), 告知投資人必須補繳保證金到原始保證金的水準。

㈣以公開叫價方式進行交易

期貨交易爲保障每位市場參與者有公平參與的機會, 所有的買賣均採公開叫價的方式進行。在交易進行時, 所有的叫價與買賣必須透過場內交易商或經紀商來進行。當市場參與者要進行交易時, 先把交易指示單 (Order) 透過經紀商傳給在場內的交易代表, 交易代表根據交易指示

單上的指示進行交易。當交易成交時，交易代表必須在成交單上記載所
有的交易內容及其完成交易的時間，並回報給下單的客戶。同時，交易
所會立刻把成交價格顯示在交易廳上，並透過資訊網路傳播到外界。

㈤特定日期的交割日

交易所爲方便清算工作的進行，因此根據每種期貨合約的特性，規
定每個期貨合約不同的未來交割月份與日期。不同的期貨合約，可能有
不同的交割月份與日期。一般而言，每種期貨合約會提供不同到期日的
合約以應市場不同的需求。市場參與者可以在不同到期月份的合約中選
擇一個符合本身需要的合約來交易。

㈥買賣雙方透過清算所來進行交割事宜

期貨交易所設立清算所（Clearing House）的目的在於確保期貨交
易的買賣雙方能夠履行契約。清算所在買賣過程中所扮演的角色是爲賣
出者的買方，及購入者的賣方；亦即，在一筆期貨交易中，清算所分別
與買賣雙方訂定買賣契約，以交易所的信用來保證契約的履行，使買賣
雙方的信用風險降至最低。

第二節　期貨交易商品及流程

一、期貨交易商品種類

期貨市場交易的商品主要分成兩大類：商品期貨與金融期貨。商品
期貨中含各種農產品、林產、金屬、石油等等；金融期貨則含各種外幣、
指數、利率期貨等。其類別如表9-2。
由商品種類來看，農產品及礦產品等傳統性可貯藏的商品，是期貨交易
發展的開始，其已具有相當悠久的歷史。外幣及金融債券包括世界主要
的貨幣(如日圓、英鎊、德國馬克、瑞士法郎等等)，及美國聯邦政府與

表 9-2 期貨交易商品之類別

穀　　　　　物	玉米　小麥　燕麥　稻米
油籽及其產品	大豆　大豆油　大豆粉　葵花籽
畜　　產　　品	活牛　活豬　肥育牛　豬腹脇肉　雞　雞蛋
糧　　食　　品	糖　咖啡　可可　馬鈴薯　橘子汁
纖　　　　　維	棉花
林　　　　產	木材　合板
金　　　　　屬	金　銀　銅　白金
石　油　產　品	原油　燃料油　液化瓦斯　含鉛汽油　不含鉛汽油
外幣與金融債券	英鎊　加拿大幣　日圓　瑞士法郎　西德馬克　歐洲美元 國庫短期票據　國庫長期票據　公債　銀行存款單
指　　　　　數	紐約證券市場綜合指數　價值線指數　500 家企業綜合指數

商業債券, 是 1972 年以後才開始有期貨交易; 石油產品期貨則於 1980 年才開始交易, 而指數期貨更是 1980 年代初期的產物。這些新生代的期貨商品在期貨市場中已凌駕於傳統性商品之上。以 1980 年爲例, 穀物與大豆類之交易量最高, 分別佔總交易量的 20%以上, 第三位是貴金屬類, 約佔 14%, 金融債券類在 1980 年之交易量是第四位, 僅佔總交易量的 13.5%。但在 1984 年, 以芝加哥聯邦公債交易量最高, 佔市場 20%, 可見金融期貨已逐漸成爲期貨交易的主流。

　　各種期貨商品都有其交易代號, 而交割月份也區分爲現年及隔年而有不同的代表字, 詳見於表 9-3。

二、期貨交易流程及組織架構

　　期貨的買賣必須透過公開喊價, 在交易所的交易廳中進行。美國期貨交易委員會 (Commodity Futures Trading Commission; CFTC) 是負責有關期貨交易的主管機關, 其透過全國期貨協會 (National Futures Association, NFA) 對所有的交易所及期貨經紀公司作法令規範及管理。有關美國期貨市場的組織架構簡單表示如下:

表 9-3　各類期貨商品的交易代號

代號	期　貨　項　目	代　號	期　貨　項　目
W	Wheat(小麥)	SF	Swiss France(瑞士法郎)
KW	K. C. Wheat(堪薩斯交易所小麥)	DM	Deutsche Mark(西德馬克)
MW	Minn. Wheat(明市交易所小麥)	JY	Japanese Yen(日幣)
C	Corn(玉米)	AD	Australian Dollar(澳幣)
S	Soybeans(黃豆)	CP	Copper(銅)
BO	Soybean Oil(黃豆油)	AG	CBT Silver(CBT銀)
SM	Soybean Meal(黃豆粉)	SV	COMEX Silver(COMEX銀)
O	Oats(燕麥)	PL	Platinum(白金)
LB	Lumber(木材)	GC	COMEX Gold(COMEX黃金)
NY	Cotton(棉花)	KV	Value Line Average(Value-Line股票指數)
SU	Sugar #11	YX	NYSE Composite(紐約交易所綜合股票指數)
CC	Coffee(咖啡)	S P 或	S&P 500(史坦普500股票指數)
		UC	
CO	Cocoa(可可)	BC	Major Market(主要市場指數)
OJ	Orange Juice(冷凍濃縮橘子汁)	CR	CRB Futures Index(商品研究局期貨價格指數)
LH	Live Hogs(肉豬)	DJ *	Dow Jones Industrials(道瓊三十種工業股票指數)
LC	Live Cattle(肉牛)	TB	Treasury Bills(聯邦短期公債)
PB	Pork Bellies(豬肥)　喃	ED	Eurodollar(歐洲美元)
FC	Feader Cattle(養牛)	U S 或	Treasury Bonds(聯邦長期公債)
		TR	
BP	British Pound(英鎊)	CL	NY Crude Oil(原油—紐約盤)
CD	Canadian Dollar(加幣)	HO	NO.2 Heating Oil(第二燃料油)
DX	U. S. Dollar Index(美元指數)	HU	Unleaded gas(無鉛汽油)

＊道瓊30種工業指數不是期貨項目，但為從事股票指數期貨交易者必須注意的指數。主要交易項目的代號以及期貨月份的代號，乃根據美國通行的Commodity News Service與Kinght-Ridder Financial Service的代號為準。

表 9-4　期貨商品交割月份代號

現年期貨月份				隔年期貨月份			
代　號	期貨月份	代　號	期貨月份	代　號	期貨月份	代　號	期貨月份
F	一	N	七	A	一	L	七
G	二	Q	八	B	二	O	八
H	三	U	九	C	三	P	九
J	四	V	十	D	四	R	十
K	五	X	十一	E	五	S	十一
M	六	Z	十二	I	六	T	十二

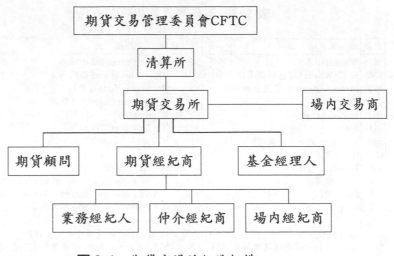

圖 9-1 期貨市場的組織架構

其中，場內經紀商是在交易所的交易廳中為場外的經紀商進行買賣及撮合的人。其地位有如經紀商中的經紀商。場內經紀商依規定只能替客戶執行買賣，而不能替自己做交易。而場內交易商是在交易所的交易廳中為其所屬的機構或本身進行買賣及撮合的人。

清算所設立的目的在於負責所有期貨交易的結算與金額的清算。清算所是採會員制，會員必須是經紀商或交易商，且不可以個人的身分加入。清算所會員的客戶可以透過清算所來完成期貨交易的清算工作。但交易所規定，在交易所完成的每一筆交易必須經過清算所會員的保證才算完成交易，因此就交易所內的個人交易商而言，就必須直屬於某一清算會員或為清算會員的往來客戶，才能透過清算所完成清算工作。

當一個人決定從事期貨交易時，首先得向期貨交易所的會員經紀商開立帳戶，以電話通知方式給他的經紀人（broker）其交易訂單，訂單上包括買或賣、商品種類、契約數目、提運月份及價格等等，當他的經紀人記下訂單時，即以口頭（大多數為此種方式）覆誦一遍，或以書面郵寄方式確認訂單，如此客戶才有機會核對其所交易之訂單是否正確，

而且亦可確定其經紀人已經接受了該訂單。

該交易訂單立即被送到經紀商辦公室內的電訊室，登記、打戳時間，然後立即由電訊室以電話通知交易所交易廳內該公司的電話員，電話員記下訂單，經由傳遞員送至交易櫃臺上的經紀人，在交易櫃臺內公開叫價，進行交易。成交之後，該經紀人即在該訂單的價格上背書，如果該訂單沒有價格的限制，則經紀人即填上成交的價格，再經由傳遞員送回至交易廳內的電話員，再傳回公司的電訊室。當該客戶的經紀人得知該交易已完成時，立即以電話口頭的方式通知客戶，隨後再以書面確認交易的完成。每天交易結束時，會員經紀商再將當日所有的交易，報告給結算單位，由結算單位進行當日的結算工作。

整個交易進行過程皆保持著高度的時效。如果交易訂單沒有限制價格即市價訂單（market order），而以當時市場價格爲準的話，則整個交易過程，即由客戶給訂單，至訂單在交易櫃臺上成交，再傳回至經紀商通知客戶爲止，通常不會超過兩分鐘。由此可概見期貨交易作業的迅速。期貨交易流程請見圖 9-2。

第三節　期貨交易之基本策略

一、基差

基差（Basis）是指某一特定商品於某一特定地點的現貨價格與該商品在期貨市場期貨價格之差，即：

基差＝現貨價格－期貨價格（Basis＝Cash－Futures）

當基差的負值越小或正值越大時，表示該商品的現貨價格與期貨價格相差越遠，基差越強勁；反之，則越弱。

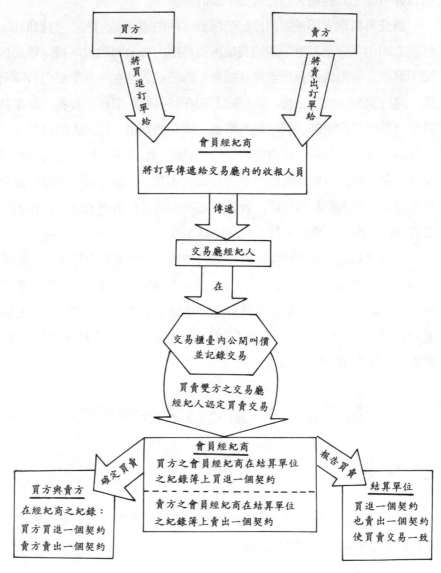

圖 9-2 期貨交易流程圖

　　由於基差代表商品的期貨與現貨價格的差異，而影響商品價格的因素很多，但對同一商品而言，期貨與現貨價格受相同的因素影響，只是

程度上的大小有異。因此，某特定商品的期貨價格、現貨價格、基差之
間的關係，可以下圖表示：

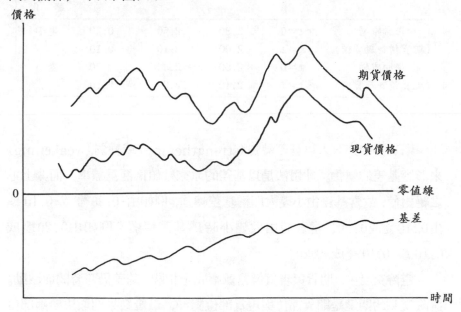

圖 9-3　期貨、現貨價格及基差

　　在基差之變化上，一般均以變大（widening）或變小（narrowing）
來形容。如上所述，基差有時正、有時為負，視市場處於何種狀況而定。
基差變大或變小是以基差的絕對值作為衡量標準，當基差絕對值變小，
向圖 9-3 中之零值線（zero line）趨近，即所謂基差變小；當基差絕對
值變大，距離零值線愈遠，即為基差愈大。在正常市場中，基差原本為
負，故基差原來數值變小（負數愈來愈大），則基差變大（widening）。
在逆向市場中，基差原本為正，所以基差原來數值的變化與基差變化相
一致，是同方向變動。茲將上述定義舉例明示如下：

	時間	價　格		基差	基差之變化
		現貨	期貨		
正常市場	t＝0	2.30	2.50	−0.20	變小
（期貨價＞現貨價）	t＝1	2.00	2.10	−0.10	
逆向市場	t＝0	2.50	2.30	0.20	變小
（現貨價＞期貨價）	t＝1	2.10	2.00	0.10	

　　期貨界中亦有人以基差轉強（strengthening）或轉弱（weakening）來形容基差的變化。此用法是以基差的原來數值為衡量標準，而非上述之絕對值，故當基差由小變大即稱基差轉強，例如由-0.20變成-0.10或由0.10變成0.20；當數值由大變小時為基差轉弱，例如由0.20變成0.10或-0.10變成-0.20。

　　避險交易中，期貨與現貨價格並不完全相關，基差仍隨時間而波動。避險交易的關鍵是期貨部位與現貨部位對沖，最後結果則取決於兩部位價格的相對變化，而基差的變化正提供吾人所需的訊息，所以基差變大或變小直接影響避險的結果。在正常市場下，基差變小有利於空頭避險❷，變大對多頭避險❸有利；在逆向市場中恰好相反，基差變小對多頭避險有利，變大則有利於空頭避險。

二、基本交易實例

---

❷空頭避險（Short Hedge）又稱賣出避險（Selling Hedge），乃為防止價格下跌受到傷害，而以期貨市場暫時代替現貨市場中的立場，事先賣出以達到規避風險的目的。讀者可以參考史綱、李存修等6人合著之《期貨交易理論與實務》，證券暨期貨市場發展基金會出版，民國82年2月，頁七七～七九。

❸多頭避險（Long Hedge）又稱買入避險（Buying Hedge），係在期貨市場中暫時買入某商品期貨，代替現貨市場中買進現貨的立場，以規避價格可能往上波動的風險。

當預期貨幣將於未來貶值時,投資者爲避免因貨幣貶值而造成損失,故應先在期貨市場上拋出該貨幣, 待交割前再予以補回。

當預期貨幣將於未來升值時, 必須於未來付款給國外的進口商, 爲避免因預付款的貨幣升值, 而使其面臨匯兌上的損失, 進口商可以先行買入該貨幣的期貨合約, 以規避匯兌風險。在此以兩個例子來分別說明兩種情況的操作結果。

實例一, 外幣貶值情況:

假設目前 (4 月) 外匯市場美元兌馬克的即期價位爲 1.6200, 而在期貨市場中, 9 月份的馬克報價爲 0.6105。若佳鼎科技公司財務人員預期在未來 3 個月, 會有馬克 1,250,000 的收入, 且預期未來美元兌馬克的走勢爲馬克貶值。該公司爲規避匯率波動的風險, 可以先行以 0.6105 的價位賣出馬克期貨契約。若 3 個月後即期馬克價位爲 US＄0.6035, 9 月份馬克期貨報價爲 US＄0.6024, 則其交易結果如下:

	現　　貨	期　　貨	基　差
現 在	預計 3 個月後有 DM 1,250,000 之收入, 以目前匯率計, 折合美金 771,605	賣出 3 個月後馬克期貨 10 口(共 DM 1,250,000)合等值美元 763,125	0.6173－0.6105 ＝0.0068
3 個 月 後	賣出馬克 1,250,000 匯率 US＄0.6035 合等值美元 754,375	補回馬克合約 10 口 匯率 US＄0.6024 等值美元 753,000	0.6035－0.6024 ＝0.0011

現貨市場: 754,375－771,605＝－17,230 (賠)　⎫
期貨市場: 763,125－753,000＝10,125 (賺)　⎭ 合計損失 US＄7,105

分析:

1.在期貨市場的操作利得爲 US＄10,125 (763,125－753,000)。

期貨價格從 0.6105 下跌爲 0.6024, 其跌幅爲 81 點, 而每一點的利潤爲 US＄12.50。亦即期貨市場的利潤爲 US＄10,125

　　　　(12.50×81×10)。換言之，因著期貨操作而可少損失US＄10,
125。

2.若未在期貨市場從事避險操作，則由 3 個月後外匯市場即期價格
　反算下，相對於 3 個月前的匯率，投資者會有美元 17,230
　〔(1.6540－1.6200)×125,000÷1.6200÷1.65〕的損失。

　　由上述範例可知，若投資者未在期貨市場從事避險操作，其損失爲
US＄17,230。反之，若從事避險其損失當減少至US＄7,105 (10.125－
17,229.56)。

實例二，外幣升值情況：

　　畢達美國分公司於 4 月初與電視機經銷商簽約,同意於 12 月初提供
15,000 臺電視機，每臺單價美元 300 元。該公司爲預作準備，於 4 月 6
日向日本訂購該批電視機，每臺日圓 28,500 元，雙方同意於當年 11 月
10 日交貨，總進口金額共計日圓 427,500, 000 (28,500×15,000)。當
日匯率如下表:

	美金／日圓
現貨	0.00952
期貨： 6 月到期	0.00961
9 月到期	0.00966
12 月到期	0.00972

　　依當日匯率計算，此筆交易共需美金＄4,069,800 (0.00952×427,
500,000)。爲避免美金貶値所帶來的損失，該進口商決定買 30 張 12 月
到期日圓期貨契約避險，共計日圓 375,000,000 (12,500,000×30)。如
果 11 月 10 日，美元貶値 (現貨: 0.00967; 期貨 (12 月): 0.00979)，
上述交易結果如下:

	現貨交易	期貨交易	基差
4月6日	美國進口商預計11月到期交貨時需繳付日圓427,500,000折合美金4,069,800	購買30張12月到期日圓期貨，共計日圓375,000,000折合美金3,645,000	0.00952−0.00972=−0.0002
11月10日	到期交貨，至現貨市場以當時現貨匯率0.00967購得日圓427,500,000，共計美元4,133,925	為沖銷上述期貨部位(Position)，賣30張12月到期日圓期貨契約，當天期貨匯率0.00979共得美元3,671,250	0.00967−0.00979=−0.00012

現貨市場損失：4,133,925−4,069,800=64,125
期貨市場利潤：3,671,250−3,645,000=26,250
兩筆交易（現貨與期貨）合計（損失）：64,125−26,250=37,875

避險與不避險的結果比較於下：

　　1.不避險(只有現貨交易)之結果,進口商承擔價格風險：0.00952−0.00967=−0.00015；因美元貶值而損失：0.00015×427,500,000=64,125

　　2.避險（現貨與期貨交易合計）之結果：如上所計算，該進口商將因美元貶值而損失37,875。

　　因此，我們可得知，因著期貨交易，該進口商可減少損失26,250美元，換句話說，期貨交易利潤沖銷約41%之風險（26,250／64,125=41%）。

第四節　選擇權簡介[4]

一、選擇權的定義

　　選擇權指對某特定商品權利的買賣契約。買入選擇權者，在支付一

---

[4]請參閱吳俊德、許強、何樹動等合著,《資產管理工具暨外匯操作——理論與實務》，台北市華泰書局印行，民國八十二年八月初版。

筆權利金（Premium）後，於事先約定的日期、價格數量條件之下，有履行契約的權利；而賣出選擇權者，則僅具履行契約的義務。最早在1981年2月，由美國費城股票交易所（Philadelphia Stock Exchange Inc, PHLX）提出辦理外幣選擇權的構想，但此一提案卻因CFTC（商品交易委員會）和SEC（證券交易委員會）雙方未能達成共識而無法開辦。直到1982年才經國會通過，由雷根政府正式簽署生效，並由SEC擔任主管機關，選擇權正式交易。

選擇權有幾個基本要項，說明如下：

㈠執行價格（Strike Price）

又稱履約價格，即選擇權買賣雙方約定將來履行合約的價格。履約價格可能高於、等於或低於市場價格，當選擇權買方發現以履約價格執行合約並無利益時，有權放棄行使權利。

㈡權利金（Premium）

是選擇權的價格，即買方願意持有該項買入／賣出權利所須支付的代價。權利金隨著該選擇權價格的波動性，距離到期時間的長短，履約價格的高低而改變。權利金實際上包含隱含價值（Intrinsic Value）及時間價值（Time Value），即：

$$Premium = Intrinsic\ Value + Time\ Value.$$

隱含價值為選擇權立即履約可實現的利益，而時間價值為到期前，該選擇權因價格波動的可能性所產生的價值。選擇權在到期前，因時間價值必大於零，故隱含價值小於權利金；在到期日，其權利金等於隱含價值。

㈢執行方式

分為美式選擇權（American Options）和歐式選擇權（European Options）。前者為選擇權買方可在到期日之前執行權利，以事先約定的

價格, 要求賣方履約, 買入或賣出一定數量的商品。若是歐式選擇權, 僅能於到期日, 買方才可執行其權利, 因此歐式選擇權的權利金較美式選擇權為低。

二、選擇權的基本型態

選擇權基本上分為買權 (Call Option), 及賣權 (Put Option)。擁有買權的人, 有權利依執行價格向賣方要求買入某數量之特定商品, 因此, 當商品價格看漲, 執行價格越低的買權, 其權利金越高。相反的, 擁有賣權者, 有權依約定價格賣出該特定商品, 所以在市場看空, 商品價格下跌時, 賣權擁有者若立即出售便可獲得利益。

依不同的選擇權種類, 有買權和賣權兩種, 依履約的權利義務來區分, 有買方 (Buyer) 和賣方 (Seller; Writer) 之別。賣出選擇權者, 可收取買方支付的權利金, 但有義務應買方要求執行契約。因此, 可劃分出下列選擇權的各種基本交易型態。

㈠買入買權 (Long Call) 與賣出買權 (Short Call)

買入買權乃是預期某種商品未來價格會上升, 所以事先便買入一項權利, 以期將來可以該特定的執行價格購入該商品。以外幣選擇權來說, 假設甲乙雙方約定, 甲方在 83 年 9 月 15 日前有權以 1 DM＝US＄0.60 之價格買入馬克, 而權利金為 1 DM＝US＄0.01 若約定日馬克的即期市場匯價為 1 DM＝US＄0.61 則該選擇權的損益情形可分析如表 9-5。

由表 9-5 的分析可以看出, 買入買權者, 最大損失金額為權利金部份, 因為當馬克的市場價格低於選擇權的執行價格, 買方可以不履行該契約, 故損失權利金, 而賣方則獲得權利金的收益。相反的, 當執行價低於市價, 買方因可以較低價格買入馬克, 故此時將要求以 1 DM＝US＄0.60 的價格買入馬克, 賣方必須到市場上買入較貴的馬克交割。因此買權的買方是「損失有限, 獲利無窮」, 賣方則相反, 為「獲利有限,

表 9-5　買入買權及賣出買權之損益分析

即期市價	執行價格	隱含價值	權利金 成　本	買方損益	賣方損益
0.58	0.60	0	0.01	−0.01	+0.01
0.59	0.60	0	0.01	−0.01	+0.01
0.60	0.60	0	0.01	−0.01	+0.01
0.61	0.60	0.01	0.01	0	0
0.62	0.60	0.02	0.01	+0.01	−0.01
0.63	0.60	0.03	0.01	+0.02	−0.02
0.64	0.60	0.04	0.01	+0.03	−0.03
0.65	0.60	0.05	0.01	+0.04	−0.04

損失無窮」，然因買入買權者，看好馬克有升值的空間，故願支付權利金以取得該項權利；而賣方則可能認爲馬克是下跌或區間波動的走勢，希望買方放棄執行權利，藉以獲取權利金。上述的例子中當市價等於 0.61時，買賣雙方的損益均爲零，此一價位稱之爲「損益兩平點」，表示選擇權的執行與否並無差異。

　　以圖形 9-4，9-5 來表示上面的例子可更清楚的說明其損益的變化。

㈡買入賣權 (Long Put) 與賣出賣權 (Short Put)

　　當預測某外幣趨弱時，可買入該外幣的賣權，買方將來有權依事先約定的執行價格賣出一定金額的外幣。在實務上，可適用於未來有應收帳款的企業或投資人避險。舉例來說，甲在 90 天後有一筆貨款GBP 12,500（英鎊）到期收回，而目前GBP的即期匯率爲US＄1.50，爲了避免90 天後GBP貶值而遭受損失，於是甲向乙買入一個GBP Put Options（每個GBP Options合約爲GBP 12,500），執行價格爲 1.51，甲支付權利金＠US＄0.01，共 12,500×0.01＝125 給乙，其損益狀況及圖形分析如圖 9-6，圖 9-7

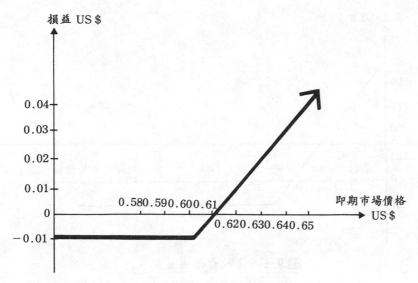

圖 9-4 買入買權損益圖

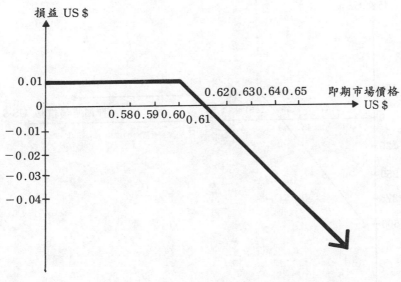

圖 9-5 賣出買權損益圖

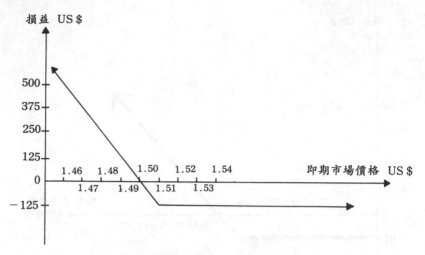

圖 9-6 買入賣權損益圖

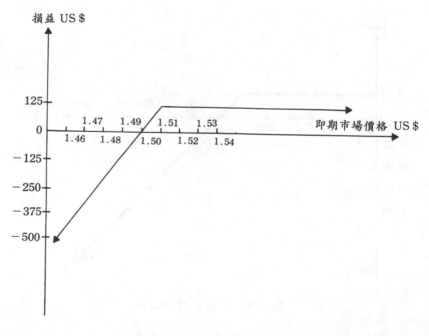

圖 9-7 賣出賣權損益圖

表 9-6 買入賣權及賣出賣權之損益分析

即期市價	執行價格	每一英鎊隱含價值	每一英鎊權利金成本	買方損益	賣方損益
1.46	1.51	0.05	0.01	$0.04 \times 12,500$	$-0.04 \times 12,500$
1.47	1.51	0.04	0.01	$0.03 \times 12,500$	$-0.03 \times 12,500$
1.48	1.51	0.03	0.01	$0.02 \times 12,500$	$-0.02 \times 12,500$
1.49	1.51	0.02	0.01	$0.01 \times 12,500$	$-0.01 \times 12,500$
1.50	1.51	0.01	0.01	0	0
					$+0.01 \times 12,500$
1.51	1.51	0	0.01	$-0.01 \times 12,500$	
1.52	1.51	0	0.01	$-0.01 \times 12,500$	$+0.01 \times 12,500$
1.53	1.51	0	0.01	$-0.01 \times 12,500$	$+0.01 \times 12,500$
1.54	1.51	0	0.01	$-0.01 \times 12,500$	$+0.01 \times 12,500$

同樣的，上表的分析中可看出買入賣權的甲方，最大損失金額為權利金部分，即當 90 天後GBP市場價格若上漲至 1.51 以上，他可以將收回的GBP 12,500 賣到市場上，而放棄執行此一選擇權合約；若GBP屆時貶值至 1.50 以下，甲便可執行賣權，將收回的GBP 12,500 以@1.51 US＄的價格賣給乙，乙須支付$1.51 \times 12,500$的美元給甲，而乙拿到 12,500 的英鎊賣到市場上，價格因低於 1.51 而產生損失。上例中，GBP＝US＄1.50 的價位稱為損益兩平點。

以上介紹四種選擇權的基本型態，即：

1.買入買權（Long Call）

2.買入賣權（Long Put）

3.賣出買權（Short Call）

4.賣出賣權（Short Put）

其運用時機與對市場未來之預測列表於下：

表 9-7　市場之預期與選擇權之運用

買／賣　Call／Put	Call	Put
買　　　　　入	預期價格上漲	預期價格下跌
賣　　　　　出	預期價格下跌	預期價格上漲

　　此四種基本策略可單獨使用，亦可搭配即期部位運用。至於更進一步的交易型態，將在下節探討。

第五節　選擇權交易策略

一、價差策略（Spread Strategies）

　　所謂價差交易，係指同時買賣一種選擇權，但其執行價格不相同的交易。例如，同時買入執行價格為 386 的黃金Call options及賣出執行價格為 380 的Call options，這兩個options的到期日可以相同亦可不同。

　　Spread的目的旨在建立一種選擇權部位，這種部位能夠清楚地界定其風險及獲利的變數（parameter）。投資人事先知道其可能獲利及損失的機會各為多少。經由審慎選擇該買、該賣何種選擇權，使得價差策略得以配合投資人對於幣值變動的預期以及對於風險所能忍受的程度。因此，就像其他選擇權策略一樣，從事價差策略之投資人應該在未來匯率可能變動之方向中作一個選擇，以便決定適當的價差部位。

　　以例子說明價差交易策略，並分別討論Bullish及Bearish Spread Strategies，其中假定兩筆選擇權的到期日均相同，僅履約價及權利金不同。設馬克即期匯率為US＄0.6／DM，其 6 個月期的買權及賣權在不同履約價格下之權利金如下表：

表 9-8　馬克買權及賣權的權利金

執行價格	call	put
0.56	$ 3,150	$ 50
0.58	2,050	160
0.60	1,150	450
0.62	500	1,250
0.64	160	2,500

例一：預期DM升值的賣權價差策略（Bullish Put Spread）

　　此時投資人可購買一個低執行價格、低權利金的賣權，同時賣出高執行價格、高權利金之賣權。若DM上漲，則不去執行買入之Put，此時損失之權利金較低，而保有的賣出賣權權利金較高，因此收入的權利金大於付出的權利金。若DM價格下跌，則執行買入的Put，但有義務履行賣出的Put，即以較高的執行價買入DM，兩個執行價之差扣除淨權利金收入，即為可能發生的最大損失。

　　假設投資人買入執行價格US＄0.56，權利金＄50之DM　Put Options，同時賣出執行價格US＄0.62，權利金＄1.250之DM　Put Options，則六個月後DM市場即時價格與該價差策略的損益如下：

表 9-9　Bullish Put Options損益分析

市場價格	買入賣權損益	權利金支付	賣出賣權損益	權利金收入	總損益
0.52	＋0.04×62,500	－50	－0.10×62,500	1250	－2550
0.54	＋0.02×62,500	－50	－0.08×62,500	1250	－2550
0.56	0	－50	－0.06×62,500	1250	－2550
0.58	0	－50	－0.04×62,500	1250	－1300
0.60	0	－50	－0.02×62,500	1250	－ 50
0.62	0	－50	0	1250	＋1200
0.64	0	－50	0	1250	＋1200
0.66	0	－50	0	1250	＋1200

上表可以看出，Bullish Put Options的價差交易最大收益爲兩個賣權權利金的差額，最大損失爲兩個賣權「執行價格的差」減「淨權利金收入」。其損益圖形如下：

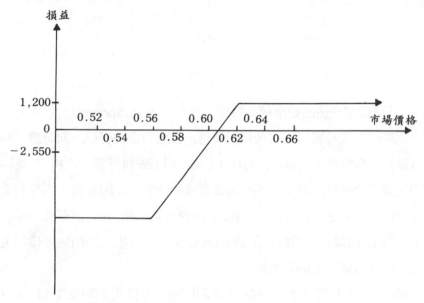

圖 9-8　Bullish Put Options　損益圖

例二： 預期DM貶值的買權價差策略 （Bearish Call Spread）

此時應採取買入執行價格較高，權利金較低的Call Options，同時賣出一個執行價格較低，權利金較高的Call Options，其最大的收益爲兩個Call的淨權利金收入，最大損失爲兩個Call Options的執行價格減淨權利收入。

以上面馬克的價格爲例，假設投資人買入執行價格US＄0.62的DM Call Options，權利金支付US＄500，同時賣出執行價格US＄0.58的DM Call Options，收取權利金US＄2,050，其損益分析如下：

價差交易旣是同時買、賣某種類型的選擇權，所以Bullish Spread

表 9-10　Bearish Call Options　損益分析

市場價格	買入買權損益	支付權利金	賣出買權損益	權利金收入	總損益
0.52	0	−500	0	2,050	1550
0.54	0	−500	0	2,050	1550
0.56	0	−500	0	2,050	1550
0.58	0	−500	0	2,050	1550
0.60	0	−500	$-0.02 \times 62,500$	2,050	300
0.62	0	−500	$-0.04 \times 62,500$	2,050	−950
0.64	$0.02 \times 62,500$	−500	$-0.06 \times 62,500$	2,050	−950
0.66	$0.04 \times 62,500$	−500	$-0.08 \times 62,500$	2,050	−950

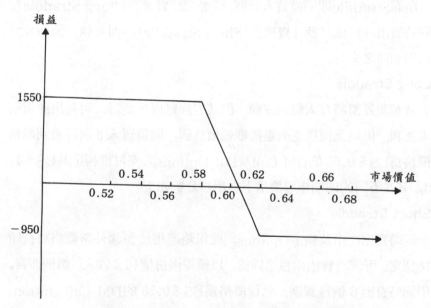

圖 9-9　Bearish Call Option　損益圖

亦可由 Call Options 組成；同樣的,Bearish Spread 也可由 Put Option
組成。茲將各運用時機彙整於下表:

表 9-11 價差交易之運用

	Call	Put
Bullish	預期幣值上漲 買入高權利金Call 賣出低權利金Call	預期幣值上漲 買入低權利金Put 賣出高權利金Put
Bearish	預期幣值下跌 買入低權利金Call 賣出高權利金Call	預期幣值下跌 買入高權利金Put 賣出低權利金Put

二、跨式策略 (Straddle Strategies)

所謂Straddle即同時買入一個「買權」及「賣權」(Long Straddle)，或同時賣出「買權」及「賣權」(Short Straddle)，而其執行價格及到期日均相同之交易。

㈠Long Straddle

當預測外幣將有大幅的波動，但其方向難以預測時，可運用此策略以求獲利。仍以上面馬克的選擇權報價爲例，同時買入 6 個月後到期執行價格爲US＄0.60 的DM Call及Put Options，支付權利金共US＄1,600，其在不同的即期市場價格下之損益分析如下：

㈡Short Straddle

同時賣出Call及Put Options，此策略運用於預測外幣價格將持續維持穩定，可同時賣出兩種選擇權，以獲得兩份權利金收入。舉例而言，某甲同時賣出 6 個月到期，執行價格爲US＄0.58 的DM Call Options及DM Put Options，收取權利金共US＄2,210，其損益分析如下：

表 9-12　Long Straddle　損益分析

市場價格	買入買權損益	買入賣權損益	權利金支付	總損益
0.52	0	0.08×62,500	−1,600	3,400
0.54	0	0.06×62,500	−1,600	2,150
0.56	0	0.04×62,500	−1,600	900
0.58	0	0.02×62,500	−1,600	−350
0.60	0	0	−1600	−1600
0.62	0.02×62,500	0	−1,600	−350
0.64	0.04×62,500	0	−1,600	900
0.66	0.06×62,500	0	−1,600	2,150

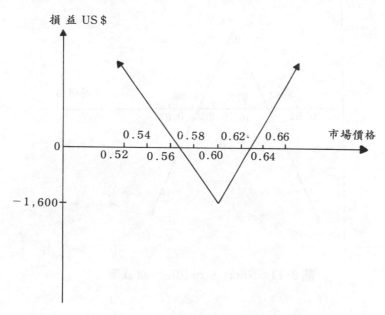

圖 9-10　Long Straddle　損益圖

表 9-13 Short Straddle 損益分析

市場價格	賣出買權損益	賣出賣權損益	權利金收入	總損益
0.52	0	$-0.06 \times 62,500$	$+2,210$	$-1,540$
0.54	0	$-0.04 \times 62,500$	$+2,210$	-290
0.56	0	$-0.02 \times 62,500$	$+2,210$	960
0.58	0	0	$+2,210$	2210
0.60	$-0.02 \times 62,500$	0	$+2,210$	960
0.62	$-0.04 \times 62,500$	0	$+2,210$	-290
0.64	$-0.06 \times 62,500$	0	$+2,210$	$-1,540$
0.66	$-0.08 \times 62,500$	0	$+2,210$	$-2,790$

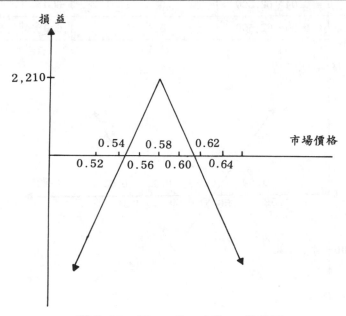

圖 9-11 Short Straddle 損益圖

第六節 期貨、選擇權、遠期外匯之比較

外幣選擇權之避險方式有別於遠期外匯與外匯期貨, 不論遠期外匯或外匯期貨皆係由買賣雙方事先約定於未來某一時日以既定價格履行某

一外匯交易，投資人因而鎖住外匯風險於一定水準，惟不論交割日即期匯率如何，原則上雙方皆須履行交割的義務。而外幣選擇權對買方而言則為一種權利，而非一種義務，亦即買方有要求賣方履約之權利，亦有主動放棄要求履約的權利。基於上述特性，故買方在即期匯率變動不利於履約之情況下，可放棄要求履約之權利，另在即期外匯市場買賣，免

表 9-14　外幣選擇權、遠期外匯與外匯期貨之比較

種類 比較 項目	費城股票交易所 之外幣選擇權	遠期外匯	外匯期貨
履　約 日　期	必須符合交易所之標準規定	自由議定	必須符合各期貨交易所之標準規定
履　約 與　否	買方有權要求賣方履約或放棄此項權利	交易雙方均有履約義務	交易雙方雖負有履約義務惟可於到期之前先行了結
契約交易單位	標準化	自由議定	標準化
權利金	買方付予賣方	無	無
保證金	賣方須繳交保證金	是否繳交保證金視銀行與客戶關係而定	買賣雙方均須繳交保證金
價　格 波　動	每日價格波動無最高幅度限制（選擇權價格即為權利金）	無限制	對各類契約均訂有每日價位最高變動幅度
交　易 參與者	已核准之費城股票交易所會員或在會員處開戶之投資人	以銀行、公司機構為主	特定商品交易場所之會員或在該會員開戶之投資人
交　易 方　式	在選擇權市場中公開競價	交易雙方均以電話或電報交易	在期貨交易所公開競價
保　證 付款人	外幣選擇權清算公司	無	清算所

受契約之約束，而其損失僅限於權利金部分。當然，在即期匯率變動有利於履約的情況下，則要求賣方履約以規避匯率風險。另一方面，就選擇權之賣方言，若未軋平賣出之選擇權部位，其風險之大小隨即期匯率變動而定，且往往較難掌握，而其利潤僅限於權利金收入。

茲將外幣選擇權、遠期外匯與外匯期貨比較於表 9-14。

第七節　其他衍生性金融工具介紹

一、無本金交割遠期外匯交易

金融自由化、國際化已是政府之既定政策，而金融主管機關爲配合此項政策，早自民國八十年即不定期逐一開放金融業務上之限制，遠期外匯業務之開放更是其中之重點開放業務。而爲滿足市場避險需求及活絡外匯交易市場，民國八十四年七月六日中央銀行正式開放外匯指定銀行辦理「無本金交割新臺幣與外幣間遠期外匯」業務，我國金融自由化、國際化的腳步又向前邁進了一步。

㈠無本金交割遠期外匯交易之意義

所謂「無本金交割遠期外匯交易」，係指遠期外匯交易訂約到期時，訂約雙方無須互相支付約定金額之全數，乃針對約定之外幣金額因期初約定匯率與到期即期市場匯率間之差異所造成的損益，由損失之一方支付差額予獲利之一方。

一般而言，買賣遠期外匯乃交易雙方約定未來某一特定時日以約定之匯率一手交錢（例如新臺幣）一手交貨（例如美金）之交易型式，因爲此一相互交割本金之特性，過去之傳統遠期外匯交易亦被稱爲「有本金交割遠期外匯交易」。由於主管機關規定買賣遠期外匯之廠商必須有貿易之文件爲憑，且到期時必須全數交割，因此，傳統之遠期外匯交易，

雖然有效地規避了匯率上之風險，但廠商必須先備齊交易文件才能與銀行訂約，時機的選擇上受到限制，而到期時必須全數交割否則視爲違約的規定，亦使得廠商有時陷入訂單中途取消或減少卻仍得籌款與銀行進行交割的窘境，同時反而增加了額外之匯率風險。

為了避免上述的限制，中央銀行乃於民國八十四年七月六日正式開放外匯指定銀行辦理「無本金交割新臺幣與外幣間遠期外匯」業務，開放承作對象爲國內外法人，且免去備齊文件之規定，交割時亦採取差額之方式，使得避險的功能得到發揮。

(二)無本金交割遠期外匯交易實例說明

民國八十七年一月二十二日佳鼎科技公司預估三個月後需要一百萬美元，外匯市場美元兌新臺幣即期價格爲 33.5，無本金交割遠期外匯三個月換匯點數爲 0.35，佳鼎科技預購美元訂約價格爲 33.85，到期日爲四月二十二日。依國際慣例差額計算基準乃以到期日前二個營業日（又稱爲比價日）中午十一點之即期市場成交匯率爲依據，本案例比價日四月二十日，若該日中午十一點即期市場匯率成交價爲 34.5，對佳鼎科技而言，預購美元之訂約價格低於比價日差額計算基準價，乃屬獲利之交易，因此，佳鼎科技可於到期日自銀行取得此一獲利之金額，$1,000,000 \times (34.5 - 33.85) = 650,000$ 新臺幣。

若佳鼎科技這筆款項之實質需求僅七十五萬美元，因此，佳鼎科技可於即期市場以 34.5 價格買入七十五萬美元，實際成本仍鎖定在當初訂約之 33.85（即期買入共需 $750,000 \times 34.5 = 25,875,000$，獲利 $650,000 \times 0.75 = 487,500$ 可視爲成本之減項，實際成本爲 $25,875,000 - 487,500 = 25,387,500$，實際匯率仍爲 $25,387,500/750,000 = 33.85$），因實質需求與原先預估不同，佳鼎科技多訂約之二十五萬美元因匯率變動而獲利 162,500。

二、遠期利率協定（FRA）

遠期利率協定業務在國外行之已久，是一種規避利率風險的工具，中央銀行於八十三年三月三日起開放外匯指定銀行僅需報備即可開辦是項業務。

㈠遠期利率協定之意義

所謂「遠期利率協定」，係指協定之雙方，針對未來一特定期間，特定幣別及金額，約定到時以特定利率互相拆借，而到了特定期間之起日，再以當時與約定內容相同期間之市場利率互相借拆回來，由於對雙方而言均為一拆一借，考量交易之便利性，雙方同意僅就約定之特定利率與市場利率間之差價所產生之利息差額交割。

「遠期利率協定」之交易，提供訂約之雙方規避未來之利率風險，對於未來有資金需求且預期利率將上漲的廠商，可以成為遠期利率協定的買方來有效規避利率上漲的風險，買方於訂約日向賣方以特定利率借入一特定金額，唯生效時間為未來某一特定期間，且到時以當時市場利率拆回給賣方，當利率果真如預期地上漲時，對買方而言，雖然必須從市場借入較高的利率，然同時可從賣方取得較高市場利率與訂約當時較低利率間之利息價差，淨成本仍鎖在訂約當時之利率水準，因此，有效地規避了利率上漲的風險。同樣地，對於未來有資金收入且預期利率下跌的廠商，可以透過賣出遠期利率協定將資金運用固定在預設的利率水準。

㈡遠期利率協定之實例說明

1.市場交易慣例說明

⑴遠期對遠期利率報價：遠期利率協定中所約定之利率，事實上是一種遠期對遠期的利率，而為了增加交易之流動性，統一交易之期間是必須的，市場慣例上，期間以三個月的倍數較廣為流通，而約定未來

的起日以距今整數月較易取得合理價格。交易報價時，1×4代表距今一個月後為起日，再過三個月為到期日之遠期對遠期之利率報價，以此類推。路透社頁碼FRA/1所提供之參考報價表如下。

USD FRA FOCUS

1 × 4	5.58	5.62	HARLOWBUTLER LON
2 × 5	5.55	5.59	HARLOWBUTLER LON
3 × 6	5.52	5.56	HARLOWBUTLER LON
4 × 7	5.49	5.53	HARLOWBUTLER LON
5 × 8	5.48	5.52	HARLOWBUTLER LON
6 × 9	5.47	5.51	HARLOWBUTLER LON
1 × 7	5.58	5.62	HARLOWBUTLER LON
2 × 8	5.55	5.59	HARLOWBUTLER LON
3 × 9	5.54	5.58	HARLOWBUTLER LON
4 ×10	5.52	5.56	HARLOWBUTLER LON
5 ×11	5.53	5.57	HARLOWBUTLER LON
6 ×12	5.52	5.57	HARLOWBUTLER LON

⑵訂約內容要件：

A.訂約日：契約雙方簽訂契約之日。

B.幣別&金額：必須清楚地約定幣別及數量。

C.買方或賣方：必須清楚地表明立場。

D.FRA型態：如2×5表示訂約日之後二個月起算五個月之後到期之遠期利率協定。

E.特定期間：雙方約定未來期間之起日及迄日。

F.比價日：所約定未來期間起日之前二個金融機構營業日。

G.比價利率: 比價日當日與契約相同期間長度之市場利率。

H.交割日: 所約定未來期間之起日。所交割之金額即爲約定之利率與比價利率間之價差乘上金額乘上期間所算出之利息差額。

2.實例說明

佳鼎科技預估六個月後有一千萬美元之收入可以運用,且預期未來美元利率將下滑,因此該公司乃與富邦銀行於民國八十七年二月六日訂定遠期利率協定,賣出 6 ×12 金額一千萬美元約定利率爲 5.99%, 約定期間爲民國八十七年八月十日至民國八十八年二月十日, 比價日爲民國八十七年八月六日, 交割日爲民國八十八年二月十日。六個月後美元利率如預期大跌, 佳鼎科技將所收入之一千萬美元於民國八十七年八月存入花旗銀行只能以 4.99%存六個月, 預計利息收入爲 249,500 美元, 比價日當天 (民國八十七年八月六日) 市場利率亦爲 4.99%, 因此, 佳鼎科技將可於交割日民國八十七年八月十日自富邦銀行取得利息差額: 一千萬美元×(5.99%−4.99%)×6/12＝50,000 美元, 若將此一差額同時以 4.99%再存入花旗銀行六個月, 到期時本利和爲 51,247.5 美元, 則總利息收入爲 300,747.5 美元, 總運用效率爲六個月 6.015%, 有效地規避了利率下跌之風險。

第十章　外匯匯率

國際匯兌因牽涉不同貨幣之間的買賣,而買賣時必需有一定的價格,以作為雙方買賣的標準, 此一標準即為外匯匯率。換句話說, 這即是兩國貨幣兌換價值的標準。本章將討論有關外匯匯率的意義、種類及報價方式, 並介紹匯率的決定及變動因素以及新臺幣匯率制度的演進。

第一節　外匯匯率的意義與種類

外匯匯率(Foreign exchange rate)是指一國貨幣以另一國通貨所表示的價格, 亦指一國貨幣與他國貨幣相互交換的比率。站在本國立場而言, 可用於表示或衡量本國貨幣的對外價值, 以做為外匯買賣雙方評價的依據, 而便利國際貿易的進行。

再由其他的角度來看匯率的定義。在外匯市場中, 外匯的買賣可視為一種商品的買賣, 而匯率便是外匯的買賣價格。站在國家的立場來看, 匯率可以表示本國貨幣的購買力, 它會隨著時間及地點的不同而有所改變。

匯率在應用上, 因立場及觀點的不同, 而有不同的類別, 以下所述為外匯市場上常見的分類標準。

一、以表示方式為區分標準, 可分為

(一)應付匯率 (Giving Quotation, Rate of Giving Account)

外匯市場上，對一單位的外國貨幣應付若干單位本國貨幣，以表示本國貨幣對外匯價或對外價值的高低的，謂之應付匯率或支付匯率。換言之，外匯市場上，以若干單位的本國貨幣，表示一單位外國貨幣的價格時，稱爲應付匯率。又因其爲直接站在支付人的立場而言，所以又稱爲支付匯率。例如，我們所說美金 1 元等於新臺幣 26 元，這種表示方式就是應付匯率。

應付匯率的升降與本國貨幣對外匯價或對外價值的高低，兩者恰成相反方向的變化。當應付匯率上升，即一單位的外幣可交換更多的國幣，也就表示本國貨幣對外匯價或對外價值下跌。反之，應付匯率下降，即表示本國貨幣對外匯價或對外價值上升。所以就應付匯率的標價來說，若匯率下跌，謂之貨幣升值或匯價上升；匯率上升，則謂之貨幣貶值或匯價下跌。例如就我國來說，假定新臺幣與美元匯率（NT Dollar-US Dollar Rate of Exchange）爲 US＄1.00＝NT＄26.50 如匯率降爲 US＄1.00＝NT＄25.00，顯然即表示新臺幣升值或匯價上升。本書以後述及匯率的升降，除另有特別指明者外，概指應付匯率。

㈡**應收匯率**（Receiving Quotation, Rate of Receiving Account）

外匯市場上，以一單位的本國貨幣可交換若干單位外國貨幣，以表示本國貨幣對外匯價或對外價值的高低的，稱爲應收匯率。換言之，外匯市場上，以若干單位的外幣，表示一單位本國貨幣的價格時，稱爲應收匯率。又因其係站在貨幣收入者的立場而言，故又稱爲收入匯率。根據上面所述，平常我們說新臺幣 1 元等於日幣 4 元，即爲這種應收匯率的表示方式。

以應收匯率表示本國貨幣的對外匯價或對外價值的高低，兩者成相同方向的變化。當應收匯率上升，即一單位的國幣能交換更多的外幣，也就表示本國貨幣的對外匯價或對外價值上升。反之，應收匯率下跌，亦即表示本國貨幣的對外匯價或對外價值下跌。

二、依匯率的性質分

㈠基本匯率（Basic Rate）

所謂基本匯率是指本國貨幣與某特定外國貨幣的匯率，此特定外國貨幣，不但須在本國的外匯交易中占有重要地位，而且應該是一種國際通貨（International Currency），而在國際間普遍地被作爲對外支付之用，例如美元。在國際市場上，美元對其他外幣的匯率便稱爲基本匯率，如 1 美元＝105.50 日圓；1 美元＝1.7230 馬克。

㈡交叉匯率（Cross rate）

又稱套算匯率（Arbitrated rate），指兩國間的匯率乃透過兩者各自與第三國貨幣間的匯率而間接計算出來者❶，例如 1 美元＝26.5 新臺幣，而 1 美元＝1.7230 馬克，則新臺幣與馬克的交叉匯率爲 1 馬克＝15.38 新臺幣。

交叉匯率是間接由兩個已知的匯率套算出來的,其爲一種間接匯率,需透過其他國的貨幣換算求得。換言之，三國之間應有三個匯率，如已知其中兩個匯率，則根據此二個匯率所求得的第三個匯率，即爲交叉匯率。

三、以外匯銀行買賣外匯的立場，可分爲

㈠銀行買入匯率（Bank's Buying Rate）

即外匯銀行向客戶買進某種外匯（外幣）的價格。例如臺灣銀行買進美元的價格爲 NT＄26.50，即爲臺灣銀行買入美元的匯率或價格，因出售者多爲出口商，故又稱爲出口匯率。

㈡銀行賣出匯率（Bank's Selling Rate）

---

❶請參閱林柏生與張錦源著，《國際金融貿易大辭典》，中華微信所出版，修訂 4 版。

即外匯銀行對客戶賣出某種外匯（外幣）的價格，例如臺灣銀行賣出 1 美元的價格爲 NT＄26.70，即爲臺灣銀行賣出美金的匯率或價格，因賣出者多爲進口商，故又稱爲進口匯率。

銀行的買價低，賣價高，其差額即爲銀行的手續費收入及利潤。

四、以付款時間的快慢分

㈠電匯匯率（T／T Rate）

電匯匯率爲以電報方式買賣外匯時所用的匯率。銀行賣出匯率，其付款愈快速者，匯率愈高，此乃因爲銀行的外匯資金存在國外，多存一天即多得一天的利息。至於買入匯率，收款愈快，匯率愈高，此因外匯資金遲收一天，存在國外即少獲一天的利息。

㈡即期匯票匯率（D／D Rate; Sight Bill Rate）

即銀行買賣即期匯票時所採用的匯率，因其時效上較電匯來得慢，所以銀行賣出即期匯票，匯率較電匯匯率來得低；而買入即期匯票之匯率較電匯匯率來得高。

㈢遠期匯票匯率

遠期匯票匯率即銀行買賣遠期匯票時所採用的匯率。如銀行賣出外匯採用發票後六十天付款的期票，其(應付)匯率比 T／T、D／D 匯率更低。例如紐約外匯市場上英鎊的三種賣出匯率爲：

$$Stg.£1＝US＄1.80 \text{ 又 } 1/8 \quad (T／T \text{ Rate})$$
$$Stg.£1＝US＄1.80 \qquad (D／D \text{ Rate})$$
$$Stg.£1＝US＄1.79 \text{ 又 } 7/16 \ (D／D \text{ Rate})$$

如上所述，同是賣出匯率，付款（外匯）快的匯率較高。這主要原因是利息的負擔問題。T／T Rate 較 D／D Rate 高，是因銀行須加計比 D／D 提前付款若干日的利息與電報費；遠期匯票的匯率比 D／D

Rate 低，是因銀行減少計算比 D／D 延遲付款若干日的利息。

五、以外匯買賣的交割時間為區分

㈠即期匯率（Spot Rate）

又稱現貨匯率，即外匯交易完成後，必須在一個或兩個營業天內進行外匯交割的匯率。在國際外匯市場上，絕大多數即期交易均約定於交易日後第二個營業日為交割日，僅加拿大幣例外，為交易日後第一個營業日為即期交割日。

㈡遠期匯率（Forward Rate）

指買賣雙方約定於未來某一特定時間交割（如一週，一個月，六個月等等）所適用的匯率。在交易日當天，雙方先訂立契約，待所約定的交割日到期，依成交時所定的價格、數量，買賣雙方各支付應付出的款項。

六、以貨制本位制度為區分

㈠固定匯率（Fixed Rate）

是指在金本位制度下，因各國貨幣單位均有一定的含金量或含銀量，因此兩國的匯兌平價即可由兩國貨幣單位的含金量或含銀量算出。在固定匯率制度下，除非政府明令改變其法定金屬平價，否則市場匯率波動幅度甚小。

㈡浮動匯率（Floating Rate）

匯率的變動是由外匯市場的供需所決定，政府並不訂立匯兌平價及變動的幅度，匯率是因應國際收支而變動，而匯率的變動對國際收支也有調整的作用。在此制度之下，政府對外匯市場沒有干預的必要，完全任由其浮動。

事實上，現今各國的匯率制度甚少是完全自由浮動的，即使在完全

沒有外匯管制的國家，也僅可容忍該國匯率在某一區間內自由浮動。在
現行的匯率制度中，有幾種須加以介紹的：

㈠釘住匯率 (Pegged Exchange Rate)

釘住匯率係非金屬本位國家規定的一種匯兌平價，即將匯率長期釘
住於狹小範圍內。釘住匯率的維持事實上並不容易，因實行釘住匯率的
國家，若無法按照此一訂定匯率隨時調節市場上之外匯供需，則往往無
法維持此一匯率制度。

二次大戰後，國際貨幣制度係以美元為樞紐而建立的金匯兌本位制
度，推行可調整的釘住匯率制度(Adjustable Peg System)。依照國際
貨幣基金原來的規定，其會員國的通貨，須宣佈其對外平價（以黃金或
美元計算）。會員國的匯率要在公告的平價上下保持穩定(上下各不超過
1%，合計2%，但1971年12月18日起，波動幅度已放寬為平價上下各
2.25%，合計4.5%)亦即釘住在公告的平價水準，但是基於國際收支的
理由而認為必要時，可經IMF的同意，將匯率重新調整，改釘住在不同
水準之上，這種可調整的釘住匯率制度，廣為各國使用。

㈡彈性匯率 (Flexible Exchange Rate)

是一種介於完全自由浮動與完全外匯管制匯率之間的折衷制度，乃
政府對其貨幣訂定一項基本匯率，並參與外匯市場買賣，調節外匯供需，
以控制匯率的變動幅度。在彈性匯率制度中，可分下列二種型態：

1.較寬波動幅度匯率(Wider Band Rate)：乃維持固定平價，而僅
將匯率的變動幅度擴大，使其能超過IMF所規定的平價上下限2.25%
以上。

2.徐緩移動的釘住 (Crawling Peg Rate)：將平價調整的幅度保持
現行的規定 (即不超出IMF平價2.25%)，但准許以頻繁漸進的調整方
式來變動匯率。此操作與IMF的「可調整的固定匯率」，遇有國際收支
發生基本上不均衡才可大幅調整平價的規定不合，但就其對通貨仍設有

平價一點而言，依然是屬於彈性匯率制度的一種型態。

第二節　外匯匯率的報價方式[2]

一、即期匯率

外匯市場的報價方式與一般商品的報價方法不一樣，承做外匯買賣的銀行通常會對一種貨幣報出兩種價格，一為買入匯率(Buying rate)，一為賣出匯率(Selling rate)，此即所謂的雙向報價(Two-way Quotation)。報價銀行所報出的價格中，較小的為該銀行願意買入某外幣的匯率，較大者為願出售該外幣的匯價，而買入匯率必定小於賣出匯率，中間即為銀行所賺的差價(Spread)。

舉例來說，某外匯銀行報出美元兌日圓的匯價為 103.50～60，意指該銀行願以 103.50 日圓買入一美元；而賣出一美元的價格是 103.60 日圓，其中日圓是計價貨幣，用來衡量美元的價格，而美元是被計價貨幣，當成是被衡量價值的商品，故該銀行買賣的外幣是以美元為對象。通常銀行在報價時，僅會簡單的報出該匯率的最後兩個數字，如前例的 50～60，而未報出的部分稱為「大數」(Big figure)，因為在外匯市場交易的人員均熟諳外匯價格變動的情形，所以雖僅報出最後兩位點數，仍可讓詢問價格的銀行瞭解。在此須提出一點說明的是，站在詢價銀行的觀點，其買賣匯率與報價銀行是相反的，也就是說甲銀行（詢價銀行）欲向乙銀行（報價銀行）買美元時，所適用的應是乙銀行願意賣出美元的匯率，所以是 103.60。相對的，甲銀行賣出美元，則適用的匯率為 103.50。

由於報價銀行與詢價銀行的立場互異。報價銀行願意賣出的價格即

---

[2] 請參閱劉朗著，《外匯交易》，81 年 10 月初版，臺北市聯經出版社。以及姚柏如著，《外匯市場操作》，79 年 11 月再版，三民書局編印。

為詢價銀行買入的價格。例如, 報價銀行報出 "1US＄＝NT＄26.4000～20"。就報價銀行的立場言, 願意以新臺幣 26.4000 買入 1 美元, 以新臺幣 26.4020 賣出 1 美元。但是就詢價銀行的立場言, 則表示必須以新臺幣 26.4020 買入 1 美元, 而賣出 1 美元只能換取新臺幣 26.4000。所以詢價銀行經常處於被動且較為不利的地位。

二、遠期匯率與換匯匯率

遠期匯率主要在反映兩貨幣因利率的差異, 使得其未來的匯價因利息的不同而應有的價格。例如一個月美元兌馬克的匯率為 1.7200～20, 與即期匯率相同的, 1.7200 代表詢價銀行賣美元而報價銀行買美元的價格; 而 1.7220 代表詢價銀行買美元而報價銀行賣美元的匯率。

換匯匯率指的是遠期匯率與即期匯率的差額, 它代表兩種貨幣在某一特定時間內 (例如一個月) 交換時所使用的利息差額, 所以它反映的是兩國利率的差異。例如即期美元兌日圓的匯價是 103.50～60, 而一個月遠期美元為 103.38～53, 則換匯匯率為遠期匯率減即時匯率。"0.12～0.07" (負號省略), 通常市場以換匯點數表示之, 即 "12～7"。

換匯匯率的重要性在於銀行報價時, 通常不會報某外幣的遠期外匯匯率, 而是報出換匯匯率, 依換匯匯率的點數, 將即期匯率加上或減去此一點數, 即可得到遠期匯率。上面的例子中, 12～7 表示該報價銀行願以「低於即期匯率 12 點的價格, 買入遠期美元; 而願以低於即期匯率 7 點的價格賣出一個月遠期美元」。此由於第一個數字較大, 因此須由即期匯率扣掉換匯點數, 才不違背國際間銀行外匯交易買價低於賣價的原則。相反的, 若換匯點數為 7～12, 即第一個數字較小, 第二個數字較大, 則須將即期匯率加上換匯點數以求得遠期匯率。

有關換匯匯率更詳細的內容, 將會在第十二章再予以說明。

第三節　外匯匯率的決定與變動❸

一、外匯供需與匯率

根據國際收支帳，可分析一國的外匯供給主要來自於下列幾項：

1.本國商品與勞務的出口，是外匯供給的主要來源。因外國進口本國的商品與勞務，以外匯支付本國，則本國的外匯供給會增加。

2.外國對本國進行移轉支付。例如對許多開發中國家而言，外國的移轉支付往往是其外匯供給的主要來源。

3.外國對本國進行國外投資，例如購買本國的金融資產。

4.本國居民將其國外資產所得匯回國內，例如本國公司海外分支機構的盈餘、國外投資收益、利息收入、購買國外股票或債券收益匯回國內等等。

5.本國居民將其外匯資產出售。

相對地，一國外匯需求則來自於：

1.本國進口商品與勞務。

2.本國對外國進行移轉支付。

3.本國購買國外的金融資產或對外進行投資。

4.外國居民將其在本國的資產及所得匯回。

一般說來，外匯供需決定了匯率，當供給與需求量不均衡時，則匯率會發生升貶的情況。在應付匯率之下，外匯供給量大於需求量，則匯率下降，表示本國貨幣對外價值上升；反之則匯率上升，本國貨幣對外價值下跌。

---

❸同註釋❷。

二、貨幣制度與匯率

匯率的變動因國際間的貨幣制度不同而有所不同。茲分述如下：

㈠金本位制度下匯率的決定與變動

在金本位制度下，貨幣價值是以貨幣的含金量來表示，所以匯率的變動有一種基準，即金平價（Gold Parity）或鑄造平價（Mint Parity）。

所謂金平價就是各國貨幣所含黃金純量之比。例如，英國在 1914 年以前與 1925 年至 1931 年間實施金本位制度時期，每 1 英鎊所含黃金純量爲 113.0016 厘（Grains, 1 Grain＝0.0648 公克），而 1 美元所含黃金純量爲 23.22 厘，其金平價爲：

$$\text{Stg. £} 1 = \frac{113.0016}{23.22} = \text{US \$ } 4.8665$$

因此，當時英鎊與美元的金平價爲 1 英鎊比 4.8665 美元。換言之，在英國的英格蘭銀行（Bank of England），以 1 英鎊的價格買賣的黃金量，在美國的聯邦準備銀行（Federal Reserve Bank）則以 4.8665 美元買賣之。金本位時代各國匯率的變動是以金平價爲準，而且不致超出一定的界限——黃金輸送點。

假定英鎊與美元的金平價爲 Stg. £1＝US \$ 4.8665，而 113.0016 厘黃金（即 1 英鎊的黃金量）英美間的運送費爲 US \$ 0.02，則匯率的變動情形如下：

假定匯率變動至 US \$ 4.8865（US \$ 4.8665＋US \$ 0.02）以上時，黃金將被輸出而充作國際清算手段。此時，在英國的 1 英鎊，可獲得較金平價（US \$ 4.8665）多 US \$ 0.02 或以上的數額（這表示英鎊價值上升），但在美國，要購買 1 英鎊，則必須支付較金平價（US \$ 4.8665）多 US \$ 0.02 或以上的數額（這表示美元價值下跌）。在這種情形之下，美

國對英國的支付，投取購買黃金運送至英國的方式，較之以外匯作爲淸算的手段爲有利。基於此，匯率爲 Stg. £1＝US＄4.8865 時，就稱爲美國的黃金輸出點（Gold Export Point）或現金輸出點（Specie Export Point），這也是英國的黃金輸入點（Gold Import Point）或現金輸入點（Specie Import Point）。換言之，這一點就是匯率變動的上限，並且由於自美國輸送黃金到英國較爲有利，所以這一點就美國而言，乃爲黃金輸出點，就英國而言，則爲黃金輸入點。相反的情形，如果匯率變動至£1＝US＄4.8465（US＄4.8665－US＄0.02）以下時，英國對美國的支付，即以運送黃金至美國較爲有利，於是黃金即由英國流入美國。這一點就是美國的黃金輸入點，也就是英國的黃金輸出點。換言之，這一點就是匯率變動的下限，並且由於自英國運送黃金至美國較爲有利，故這一點就美國而言，乃爲黃金輸入點，就英國而言，則爲黃金輸出點。黃金輸出點與黃金輸入點合稱爲黃金輸送點（Gold Points）或現金輸送點（Specie Points）。

㈡**自由不兌換紙幣本位制度下匯率的決定與變動**

在自由不兌換紙幣制度下，各國貨幣已不再受定量黃金的束縛。因此，兩國間匯率的決定，不是以其含金量算出基本匯率。而是決定於兩國貨幣的購買力平價（Purchasing Power Parity）。例如，假定 1 英鎊在英國所能購買的物品，正好等於 1.80 美元在美國所能購買的物品，則購買力平價爲£1＝US＄1.80。根據購買力平價而建立的匯率，是一種浮動匯率，而與金本位制度下的匯率爲一種不變匯率者不同。

㈢**管理不兌換紙幣本位制度下匯率的決定與變動**

管理不兌換紙幣本位制度是一種管理貨幣制度，其匯率既非基於金平價或鑄幣平價，亦非基於外匯市場上供需所決定的變動匯率，而是由貨幣當局根據國情的需要，參酌政治、經濟、貿易等因素而決定，是一種官定匯率。在這種制度下，儘管外匯市場上仍有不同匯率（如黑市匯

率）出現，但國與國之間的收支則都以官定匯率爲準。當匯率波動時，由貨幣當局隨時進入外匯市場，按照官定匯率無限量買賣外匯，或以行政管理方式，而將其匯率穩住於較小的波動幅度內。

三、匯率變動的因素

外匯供給和需求的變動是影響外匯匯率波動的主要因素，而造成外匯供需面發生變化的原因非常多。下面舉例說明其對匯率的影響。

㈠國際收支的異動

一個國家與他國所發生的借貸行爲，不但影響該國的國際收支，並且引起外匯供給與需求發生變化。例如，A 國出口商輸出產品至 B 國，A 國爲債權國家，B 國爲債務國家，B 國進口商必須在外匯市場上購入 A 國貨幣作爲支付價款之用，如此一來，便形成市場上對 A 國貨幣的需求。又如甲國進口商自乙國輸入機器設備，甲必須在外匯市場上購入乙國貨幣以清償債務，而市場上則形成甲國貨幣的供給量增加，因此，一國貨幣的供需源於該國對外的國際貿易，而對外貿易的情形卻反映在該國國際收支平衡上。所以一國國際收支平衡表異動的情形，爲該國外匯供需變化及匯率變動的主要誘因。

舉例來說，某國國際收支平衡表上的經常帳項下發生巨額的赤字，則市場上持有該國貨幣的所有者，必然急於拋售該國貨幣而形成供給大於需求，導致該國貨幣幣值降低，匯率上升。此外，經濟成長過快，造成大量進口，而使國際收支產生赤字，或是高度的通貨膨脹亦會降低該國產品競爭力，而對幣值有負面的影響。所以，一國的國際收支情況非但影響該國外匯供需及匯率的變動，並爲決定該國貨幣對外價值的主要因素。

㈡利率水準

假定其他情況不變，利率水準較高的貨幣，因具有吸引力而發生資

本內流的現象，使得該國貨幣的幣值提高。所以當本國利率水準較外國為高時，則資本將流入國內，造成外匯供給的增加，使本國貨幣升值，外國貨幣貶值，使得匯率發生變動。這種情況下，因外匯流入造成本國貨幣供給量增加，引導利率下跌，一直到外資不再流入，匯率達到平衡。反之，如果本國利率水準較外國為低時，則資本外流而增加對外匯的需求，又因外匯需求增加導致本國貨幣需求量增加，其結果是本國利率水準上升，一直升至與國外的水準相等為止。

㈢**交叉匯率**

兩個國家之間的匯率發生變動，亦可影響其他國家的外匯供給與需求。例如在國際市場上美元對日圓的匯率發生變化時，則經由交叉套算的日圓對新臺幣匯率亦將發生變動。

㈣**套匯交易**

同一時間內，因不同地點的外匯價格並不一致，則利用不均衡的匯率套取外匯差價，此一過程亦會使匯率發生變化。

㈤**外匯政策**

一個國家為維持及穩定其外匯匯率，經常利用市場操作來調節或控制外匯的需求及供給，其結果亦會影響匯率的變動。

㈥**其他因素**

影響匯率變動的其他因素很多，例如一個國家的政治及軍事的環境，金融法令規章的變動；一個國家的技術水準以及一個國家的金融機構，其外匯率操作的哲學與外匯業務經營的理念等均足引起匯率的變化。

第四節　匯率變動對經濟的影響

匯率變動對經濟的影響，可從下面各點來說明：

一、物價影響匯率與匯率影響物價的比較

一國物價水準相對於外國物價水準的變動，可以影響匯率；而匯率變動的結果，也會影響物價。但一國物價水準相對於外國物價水準上漲或下跌的幅度，則視各國外匯管制的情形而異。另一方面，物價變動對匯率的影響，是間接的，比較迂緩的；而匯率變動對物價的影響，則爲直接的，比較迅速的。因一國物價水準相對於外國物價水準而上漲或下跌，在上述條件下，必須透過對外貿易及外匯供需的變動才影響到匯率。詳言之，一國物價水準上漲的結果，基於國際間比較利益的原理，其輸出貿易必然減退，輸入貿易必然增加，前者爲外匯供給減少的原因，而後者爲外匯需求增加的原因。同時，物價水準上漲，又可能引起本國人民對本國貨幣主觀評價的降低，而發生資本外流；另外，外國資金亦可能停止流入，前者爲外匯需求的增加，後者爲外匯供給的減少。由於對外貿易及資本移動兩方面發生變化，而形成外匯供給減少需求增加，乃使匯率（指應付匯率）上升。同樣，如果一國物價水準相對於外國物價水準而下跌，則情形相反，在對外貿易方面，是輸出增加而輸入減少，在資本移動方面，是資金可能有淨的流入，結果外匯的供給增加需求減少，乃使匯率下跌。

至於匯率變動所造成的物價變動，則因一國（應付）匯率上升的結果，輸入的外國貨物，儘管其外幣價格未變，但透過匯率換算，所需支付的本國貨幣數額即已增多，亦即輸入的本國貨幣成本增高，輸入貨物的售價當然上漲，而且可能更引起本國產品的價格上漲；反之，（應付）匯率下跌的結果，輸入外國貨物的外幣價格儘管不變，但透過匯率換算，所需支付的本國貨幣數額即已減少，亦即輸入本國貨幣原本減低，輸入貨物的售價當然下跌，且可能引起本國產品的價格下跌。

二、匯率變動影響物價的範圍及程度

一國匯率變動對國內物價影響的範圍及程度，細加分析，可以有以下四種不同的情況。

㈠只影響進口貨物的價格，而不影響本國產品的價格

這種情況，只有在進口貨物是直接消費品，不構成本國產品部分成本，且匯率變動的幅度很小的情形下，才會出現。匯率變動影響進口貨物價格的程度，則繫於輸入需求彈性（the Elasticity of Demand of Imports），即進口貨物價格變動程度與隨之而起的對進口貨物需求量變動程度之間的比率。此彈性大，即表示較少的價格變動，可引起較大的需求量變動；彈性等於零，表示價格變動，不會引起需求量的變動；彈性等於一，則表示價格變動前後，用於購買進口貨物的本國貨幣數額不變。輸入需求彈性愈近於零，則影響的程度愈大。

㈡除影響進口物品價格外，也影響出口貨物品價格，但不影響本國其他產品的價格

這種情況，從匯率變動的方向來考察比較容易。因爲（應付）匯率上升，相對地即表示外國貨幣對本國貨幣價值的上漲，也即外國貨幣對本國貨物購買力的增大。如外國對本國出口貨物的需求彈性大，自必引起外國對本國出口貨物購買力的增加。如本國出口貨物供給彈性（the Elasticity of Supply of Exports）即輸出量變動程度與隨之而起的出口貨物國內價格上漲之間的比率，此彈性大，即表示出口貨物的生產量容易增加，而價格無甚變動；彈性小，則表示生產不易增加，價格上漲幅度較大。不過此項彈性，也受出口貨物與其他本國貨物間生產及消費方面可代替程度（the Degree of Substitute Ability）的影響，可代替程度愈大，則價格變動幅度愈小；反之，則價格變動幅度愈大。至於匯率下跌的引起外國購買本國出口貨物數量的減少，是否引起出口貨物國

內價格下跌，則比較容易在出口貨物爲農礦初級產品的場合出現。在出口貨物爲工業品的場合，由於減少供給較易，所以較少出現。

(三)除影響進口貨物價格外，只影響與進口貨物處於競爭地位的本國產品價格

即包括出口貨物在內的其他本國產品價格，都不受影響。這種情況的出現，爲一國與進口貨物處於競爭地位的產品的供給彈性近於零，而其他本國產品（包括出口貨物）的供給彈性還很大的情形。

(四)不僅影響輸入貨物價格，而且引起本國所有物價的變動

即不但進口貨物價格受到影響，本國產品，包括出口貨物及與進口貨物處於競爭地位的產品，以及其他產品都受影響。這種情形的出現，爲工業國家已在充分就業狀態，因匯率上升，國內外市場對其產品的總需求增加，引起膨脹時的情形。生產農、礦初級產品的國家，其對外貿易的供需彈性均小，物價容易大漲，也容易大跌。在國內外市場因其匯率變動而對其產品的總需求發生變動時，也就容易出現這種情況。

由上述四點可知，一個匯率變動所影響於物價的，也視空間及時間的不同，而有範圍與程度上的差別。總括言之：

1.就空間因素而言：凡對外貿易依存度高的國家，其進口貨物在消費中佔有很大的比例，並且資源中有很大部分用於出口貨物的生產，同時其出口貨物及本國產銷的貨物中，又有部分係進口成本（進口原料加工），那麼其物價受匯率影響的範圍必較廣，程度也必較大。又由於進口貨物與出口貨物佔所有貨物的大部分，匯率變動對其一般物價水準的影響程度也特別大。反之，愈是對外貿易依存度小的國家，其物價受匯率變動影響的範圍也必較狹，程度也必較小。

此外，同屬於對外貿易依存度高的國家，又有工業國與農業國的不同。工業國輸出因供給彈性較大，其物價受匯率變動影響的範圍較狹，程度也較小；農業國則因其供給彈性較小，所受影響的範圍較廣，程度

也較大。

2.就時間因素而言：一國在充分就業時期，物價受匯率變動影響的範圍較廣，程度較大；反之，在生產要素有普通失業現象存在時，物價受匯率變動影響的範圍較狹，程度較小。

三、匯率變動對國際貿易的影響

國際匯兌為國際貿易的主要支付工具，匯率則是計算外國貨物、勞務折合本國貨幣的價格及本國貨物、勞務折合外國貨幣的價格的根據。就對外貿易的影響而言，匯率可以是正常的，具有中立性的匯率，既無鼓勵輸出的作用，也無阻礙輸入的作用；但匯率也可以是脫離正常的匯率，對輸出或輸入具有片面鼓勵或阻礙作用。換言之，匯率變動的結果，如係（應付）匯率上漲，可以增加輸出，減少輸入。因為匯率的上漲，就是輸入成本的提高，一定會引起進口貨物價格的上漲，可能因而減少對進口貨物的需求；同時本國匯率的上升，就外國人的立場來看，就是外國貨幣對本國貨幣的價值上升，對本國貨物、勞務購買力的增強，可能增加對本國出口貨物的需求，而本國出口商因輸出所收入的外匯，其折合本國貨幣的數額增多，利潤增加，自樂於增加出口貨物的供給。

其次，假如（應付）匯率下跌，則有利於輸入，不利於輸出。其理由恰與上述相反。

一般而言，各國對匯率所持態度，不外下述兩種情形：

1.將貨幣貶值以增進輸出，減少輸入，使國際收支的逆差，獲得改善，甚或轉為順差。這是放棄金本位制度初期的一般情形。

2.由於其他因素，於匯率應上升時（因物價水準已上漲），卻維持其不變；但至維持的不利程度超過其有利程度時，也常使匯率作若干的上升。這是二次大戰後常見的情形。

從上述情形可見自金屬本位制度放棄以來，各國依賴匯率變動以影

響其對外貿易，總不外乎藉匯率的向上變動，以收改善國際收支的效果。
不過，利用上升匯率以獲致這種效果，其是否收效，及收效程度大小，
又繫於一國對外貿易的供需彈性：假如本國對外國的出口貨物的需求彈
性及外國對本國的出口貨物需求彈性均大，同時本國出口貨物的供給彈
性亦大，那麼就可以有較高程度的收效；反之，效果較小。

第十一章　外匯學説

　　外匯學説係就匯率的決定與變動，由理論上提出說明與分析。古典學派以外匯供需法則解釋匯價，產生了國際借貸說，而一直盛行至第一次世界大戰爆發之前。戰後多數國家由於通貨膨脹及物價上漲，導致匯價之劇烈波動，其現象非國際借貸說所能解釋，於是乃有購買力平價說的出現。此外，法國學者亦依據法國之特殊情況而於 1920 年代末期提出所謂匯兌心理學說，等等。

第一節　國際借貸說

一、國際借貸說的緣起

　　國際借貸說（Theory of International Indebtedness）係以國際借貸說明匯率變動的學說。本學說特別強調國際間債權債務關係爲決定貨幣對外價值變動之因素。由於國際借貸爲構成國際收支的主要原因，因此本學說學者又稱之爲國際收支說（Balance of International Payments Theory）。國際借貸說以國際間債權債務關係所產生之外匯供需解釋匯價的決定與變動，其基本觀念在古典學派早期學者如亞當斯密、李嘉圖及約翰密爾等之著作中已經孕育，而首先由英國學者哥遜（G.L. Goschen）於 1861 年出版的《外匯理論》（*The Theory of Foreign Exchange*）一書中提出。

　　哥遜認爲外匯匯率決定於外匯的供給與需求；而外匯的供給與需求，則由於本國與外國之間有借貸關係（國際借貸）的存在，而發生外匯的收入與支出。因此，匯率變動的最主要原因就是國際借貸（International Indebtedness）。國際借貸並不僅由於商品的輸出入而發生，並且也由於股票與公債的買賣、利潤與捐贈的收付、國外旅行的支出、以及資本交易等而發生。

　　國際借貸又可分爲固定借貸（Consolidated Indebtedness）與流動借貸（Floating Indebtedness）兩類。前者係尚未進入支付階段的借貸，後者則爲已進入支付階段的借貸；其中只有流動借貸對外匯的供給與需求發生影響，因此哥遜認爲：

　　1.假如一國的流動借貸相等時，那麼外匯的供需也相等，因而匯率不會發生變動。

　　2.假如一國的流動債權多於流動債務時，那麼外匯的供給量就多於需求量，於是匯率（應付匯率）乃告下跌。

　　3.假如一國的流動債務多於流動債權時，那麼外匯的需求量就多於供給量，於是匯率（應付匯率）就會上漲。

　　由上可見，哥遜認爲匯率係依據外匯的供需而變動，外匯的供需則決定於國際借貸。因而國際借貸就是匯率變動的最主要原因。雖然，國際借貸並不是影響匯率的唯一原因，例如各國的物價水準、黃金存量、利率水準等也會影響匯率的變動，但哥遜認爲這些都屬於次要的因素，而國際借貸才是影響外匯變動的最主要因素。這就是他的外匯學說被稱爲國際借貸說的理由。

二、 國際借貸說的批評

　　國際借貸說所以能成爲第一次世界大戰以前外匯學說的主流，其主要原因有二：

1.第一次大戰以前,古典學派經濟理論風靡全球,故以價格理論的供需法則來解釋外匯的學說, 自然較容易為人所接受。

2.第一次大戰以前的數十年間,正是金本位制度的黃金時代,實施金本位制度各國的法定平價, 或稱為金平價是固定的, 因此匯率僅在黃金輸出入點之間變動; 這與國際借貸說的理論相一致。

事實上, 哥遜的國際借貸說, 就是以國際金本位制度為前提而展開的理論, 雖然對於紙幣本位制度的情況也略有論及, 但其所討論的, 只是尚未禁止黃金輸出入的情形。至於對於禁止黃金輸出入後的情形, 則並未提及。因此, 加塞爾(G. Cassel)批評國際借貸說為對紙幣本位制度的外匯問題無能為力的外匯學說。

此外, 國際借貸說討論外匯的供需時, 認為匯率僅因供需數量的變動而變動, 但並未論及供需曲線的變動對匯率決定所發生的作用, 因此, 法國學者阿夫達里昂(A. Aftalion)批評這一學說為「外匯數量說」; 另加塞爾批評這一學說認為它只能說明匯率的變動而不能說明匯率的決定, 其理由也在於此。

第二節　購買力平價說[1]

一、購買力平價說的緣起

購買力平價說(Theory of Purchasing Power Parity)為瑞典學者加塞爾(G. Cassel)所提倡。雖然在他以前, 在威特雷(J. Wheatley)、布雷克(W.Blake)等的思想中已有購買力平價說的萌芽, 古典學派的

[1]請參照歐陽勛、黃仁德合著,《國際金融理論與制度》, 民國82年10月再增訂初版, 三民書局印行。以及姚柏如著,《外匯市場操作》, 民國79年11月校正再版, 三民書局印行。

李嘉圖也曾有類似的見解。但到了加塞爾，始對此種理論，賦予明確的科學性與政策性。他首先於 1916 年 3 月發表此一主張，但至 1922 年出版的名著《1914 年以後的貨幣與外匯理論》(*Money and Foreign Exchange after 1914*) 一書中，方對此一學說，作詳細而完備的說明。加氏認爲在若干國家紙幣停止兌金及禁止黃金出口後，由於通貨膨脹及物價上漲，以致其貨幣對內購買力較之其他國家貨幣對內購買力爲低，因而造成匯價之劇烈下跌。並進一步提出以兩國貨幣對內購買力之對比爲決定兩國匯價之基本標準的購買力平價說。

二、購買力平價說的內容

購買力平價說，認爲一國人民所以需要外國通貨，是因爲外國通貨在其本國具有購買力，因此如以本國通貨兌換爲外幣，即表示持有者決定放棄本國貨幣的購買力，以交換爲外國貨幣在其本國所具有的同等購買力，因此兩國貨幣間的交換比率，決定於兩國貨幣購買力的平價（即兩國物價水準的對比）。提倡此說的加塞爾氏曾舉一例：假定本國之貨幣量在正常時爲 100，現因膨脹而增爲 320；外國之貨幣量在正常時爲 100，現因膨脹而增爲 240；則此時本國對外國的匯價應跌爲「舊匯價的四分之三」。換言之，兩國貨幣增加率相除所得之商數，乘以舊匯價，即爲兩國之新匯價。如以物價指數代替貨幣增加數，則兩國目前物價指數（以舊匯價時期之物價水準爲基期）相除之商數，乘以舊匯價，即可求得新匯價。

加氏購買力平價的計算公式如下：

$$購買力平價（新匯價）＝舊匯價 \times \frac{本國目前物價指數}{外國目前物價指數}$$

茲以我國新臺幣爲例，民國 38 年幣制改革時，美元對新臺幣法定匯

率平價爲新臺幣 5 元合美金 1 元，假定目前臺灣省物價指數與幣制改革
當時相比上漲 1,520%，而在同一時期美國物價指數也上升 280%，依購
買力平價公式計算，目前 1 美元應等於新臺幣 27.14 元，其計算式如下：

$$中美舊平價：1 美元 = 新臺幣 5 元$$

$$中美新平價：1 美元 = 5 \times \frac{1,520\%}{280\%} = 新臺幣 27.14 元$$

三、對購買力平價説的批評

　　購買力平價說係第一次大戰後，世界經濟動盪不定時代的產物，其
妥當性尙有疑問，但於各國相繼放棄金本位制度後，對匯率的重建提供
了理論的依據，其功不可沒。此說認爲二國貨幣的匯率決定於二國貨幣
的購買力平價，在紙幣本位制度下更能合理表現一國貨幣的對外價值。
其次，在戰時通貨膨脹或嚴重經濟波動之後，原有匯率難免失去作用和
意義，處於此種情況下，可以依據購買力平價說主張建立新的匯率標準。
在貨幣的對內價值，因通貨膨脹而不斷下跌（貶值）的情形下，購買力
平價說對於維持匯率的安定，提供正確的觀點，此即：國內物價的膨脹
將使該國貨幣在外匯市場上發生貶值現象，因此必須致力於抑制國內的
通貨膨脹，始能維持匯率的安定。

　　然而，購買力平價說在實務應用上尙有幾項缺點：

　　1.各國編制物價指數所使用物價項目的種類、多寡及所定各項目之
比重、基期等，均以本國情況爲依據，據以決定的各國貨幣購買力平價，
實難表示公正的標準匯率。

　　2.物價水準雖係影響匯率的主要因素，但非唯一的因素，其他如國民
所得、資本移動、生產成本、貿易條件及國際需求等因素均可影響外匯
的供需情況，並進而影響匯率。

3.購買力平價之計算必須以自由外匯貿易、物價不受管制及無保護關稅等條件爲前提，但這些條件大都無法普遍而同時存在，故此說很難廣泛地適用。

第三節　利率平價說

一、利率平價說的內容

國際間由於兩國利率水準不同，使得投資人在希望追求較高的利息報酬情形下，產生國際間資金的流動，進而影響匯率。因此，在進行國際投資時，必須將利率與匯率的因素同時考慮在內，以比較利息收益(支出) 與匯兌損失 (收益) 的淨額。當匯兌損失大於利息收入，則雖然國外利率較高，仍無法吸引資金外流；相反的，若匯兌損失小於利息收入，仍會吸引資金流向利率較低的國家。當國際間的資金不在兩國移動時，則表示匯兌差異被利息差異給沖銷。

舉例說明，甲有美金1元，欲選擇投資在美國或臺灣，假設期限爲一年，而美元即期匯價爲 26.50，美國利率爲 3%，臺灣利率爲 8%，則利率平價的條件爲：投資於兩國本利和相等的遠期匯率。

投資於臺灣，一年後本利和： $1 \times 26.5 \times (1+8\%) = $ *新臺幣* A
投資於美國，一年後本利和： $1 \times (1+3\%) \times FW = $ *新臺幣* B

其中，FW 代表新臺幣兌換美元一年的遠期匯率，其反映的是，將1元美金投資在利率較低的美國，應將利息差額補貼在匯兌收益上。所以，假設國際間的金融投資不需要成本，則利率平價均衡式爲：

$$1 \times 26.5 \times (1+8\%) = 1 \times (1+3\%) \times FW$$

$$則 \quad FW = \frac{1 \times 26.5 \times (1+8\%)}{1 \times (1+3\%)} = 27.7864$$

若目前市場上新臺幣對美元的一年遠期匯率高於 27.7864，則表示投資於美國的匯兌收益大於利息損失，資金將會流向美國；反之，遠期匯率小於 27.7864，則投資於新臺幣的利息收入較匯兌損失來得高，資金會向臺灣流動，直到兩國之間的投資利息差距與遠期兌換損益相等時，則達成利率平價。

二、對利率平價說的批評

由於國際間資金的移動十分頻繁，而資金的移動對匯率的波動往往十分顯著，因此，藉由利率平價理論，可以解釋其中的關聯性，而各國在制訂各項經濟政策以及經濟目標時，此一學說亦有相當大的參考價值。

實際上，利率平價只是一種理論上的說法，原因如下：

1.利率平價定理並沒有考慮國際間資金移動需要交易成本（如外匯與證券買賣的成本）。考慮資金進行國際移動所需的交易成本後，在尚未達到利率平價定理的均衡條件前，國際間的拋補利息套利活動即會停止，使得均衡條件為一利率平價帶（Interest Rate Parity Band），如下圖所示。若不考慮資金的交易成本，則沒有拋補利息套利行為發生的為利率平價線（IP）上的各點。若考慮資金成本，則均衡條件為 $P'I'$ 與 $P''I''$ 兩條平行線所構成的區域。在此一地帶內的各點對兩國的居民而言，進行拋補利息套利均無利可圖，故不會有拋補利息套利資金的移動發生。

2.由於國外金融投資的風險較國內為大，因此，除非能夠確定可以獲得一最起碼之拋補利息套利的利潤，否則，縱然值得進行拋補利息套利的條件成立，亦可能不會有拋補利息套利的行為發生。

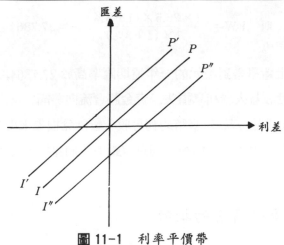

圖 11-1 利率平價帶

3.利率可能是一種多重利率的結構而非單一利率，而且由於個人信用風險的不同，故所面對的利率可能也不一樣。在此情況下，選取何種利率作為是否進行拋補利息套利的標準，並不容易，利率平價均衡條件的適用性也就因此受到相當的限制。

4.國外證券的流動性較低、風險較大、交易成本(包括證券交易與外匯買賣) 較高。因此，可能值得進行拋補利息套利的條件成立，但並無實際的套利行為發生。

5.各國的租稅制度不同, 政府對利率與外匯市場進行干預與管制, 這些因素均會影響利率平價定理的成立。

6.利率平價定理是假設從事拋補利息套利的資金供給彈性是無限大的，故能不斷進行拋補利息套利，直到利率平價定理的均衡條件達到為止。但事實上從事拋補利息套利的資金供給彈性並非是無限大的。

7.訊息不完全與訊息成本的存在。這也將使利率平價定理的假說無法成立。

第四節　匯兌心理說

一、匯兌心理說的緣起

此說係從主觀心理說明對外匯率的漲跌。匯兌心理說以法國學者阿夫達里昂（A. Aftalion）爲代表。阿氏有見於法國在 1924～1925 年間的國際收支情況較以往數年有利，但其對外匯率反而下降，此種現象實非國際借貸說所能解釋。而對外匯率下降之後繼之出現物價上漲的現象，於是形成匯率下降爲原因，而物價上漲爲結果的現象，此種情況亦非認爲貨幣對內購買力可以決定其對外價值之購買力平價說所能解釋。因而阿氏在其 1927 年出版的《貨幣、物價與外匯》（*Monnaie, Prix, et Change*）一書中，提出「匯兌心理說」（Psychological Theory of Exchange)主張心理因素對於匯率影響的重要性，此說在貨幣與外匯理論方面，可說獨樹一幟。

二、匯兌心理說的內容

阿氏認爲匯率固然由外匯的供需決定，但使外匯發生供需的原因，則爲個別的經濟主體對外匯所作的主觀評價，而受將來對於貨幣價值之心理因素的影響。由於外國貨幣可用以購買外國商品與勞務來滿足人們的慾望。因此，外國貨幣對個人有其不同的邊際效用，而個人對外國貨幣亦有不同的主觀評價，此種個人對外幣不同的主觀評價乃爲決定一國貨幣對外匯率的依據。由此可見，決定匯率者在表面上爲供求數量的變化，在本質上則決定於人們對於外幣之主觀評價的變動。

至於影響個別經濟主體對於外匯主觀評價之因素，則包括量的因素與質的因素。量的因素係指國際收支的順逆、國際資本移動的數量及貨

幣供給量的增減等；質的因素則指購買力平價說中之對特定商品的購買力、償付債務的能力、政治情況的安危、匯兌政策的動向、經濟情況的盛衰、外匯投機的多寡等影響因素。上述量的因素與質的因素均影響到個別經濟主體對外匯的主觀評價進而影響匯率的升降。

三、 對匯兌心理說的批評

1.匯兌心理說以經濟主體對外匯之主觀評價，說明匯率的決定與變動，因而對於戰爭或政治、經濟、社會等不安而發生資本逃避，影響匯率安定的解釋，頗能切合實際。此點，亦為此說在理論上的貢獻，特別適用於解釋紙本位之匯價變化。

2.匯兌心理說認為一切「量的要素」與「質的要素」，均可直接或間接的影響匯率；亦即此說對於影響匯率的因素，所考慮的事項，較國際借貸說與購買力平價說為廣。

3.匯兌心理說自認係國際借貸說（以外匯供求之量的因素說明匯率的變動）與購買力平價說（以購買力之質的因素說明匯率的變動）二者之綜合，藉以彌補兩說之不足。

但此學說亦有其缺點：

1.由於影響人們對於外國貨幣主觀評價之因素甚多，並不僅由外匯數量的多寡來決定。因此，邊際效用價值理論的概念，便不能完全適用於外匯匯率之決定與變動的說明。

2.各學說產生的時代背景互異，理論結構也不同，強調的重點各有所宗，因此，此說亦無法涵蓋國際借貸說與購買力平價說的全部精義。

3.此說以匯兌心理的變動解釋匯率之變動，惟匯兌心理的變動，必先有客觀的事實與將來趨向做為根據,而非憑空臆測毫無根據的盲目變動。

第五節　外匯學說之綜合比較

根據以上的分析，每一種學說的創立背景，都有其特殊的時間性，其適用範圍也都有其特殊的空間性。雖然每種理論都能把握適應特殊情況之最重要的因素，但也難免忽略了其他因素，由於其各具優點與缺點，故不應予以絕對的評價。

大體而言，國際借貸說的立論基礎較為穩當堅固，因為在正常情形下，匯率的決定與變動如同商品價格的決定與變動，主要係視供需情況而定。此說可以說明 1914 年以前金本位制度下的匯率變動，也適合說明現行各國匯率的變動；蓋無論在金本位制度或紙本位制度下，外匯的供需不但對於匯率的短期變動發生影響，亦可能對於匯率發生長期性的影響。例如二次大戰後至 1973 年採行浮動匯率前，英國以及多數西歐國家，由於二次大戰後的長期性國際收支逆差，乃不得不於 1949 年實施匯率貶值。而在 1967 年 11 月的英鎊再度貶值，以及 1971 年 12 月與 1973 年 2 月之美元的兩度貶值，其主要原因均為英美兩國之國際收支長期逆差所造成。此即國際借貸說在過去盛行的主要理由。

購買力平價說的最大貢獻，在於為紙幣本位制度下各國貨幣的匯率，提出決定的標準，並作為一國調整其基本匯率時的重要依據。因此，在物價波動較為劇烈時期，如以購買力平價說解釋匯率的決定與變動，尚稱適當，但如以此說解釋今日各國匯率的短期性變動，則不適宜；因為目前仍有些國家的匯率，不是釘住於一定水準，就是由外匯主管機構加以控制，物價水準雖已變動而匯價仍維持不變。

利率平價理論則是目前市場上匯率訂價最主要的因素之一，其理論說明匯率的決定與各國的利率水準有相當大的關係，例如資金在不同國家之間流動的誘因為利率高低，因這影響了投資收益，而匯率則反映了

不同期間，因利差造成資金移動與特定貨幣所應反映的匯率升貶情形。在遠期匯率及換匯匯率的計算上，均是依據此一原理求得。然實際的市場上，因必須考慮交易成本、各國外匯市場的干預及限制程度，以及稅負的問題，種種的因素影響下，往往使得匯差無法完全反映利率差距。

匯兌心理說在正常的經濟情況下，對於匯率之決定與變動的解釋，並無多大意義與作用，但對於戰時或政治危機與經濟極度不安時期之匯率變動，卻能提供理論上的說明，可彌補國際借貸說、購買力平價說，及利率平價說不能充分解釋匯率變動之缺陷。除了基本的經濟情況，會影響市場中參與者之交易心態，有時因利多或利空消息已於事先披露也往往造成市場反其向而行的預期心理出現,尤其在目前外匯交易自由化,市場活絡性比以前大爲增加的情況下，匯兌心理說仍有其重要性。

第十二章　外匯交易[1]

　　有了外匯銀行、外匯銀行在國內外的通匯銀行、加上國際匯兌工具與外匯匯率，那麼外匯銀行與客戶進行外匯交易（Foreign Exchange Transaction)的一切條件即已具備，所以就可以進行外匯交易了。這裡所稱外匯交易，就是國際匯兌工具的買賣，而所謂國際匯兌工具，如前所述，係指匯票（票匯）、信匯及電匯而言，其中以匯票最具代表性。

第一節　外匯交易的性質

　　外匯交易係指一種貨幣兌換另一種貨幣的短期性金融交易。一般的外匯交易都經由外匯銀行進行，若就交易對象來區分，則外匯交易可分為兩種，一為銀行對客戶交易；一為銀行對銀行交易，前者屬零售交易；後者屬批發交易。不論交易對象為何，任何一筆外匯交易均涉及兩種貨幣的買賣。例如銀行向客戶（如出口商）買入國外匯票或外幣時，同時也相對的賣出本國貨幣；或銀行賣出國外匯票或外幣給客戶(如進口商)時，同時也相對的買入本國貨幣。銀行從事買賣外匯的目的，係應客戶的需求，或為本身謀求額外利益而從事套匯，或為迴避匯率風險而軋平外匯部位（Foreign Exchange Position)。

[1]請參閱吳俊德、許強、何樹勳等著，《資產管理工具暨外匯操作》，華泰書局，民國82年8月初版；以及Heinz Riehl, Rita M. Rodriguez著, *Foreign Exchange & Money Markets*, 1983。

一般而言，外匯交易具有下列性質：

一、無特定的交易場所

外匯交易大多藉助電訊設備，如電傳、銀行間直接交易系統（路透社）來完成，因此並無特定的交易場所，只要法令許可，任何銀行之間均可相互交易。由此可知，外匯交易市場是一個全球性的市場，由雪梨至東京、香港、新加坡、再到中東的巴林、歐洲的法蘭克福、蘇黎世、巴黎、倫敦，最後到紐約，再回到澳洲的雪梨，如此，形成 24 小時全球性無休止的外匯交易市場。

二、多透過外匯經紀商完成交易

銀行從事外匯交易，因不易覓得適當的交易對手，大多透過國際外匯經紀商的撮合完成交易。經紀商透過所擁有的全球性通訊網，隨時提供銀行全球各地匯率、利率及政經資料，俾使銀行作出最佳決策。經紀商則依規定擔任銀行間外匯交易之媒介而賺取經紀費用，本身並不作外匯交易，即經紀商只從事費用基礎（Fee-Base）的業務，而不從事差價基礎（Spread-Base）的業務，它們不負交易雙方的信用風險，亦不與非銀行客戶直接交易。據估計，目前銀行間交易透過國際外匯經紀商撮合完成的比例高達 50%以上。

三、雙向報價制度

正如其他金融性產品一樣，外匯交易的價格是可以區分為買價（Bid Rate or Buy Rate）及賣價（Offer Rate or Sell Rate）的。所謂的買價，若以報價者的角度而言，係指報價銀行於報價當時願意買入的最高價位；就詢價者的立場來看，則指詢價銀行可以賣出的最好價格。所謂賣價，以報價者的角度而言，乃指報價銀行於報價當時願意賣出的最低

價格; 就詢價者的立場來看, 則指詢價銀行可以買入的最好價格。報價者與詢價者的立場互異, 當雙方同意報價者的報價時, 外匯交易即可成交, 且除非報價者事先另有附條件約定, 否則對詢價者有依報價成交的義務。

四、不同外匯市場各具獨特性

外匯市場雖具有全球性, 但每一個國家因其外匯市場發展過程、政府政策、市場結構及傳統慣例等因素的差異而呈現其獨特性質。這種獨特性質將反映於各外匯市場對於有關市場參與者的資格的限制、本地銀行間外匯交易的方式、以及可辦理的外匯交易型態或種類等。

五、幾個大外匯市場支配全球外匯交易量

全球的外匯交易量有多少, 並無可靠的資料。據美國聯邦準備銀行估計, 各外匯市場中以倫敦市場為最大, 每日外匯交易量約為 3,030 億美元; 其次為紐約市場, 約為 1,920 億美元; 東京市場約為 1,280 億美元。以目前來看, 其中以東京市場的外匯交易量成長最快。

至於各大外匯市場的主要交易貨幣有美元、馬克、日圓、英鎊、加幣、瑞士法郎、法國法郎及荷蘭基爾德。次要的區域性外匯市場仍有其關鍵性貨幣及區域性的主要交易貨幣, 如歐洲市場的比利時法郎、瑞典格朗、義大利里拉; 中東市場的沙烏地里雅; 遠東市場的港幣及新加坡元。

六、外匯交易風險非常高

在外匯市場上從事外匯買賣, 會面臨許多的風險, 此由於外匯市場為一複雜而多變的市場, 不只是交易者眾多, 競爭激烈, 而且面對不同國家的外匯交易, 易受各國政經變化影響, 而使匯率可能隨時發生變化。

外匯交易主要有四種風險，即匯率風險（Exchange Rate Risk），利率風險（Interest Rate Risk），信用風險（Credit Risk）及國家風險（Country Risk）。匯率風險的產生，係由銀行的外匯交易員買入或賣出外匯未能同時軋平其部位(Position)所致。對於此項風險的控制，銀行常以實施隔夜限額（Overnight Limit）、晝間限額（Daylight Limit）及總額限額（Override Limit）等制度加以管理。利率風險的產生，係由外匯交易契約到期日結構所生之期差（mismatch）或差額所致；銀行常採用換匯交易予以消除，以控制風險。信用風險的產生，係外匯交易的對方可能無法或不願依契約履行其義務所致，爲此銀行通常針對交易對方的信用程度事先設立交易額度，並在該額度內與對方進行交易。國家風險的產生，爲交易對方所在地國家的經濟、政治或政府法令規定可能發生改變、修正或廢止，而頒佈禁止履約外匯交易的命令；銀行所採用的對策爲對每一國家分別設立一最高總和的交易額度，交由銀行內部控制中心執行，並避免與外匯管制國家的通貨進行交易。

第二節 外匯交易的種類

如前述所言，一般的外匯交易都經由外匯銀行進行，若就其交易對象來區分，則外匯交易可分爲銀行對客戶交易及銀行對銀行間交易，茲說明如下：

一、銀行對客戶的外匯交易

銀行應客戶的要求而買入或賣出外匯。外匯銀行以中介者（Intermediary)的角色與客戶作反向的外匯交易。換句話說，當客戶需求外匯時，一般均向銀行購買外匯，也就是由銀行售予外匯；而當客戶手頭有多餘外匯資產時，一般多售予外匯銀行，也就是由銀行買入外匯。

　　銀行的客戶群大約有四類：一為貿易商，其中進口商必須以外匯支付貨款而產生外匯的需求，而出口商則因向國外買主收取貨款而產生外匯的供給；二為個人，不論是基於出國觀光、捐贈購物、接濟親友或償還債務，都會有外匯的需求與供給；三為本國企業或因投資或因貸款，而有外匯的需求與供給；四為多國籍公司對子公司的融資。銀行對這些客戶的外匯交易處於被動地位，再加上客戶業務有其特殊的季節性因素，因而對外匯的買賣難以達到均衡。例如出口旺盛期、進口旺盛期或觀光熱季（如暑假、年假等），都將使銀行資金出現偏集（本國銀行的外匯資金偏集於國外分行或代理行，或本國銀行的本國貨幣偏集於國內本行），以及外匯部位出現買賣超的差額。

二、銀行對銀行間交易

　　銀行對客戶的外匯交易係因應客戶的需要而產生，然而，這種被動性、零售性的外匯交易固然可能給銀行帶來利潤，亦可能帶來損失，此當然是由於匯率波動所造成，因此，銀行必須透過其銀行同業間的主動性、批發性的外匯交易（即拋補交易）來規避此種風險。

　　此外，銀行亦會因下列原因而主動從事銀行間外匯交易：

　　1.為獲取額外的匯差收益：當銀行預測某一外國貨幣即將升值或貶值，為賺取貨幣升值的利益，銀行會主動向其他銀行購買即將升值的外幣，同時拋售即將貶值的外幣。

　　2.為軋平各貨幣因資金拆借到期日不同或承作各項外匯業務如進、出口押匯所造成的資金缺口（Cash Flow Gap）：銀行可利用換匯交易（Swap Transaction）❷，同時買進與賣出金額相同而其交割日不同的外匯交易，來軋平資金缺口。

---

❷見 Heinz Riehl, Rita M. Rodriguez, *Foreign Exchange & Money Markets*, 1983, pp.55～59。

外匯交易屬全球性的交易，日本當地銀行可能透過國際外匯交易經紀商與美國當地銀行完成外匯交易。然而交易後的交割作業，將因時差的不同，交割部門所需的作業時間便有所不同，而對應執行交付義務的時間因此有不同的認定。爲解決雙方認定交割時間的差異，一般外匯交易的交割時間，除非特別約定外，均依國際慣例來執行，其原則如下：外匯交易的交割日必須爲合格交割日（Eligible Value Date）。

所謂合格交割日，乃指交易所涉及須交割貨幣處所在的國家，必須是銀行營業日。每一筆外匯交易因涉及買賣兩種貨幣；因此，合格交割日必須是該筆交易涉及的兩種貨幣之清算所在國均爲銀行營業日才行。另外，若交易之一方或雙方所在的國家爲非銀行營業日，然涉及交割貨幣所處的國家均爲銀行營業日，則仍算是合格交割日。

外匯交易依據其操作方式的不同，可區分爲下列三種型態：

㈠即期外匯交易

所謂即期外匯交易乃指買賣外匯契約成立時或其後二個銀行營業日內，完成交割作業的外匯交易。依國際慣例一般即期外匯交易均約定於契約成立後第二個合格交割日，然亦有約定於契約成立當天或隔天交割的情形，此類交易因交割日提前於一般慣例，須考慮貨幣交割之資金成本，故其匯率與實際即期匯率有所差異。例如，假設甲銀行於星期一當日報出美元對馬克的即期匯率爲 1.7140／50，而客戶欲賣出馬克而買入美元，但交割日定爲明日（星期二），而非星期三（第二個營業日）；又假設美元的隔夜拆款利率爲 3%，而馬克的隔夜拆款利率爲 6%，則客戶可以支付比 1.7150 低之匯率，就可以買到明日交割的美元。此因爲甲銀行比一般慣例的第二個營業日提早一天支付低收益之美元，而收到較高收益的馬克便因而享有 3%（年利率）的一天利息差異利益。此項利息差異利益可以以馬克金額表示：

$$\frac{即期匯率 \times 利率差異 \times 日數}{100 \times 全年天數} = \frac{1.7150 \times 3 \times 1}{100 \times 360} = 0.00014 \ （馬克）$$

因此，甲銀行報出明日交割的美元對馬克的賣出匯率可以減為1.71486，而非一般慣例的1.7150。但若上述的美元與馬克之利率剛好相反，即，美元之隔夜拆款利率為6%，而馬克之隔夜拆款利率為3%，則甲銀行因提早一日交割而損失年利率3%的一天利息差異損失，故其美元對馬克之賣出匯率將增為1.71514，而非正常交割日的1.7150。

茲再舉例說明銀行間交易與銀行對客戶交易的兩種情況：

1.銀行間即期外匯交易

假設甲銀行於10月1日向乙銀行買入美元外匯100萬元,成交匯率為1US＄＝NT＄26.50，買賣雙方約定於10月2日交割(即成交日之次日)。於10月2日，乙銀行支付新臺幣2,650萬元至中央銀行乙銀行的帳戶上。同時，乙銀行拍發電文指示國外的同業支付100萬美元至甲銀行在美國的同業帳戶上。如此，銀行間的即期外匯交易經由雙方交付款項後完成。本例中，交割日為成交日後第一個營業日，而非一般慣例第二個營業日，成交匯率已經調整新臺幣與美元的利率差異所反映的匯率差異（因為提早一日交割）。

2.銀行對客戶的即期外匯交易

假設我國進口商向美國出口商訂購機器一批，並約定以美元為付款的計價單位，貨款金額100萬美元。當這批機器運抵臺灣時，我國的進口商必須向銀行購入美元外匯以支付貨款。若在簽約時的美元對新臺幣匯率為1US＄＝NT＄26.55，但自買賣契約簽訂後至機器運抵臺灣的這段期間新臺幣貶值，美元對新臺幣匯率成為1US＄＝NT＄26.75，則進口商須增加支出新臺幣20萬元，〔(26.75－26.55)×1,000,000＝200,000。〕事實上，進口商可以採取兩種方式避險，一為購買遠期外匯以避

風險；二爲於簽訂買賣契約時，以 1US ＄＝NT ＄26.55 之匯率向銀行購入即期美元 100 萬元並存入銀行。至機器運抵臺灣的這段期間，進口商雖可獲得美元存款的利息收入，卻也因事先支付臺幣而須承擔臺幣利息支出成本，因此，是否有利仍須視美元對臺幣匯率升值幅度是否足夠彌補臺幣、美金兩者之利息收支差異。

㈡遠期外匯交易

所謂遠期外匯交易，係指買賣雙方依約定當時的市場匯率成交，而交割日則約定在超過兩個營業日以上的未來某一特定時日或期間，可能爲幾日、幾個月或甚至可達幾年，不過，通常指交割日長於一星期以上者。遠期交易的目的在迴避未來匯率變動的風險。

有關遠期外匯交易的匯率、金額與交割日，負責扣帳及進帳的銀行得於買賣成交時即予確定。惟有外匯資金的移轉須至交割日才會發生，也就是說，至交割當日，買賣雙方才交付雙方所需要的資金。

遠期外匯的交割日，係以即期交易之交割日爲基準推算，以約定月份之相當日爲交割日，無相當日者以該月末日爲交割日。例如 4 月 1 日訂約(成交)，作三個月的遠期交易，則交割日之起算從 4 月 3 日開始(即約定的 4 月 1 日加兩個營業日)，其三個月的遠期交易交割日爲 7 月 3 日。再舉一例，若在 1 月 28 日訂約，作一個月的遠期交易，則其交割日應爲 2 月 30 日(即期交易之交割日爲 1 月 30 日，依一個月期推算)，但 2 月份並沒有 30 日，故應以該月最後一個營業日爲交割日（2 月 28 日或 29 日)。在此，若不以市場慣例之期間爲交割日的交易，則稱爲畸零日（Broken date）交易，如 15 天或 22 天等。遠期外匯之交割，亦有約定在一段期間內，可自由選擇交割日者，稱爲任選交割日遠期外匯交易（Option Date Forward Transaction）。

就我國的外匯市場而言，美元的遠期外匯交易可分爲下列六種：10 天期、30 天期、60 天期、90 天期、120 天期及 180 天期，每一種期別都

有一個相對適用的遠期匯率。

在第十章有提到遠期匯率的表示法，通常是以即期匯率再加減一個差點來表示，並以升水（premium）或貼水（discount）來區分其間的差異。升水表示被報價幣（如美元）在遠期的時點上將可換取較多的報價幣（如新臺幣），故謂升水（但並不意味被報價幣會升值）；反之，貼水乃表示被報價幣（英鎊）在遠期的時點上，將換取較少的報價幣（如美元），故謂貼水（但亦不意味被報價幣會貶值）。

例如，美元對新臺幣的即期匯率為 1US＄＝26.50NT＄，而 180 天的遠期匯率為 1US＄＝26.70NT＄，顯然的，美元的遠期匯率 26.70 較即期匯率 26.50 為高，故稱為美元對新臺幣的匯率升水；反之，若 180 天的遠期匯率為 1US＄＝26.30NT＄，則表示美元對新臺幣的匯率貼水。

一般而言，遠期外匯匯率的報價，往往只報出遠期與即期匯率差異的點數，稱為換匯匯率，這在第十章有提過。換匯匯率的計算公式如下：

$$\frac{\text{即期匯率} \times \text{利率差異} \times \text{期間（遠期）}}{100 \times \text{期間（一年 360 天）}} = \text{換匯匯率}$$

即期匯率加上或減去換匯匯率（點數）後，成為買斷或賣斷所用的遠期匯率，至於加或減換匯匯率，則視一種貨幣的遠期匯率為升水或貼水而定。換句話說，高利率貨幣的遠期匯率呈現貼水，而低利率貨幣的遠期匯率呈現升水，亦即利率的盈益將等於匯率的損失，或利率的損失將等於匯率的盈益。中間若有差異，套利將會發生而使兩者趨於相等。

總之，當一種貨幣的遠期匯率低於即期匯率而為貼水時，表示該貨幣為高利率貨幣，而以匯率的損失方式補貼低利率貨幣；當一種貨幣的遠期匯率高於即期匯率而為升水時，該貨幣為低利率貨幣，因而以匯率盈益方式受到高利率貨幣的補貼。

茲舉例說明遠期外匯交易：

1.進口商預購遠期外匯

假設臺灣一位進口商向德國訂購機器一批，金額為 100 萬馬克，雙方約定三個月後交貨及付款。假設訂約時馬克對新臺幣匯率為 1DEM＝NT$16.10，三個月後匯率可能成為 1DEM＝NT$16.20 或 1DEM＝NT$15.90：

⑴當馬克三個月期匯率為 1DEM＝NTD16.30 時，表示德國馬克匯率為升水，進口商的損失為：$(16.30-16.10) \times 1,000,000 = 200,000$（新臺幣元）

⑵當馬克三個月期匯率為 1DEM＝NTD15.90 時，表示德國馬克匯率為貼水，進口商的獲利為：$(16.10-15.90) \times 1,000,000 = 200,000$（新臺幣元）

進口商為規避匯率波動所造成的損失，故願意在簽訂購買機器契約時先預購馬克，假設三個月期馬克匯率為 1DEM＝NT$16.20（表示馬克對新臺幣升水，因為馬克的遠期匯率高於即期匯率），則進口商於三個月後交割時，將比即期匯率下多付出 10 萬元新臺幣的成本，然此成本乃為預先掌握的成本，可攤入貨品報價中，因而規避了匯率可能波動的風險。

2.出口商預售遠期外匯

假設臺灣一位出口商出售一批紡織品給美國一位進口商，金額為 100 萬美元，雙方約定六個月交貨及付款。假設簽約時美元匯率為 1US$＝NT$26.55。又假設六個月後的美元匯率可能為 1US$＝NT$26.50 或 1US$＝NT$26.60，則：

⑴當美元六個月期匯率為 1US$＝NT$26.50 時，表示美元為貼水，出口商損失：$(26.55-26.50) \times 1,000,000 = 50,000$（新臺幣元）

⑵當美元六個月期匯率為 1US$＝NT$26.60 時，表示美元為升水，出口商獲利：$(26.60-26.55) \times 1,000,000 = 50,000$（新臺幣元）

這位出口商為確保利潤並避免匯率波動的損失，可以事先預售六個

營業單位送件編號：

商業銀行　預購遠期外匯申請書

　　　　商業銀行　臺鑒：

一、申請人：

中文：

英文：

（請蓋央行分戶章）

　　爲支付進口貨物貨價所需外匯，茲檢附下列契約書及有關單證，並繳交保證金或擔保品向　貴行預購　　　天期固定／任選到期日遠期外匯乙筆，金額計

並同意依契約書所列各項及　貴行有關規定切實履行。

二、申請人如未依約履行，　貴行得就未履約金額於到期日，以　貴行掛牌即期買入匯率，由　貴行購回方式，結清契約，申請人承諾負擔　貴行因而發生之匯率差價及其他一切費用，並任憑　貴行處分已繳保證金或擔保品，絕無異議。

三、請惠予同意辦理。

申請人簽章：

中華民國　　年　　月　　日

上項預購遠期外匯申請，經本單位審查合格，並已依規定辦妥債權確保手續，請即依下附契約書辦理本行賣出手續，並即簽回第二、三兩聯。 　　此 致	申請人注意事項 1.本申請書及契約書一式三聯，第二聯於本行簽章後由申請人收執，憑以辦理交割，並由本行於交割紀錄表內作成交割紀錄，金額交割後，由本行收回註銷。 2.本申請書及契約書不得轉讓、抵押。 3.申請人如有正當原因無法如期交割時，得書具申請書，檢附證明文件，於到期前向本行申請結清契約未履約金額，或向本行辦理展期手續，並繳清匯率差價。

營業單位	經　理	外匯負責人	經辦員

月期美金 100 萬元，假設美元六個月期的遠期匯率爲 26.70，出口商將可確定未來交貨後的收入，而規避了美元對新臺幣匯率可能波動的風險。

　　遠期外匯買賣分爲間接買賣與直接買賣兩種，前者係由經紀人居間介紹，合約由經紀人簽字分送買賣兩方。外匯銀行收得經紀人送來合約，即發出外匯合同認對書（Exchange Contract Confirmation），知照對方簽字證實後寄還保存，以爲處理日後糾紛的憑證。後者爲由買賣兩方

商業銀行　預購遠期外匯契約書

收件日期：

幣名：＿＿＿＿＿　戶名：＿＿＿＿＿＿＿　契約號碼：NLAH B

訂約日期	外幣金額	匯　率	新臺幣	期　別	交割日期（期間）

交割記錄表

□申請人繳交保證金新臺幣＿＿＿＿＿
□申請人繳交＿＿＿＿＿＿＿＿＿
退還日期：

交割日期	證件號碼	已交割款		尚未交割款		經辦簽章	主管簽章
		外幣金額	新臺幣	外幣金額	新臺幣		

互結合約，或由一方備妥合約，雙方簽名於合約之上，以爲成立買賣的憑證。

　　合約上載明買賣雙方姓名或商號、幣名、金額、匯率、期限、交割日期等。交割須根據合約上訂定之匯率，如到期不能交割，得申請重訂新契約，按新匯率掉期結價，亦有於定期以內分次交割者，但到期必須如數交割。

㈢換匯交易

　　所謂換匯交易，係指同時買進與賣出金額相同的同一種貨幣，而其交割日不同的外匯交易，一般情形，可由一筆即期外匯交易加上一筆同等金額，買賣方向相反的遠期外匯交易構成一筆換匯交易。

營業單位送件編號：

商業銀行　預售遠期外匯申請書

商業銀行　臺鑒：

一、申請人：

| 中文： |
| 英文： |

（請蓋央行分戶章）

　　為預售出口貨物貨價所需外匯，茲檢附下列契約書及有關單證，並繳交保證金或擔保品向　貴行預售　　　　　天期固定／任選到期日遠期外匯乙筆，金額計
　　並同意依契約書所列各項及　貴行有關規定切實履行。

二、申請人如未依約履行，　貴行得就未履約金額於到期日，以　貴行掛牌即期賣出匯率，由　貴行購回方式，結清契約，申請人承諾負擔　貴行因而發生之匯率差價及其他一切費用，並任憑　貴行處分已繳保證金或擔保品，絕無異議。

三、請惠予同意辦理。

申請人簽章：

中華民國　　年　　月　　日

上項預售遠期外匯申請，經本單位審查合格，並已依規定辦妥債權確保手續，請即依下附契約書辦理本行買入手續，並即簽回第二、三兩聯。 　此　致	申請人注意事項 1.本申請書及契約書一式三聯，第二聯於本行簽章後由申請人收執，憑以辦理交割，並由本行於交割紀錄表內作成交割紀錄，金額交割後，由本行收回註銷。 2.本申請書及契約書不得轉讓、抵押。 3.申請人如有正當原因無法如期交割時，得書具申請書，檢附證明文件，於到期前向本行申請結清契約未履約金額，或向本行辦理展期手續，並繳清匯率差價。
營業單位　經　理　外匯負責人　經辦員	

　　換匯交易的主要目的是軋平各貨幣因資金拆借到期日不同或承作各項外匯業務如進、出口押匯所造成的資金缺口(Cash Flow Gap)，故為資金調度的工具。單獨承作一筆換匯交易，因其前後交割日不同，而使資金流量無法軋平，所以將面臨利率波動的風險，因此，通常換匯交易亦被視為在貨幣市場上同時借入一種貨幣及貸出另一種貨幣的交易。

　　依交割日的不同，換匯交易可分為三種型態：

商業銀行　預售遠期外匯契約書

收件日期：

幣名：＿＿＿＿＿　戶名：＿＿＿＿＿＿＿　契約號碼：NLAH S

訂約日期	外幣金額	匯　率	新臺幣	期　別	交割日期（期間）

□申請人繳交保證金新臺幣＿＿＿＿＿

交割記錄表　□申請人繳交＿＿＿＿＿＿＿＿＿

退還日期：

交割日期	證件號碼	已交割款		尚未交割款		經辦簽章	主管簽章
		外幣金額	新臺幣	外幣金額	新臺幣		

1.即期對遠期換匯交易（Spot Against Forward）

此種換匯交易爲最常見的型態，其第一個交割日通常爲即期交割日（契約訂定後第二營業日交割，正如即期交易一般，故亦稱即期交割日），第二交割日則在即期交割日之後。

2.即期交割日以前的換匯交易

主要爲銀行爲處理兩日內的資金缺口所普遍採行的方式。例如，Over-Night Swap，契約訂定當日爲第一交割日，隔天爲第二交割日的換匯交易及 Tom-Next Swap，契約訂定日之隔日爲第一交割日，再隔日爲第二交割日的換匯交易。

3.遠期對遠期換匯交易

亦即第一交割日及第二交割日均在即期交割之後的換匯交易，此類型換匯交易，亦可視爲兩筆即期對遠期換匯交易的結合。

舉例說明換匯交易：

假設甲銀行於 2 月 21 日與乙銀行簽定一筆六個月期美元對新臺幣的換匯交易，約定甲銀行於 2 月 23 日（即期交割日）以1US$＝26.50NT$的價格向乙銀行買入 100 萬美元；同時於六個月後，8 月 23 日（遠期交割日）以 1US$＝26.60NT$的價格，賣 100 萬美元予乙銀行。

此筆換匯交易可分爲一筆即期交易及一筆遠期交易來說明。即期交易部分，甲銀行於 2 月 23 日必須支付 2,650 萬 NT$予乙銀行，同時乙銀行支付 100 萬美元予甲銀行；六個月之後，遠期交割日 8 月 23 日，甲銀行可收到乙銀行支付的 2,660 萬 NT$，並支付乙銀行 100 萬美元。如此，甲銀行因操作換匯交易而產生 10 萬 NT$的收益。

第三節　套匯交易

所謂套匯交易（Foreign Exchange Arbitration），又名匯兌裁定或套做。由於國際市場中自由買賣的結果，同一種類的商品，如小麥、棉花、黃豆，在同一時間，各地市場之價格可能不一，若高低價格之差額足以彌補兩地市場間運送商品之成本，自會吸引投機客自甲地購買商品，而至乙地賣出。外匯市場亦存在此種情形，兩個或兩個以上外匯市場對同種貨幣（外匯）的買賣，在同一時間，若存在價格的差異，將吸引投機客，一方面在較便宜的市場買入某一種貨幣，一方面在高價市場賣出該貨幣以賺取其間之價差，此即套匯交易。

套匯交易可分爲直接套匯（Direct Arbitrage）與間接套匯（Indirect Arbitrage）兩種，茲分別介紹如下：

一、直接套匯

乃利用兩市場間匯率報價不平衡從中獲利的交易，故又稱兩點套匯（Two-Point Arbitrage）。

茲假定紐約市場及倫敦市場英鎊兌美元匯率分別爲

1 Stg.£＝1.5060US$——紐約市場

1 Stg.£＝1.5260US$——倫敦市場

如此，如不考慮手續費，則在紐約市場買入 10 萬英鎊，同時在倫敦市場賣出 10 萬英鎊，立即有 2,000US$的收入，（（1.5260－1.5060）×100,000＝2,000US$，此種套匯交易將持續吸引投機客，結果，紐約市場因英鎊需求增加而價格上漲，倫敦市場則因英鎊供給增加價格下跌，直至兩市場英鎊兌美元的匯率一致時才會中止投機者的套匯交易。

二、間接套匯

乃利用同一種貨幣於同一時間，利用三個或三個以上外匯市場間匯率之不平衡，從中賺取匯差的交易。

舉例說明如下：

假定美國、瑞士與瑞典三國的匯率不均衡，其匯率如下：

Swiss Franc 1＝US $ 0.71

紐約市場的 US $ 對 S.F.（瑞士法郎）匯率

Sweden Krone 1＝Swiss Franc 0.15

瑞士市場的 S.F.對 S.K.（瑞典幣）匯率

US $ 1＝Sweden Krone 7.9

瑞典市場的 S.K.對 US $ 匯率

如不考慮手續費，則首先以美元買入瑞士法郎，再以瑞士法郎買入瑞典幣，最後以瑞典幣買回美元，則可獲得較最初美元爲多的美元。例如最

初的美元＄100,000，可買入瑞士法郎 140,845（100,000÷0.71），再以瑞士法郎 140,845 買進瑞典幣，則可得 Sweden Krone 938,966.7（140,845÷0.15）；然後再以瑞典幣買回美元，則可得 US＄118,856.5（938,966.7÷7.9），結果獲得 US＄18,856.5 的利益，其計算方法如下：

在紐約買瑞士法郎：付 US＄100,000 收 S.F.140,845

在瑞士買瑞典幣：付 S.F.140,845 收 S.K.938,966.7

在瑞典以 S.K.買 US＄：付 S.K.938,966.7 收 US＄118,856.5

利潤：US＄118,856.5－US＄100,000＝US＄18,856.5

如此，三個外匯市場間匯率之不平衡，將引起套匯交易的進行，造成各外匯供需不平衡，美元對瑞士法郎的需求增加，而使瑞士法郎的美元價格上升；又使瑞士法郎對瑞典幣的需求增多，而使瑞典幣的瑞士法郎價格上升；瑞典幣對美元的需求增加，又使美元的瑞典幣價格上升，當價格變動至套匯交易無利可圖時，市場匯率達到均衡。

假定美國、瑞士、瑞典的匯率變成如下：

$$S.F. 1＝US＄0.75……在紐約$$
$$S.K. 1＝S.F. 0.16……在瑞士$$
$$US＄1＝S.K. 8.3333……在瑞典$$

這時如果以 US＄100,000 買進瑞士法郎，則可得 S.F.133,333.33（100,000÷0.75）以 S.F.133,333.33 可買到 S.K.833,333（133,333.33÷0.16）；然後以 S.K.買進美元，則仍為 US＄100,000（833,333÷8.3333），並無任何利益可言。因此，這三地間的套匯交易即無從發生。

要想知道三地間的匯率，是否在均衡狀態，有一種簡單的計算方法：即相當於某國貨幣一單位的外國貨幣（即應收匯率）之連乘積，如為一，則其匯率是均衡的；否則，其匯率就處於不均衡的狀態。就前舉二例而言，第一例為 0.71×0.15×7.9＝0.84135，表示不均衡的匯率，會發生裁

定交易；第二例爲 $0.75 \times 0.16 \times 8.3333 = 1$ 表示均衡匯率，不可能發生裁定交易。

至於其裁定方向的法則爲：「甲、乙、丙三國間其匯率理應平衡，如在甲國，乙國貨幣對甲國貨幣的匯率低於平衡匯率，甲即可買乙匯套丙匯。反之，則其裁定方向亦反。」

就上例來說：在甲國，乙國貨幣對甲國貨幣的應付匯率（S.F. 1＝US＄0.71）低於平衡匯率（S.F. 1＝US＄0.75），甲即可買乙匯套丙匯，如果乙國貨幣對甲國貨幣的應付匯率爲 S.F. 1＝US＄0.79，高於平衡匯率（S.F. 1＝US＄0.75）則甲可買丙匯套乙匯。

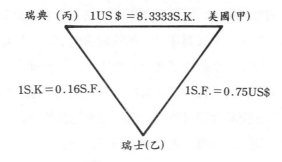

第四節　外匯部位的意義

外匯部位（Foreign Exchange Position，簡稱 FX Position）係指銀行承做外匯買賣所產生的買賣差額。銀行應客戶的要求從事外匯買賣而有未軋平其外匯部位時，將產生所謂的「匯率風險」。銀行對於其未結平的開放部位（Open Position）所作的避險交易，由於金額較大，且承做條件與一般客戶不易配合，所以銀行常與其他銀行進行此類的避險交易，也就是當外匯部位有買超時，將多餘的部位售予賣超銀行；而當外匯部位有賣超時，則自買超銀行補入不足部位。這種銀行間的外匯交

易又稱爲拋補交易（Cover Exchange），銀行對客戶的交易將使銀行的外匯部位經常出現失衡，而使銀行處於匯率風險之中。這種失衡有下列三種情況：

1.銀行買入外匯多於賣出外匯，稱爲外匯超買（Overbought），或稱買超部位（Overbought Position）或多頭部位（Long Position）。

2.銀行賣出外匯多於買入外匯，稱爲外匯超賣（Oversold），或稱賣超部位（Oversold Position）或空頭部位（Short Position）。

3.銀行買入外匯等於賣出外匯，稱爲外匯軋平或結平（Square），或稱軋平或結平部位（Square Position）。

另外，由於外匯交易涉及兩種貨幣的兌換，因此，一筆外匯交易將使兩種貨幣部位出現相反方向的變化，也就是當一種貨幣出現買超，則與之交易的另一種貨幣將出現賣超。例如，某銀行以新臺幣買入美元，將使該行的新臺幣部位減少，而使美元外匯部位增加；又如某銀行以美元買入英鎊，將使該行的美元外匯部位減少與英鎊外匯部位增加。

至於銀行的整個外匯部位是買超或賣超，則須選擇一種貨幣作爲基準，以顯示及衡量整個外匯部位情況。一般而言，我們可以利用兩種貨幣作爲外匯部位的衡量基準，一爲以「本國貨幣」（新臺幣）作爲基準，其所表示的外匯部位稱爲「銀行外匯部位」（Bank position），二爲以「美元」作爲基準，其所表示的外匯部位爲「交易員外匯部位」（Dealer position）。這兩種外匯部位除了貨幣基準不同外，銀行外匯部位所涵蓋的範圍大於交易員外匯部位，因爲外匯銀行可能持有某些外匯資產，而它們並不考慮經由銀行間拋補交易來規避風險，例如海外長期投資之外匯資產，而這類外匯資產並不包括在交易員外匯部位內。

以下，我們分別以表 12-1 與表 12-2 說明銀行外匯部位與交易員外匯部位的買賣超情況。顯然的，由表 12-1 可知，以新臺幣爲基準所表示的銀行外匯部位有新臺幣 31,569.8（千元）的賣超，而由表 12-2 可知，

以美元為基準所表示的交易員外匯部位有美金260.78（千美元）的賣超。

表12-1　甲銀行的銀行外匯部位（以新臺幣為基礎）

幣別	原幣		折合匯率	新臺幣	
	買超	賣超	（NT$/1單位外幣）	買超	賣超
美元	1,000		25.45		25,450
英鎊		150	39.70	5,955	
馬克	600		16.12		9,672
瑞士法郎		160	18.02	2,883.2	
日圓	10,000		0.2036		2,036
港幣	1,000		3.25		3,250
				8,838.2	40,408
淨外匯部位				31,569.8	

1993年12月31日　　　　單位：1000

表12-2　銀行的交易員外匯部位（以美元為基礎）

幣別	原幣		折合匯率	美元	
	買超	賣超	（外幣／US$）	買超	賣超
英鎊		150	1.5550*	233.25	
馬克	600		1.5800		397.75
瑞士法郎		160	1.4070	113.72	
日圓	10,000		123.75		80.81
港幣	1,000		7.7405		129.19
				346.97	607.75
淨外匯部位				260.78	

1993年12月31日　　　　單位：1,000

＊註：英鎊的報價方式為例外，為一英鎊折合若干美元。

　　一般而言，由於美元具有國際通貨的性質，為國際收支之工具，而且國際外匯市場對所有貨幣均以美元為報價基礎，因此銀行的外匯交易

員對於其所經營買賣的其他各種外幣外匯部位,均以美元作爲基準貨幣,以衡量其所持有的外匯風險, 因此, 交易員外匯部位是反映銀行的整個外匯的淨風險(Net Exposure)

第五節 外匯交易對外匯部位及資金流量的影響

外匯銀行不論是爲對客戶或銀行同業的外匯交易需要, 一般都在國外的往來銀行設立活期存款帳戶,以存放買入的外匯或支付賣出的外匯。總之, 外匯銀行在國外的同業存款帳戶之餘額將顯示該銀行的外匯資金流量狀況, 而本國該銀行的外匯登記簿所記載的外匯交易狀況則將顯示該銀行的外匯部位。

一、即期交易與遠期交易

同時使外匯部位及資金流量產生變化的交易。

㈠即期交易

一筆即期交易會同時影響外匯部位及存放國外同業的外匯資金。例如: 某銀行現有美元外匯部位 100 萬元。該行以即期交易方式售予甲客戶 10 萬美元, 則在交易後, 該行的美元外匯部位減少 10 萬美元, 而成爲 90 萬美元, 同時該行因指示其在國外同業支付 10 萬美元予甲客戶, 致其存放國外同業之美元外匯資金亦減少 10 萬美元。

㈡遠期交易

一筆遠期交易, 在成交時只影響外匯部位, 而不影響外匯資金, 直至該筆交易屆交割日時, 才會使外匯資金發生變化。例如, 上述某銀行於 1993 年 9 月 1 日持有美元外匯部位 100 萬元,於當日應乙客戶之要求

購入三個月遠期美元 10 萬元，交割日爲 12 月 1 日。經此筆交易後，該銀行的美元外匯部位增爲 110 萬美元，而該行在國外同業存款餘額仍維持不變，直至 12 月 1 日交割時，該行交付美元等值的新臺幣予乙客戶，同時自乙客戶收進 10 萬美元時，該行在國外同業存款餘額才增加 10 萬美元。

二、換匯交易

不影響外匯交易，但會使資金流量產生變化的交易。

(一)即期對遠期的換匯交易

假設甲銀行於 1993 年 9 月 1 日向乙銀行承做一筆即期交易對三個月遠期交易。甲銀行於 9 月 1 日以即期交易向乙銀行買入 100 萬美元，並於 12 月 1 日向乙銀行賣出 100 萬美元。在此一情況下，甲銀行的外匯部位並未因外匯之一買一賣而有變化，因此，此種換匯交易並不影響外匯部位。但對甲銀行的國外同業美元存款餘額而言，9 月 1 日向乙銀行買入即期美元 100 萬元，將立即使其美元的外匯資金增加 100 萬美元，至 12 月 1 日時，其美元的外匯資金才減少 100 萬美元。因此，在 9 月 1 日至 12 月 1 日的三個月間，甲銀行所持有的外匯部位與其存放國外同業的外匯資金不相等。

(二)遠期對遠期的換匯交易

此一情況較爲複雜，但其意義相同。假設甲銀行於 1993 年 9 月 1 日向乙銀行買入一個月期美元 100 萬元，而又賣出三個月期美元 100 萬元。同樣的，甲銀行的外匯部位並未改變，但在 10 月 1 日，甲銀行的存放國外同業的外匯資金將增 100 萬美元，直至 12 月 1 日才減少 100 萬美元。因此，雖然在 9 月 1 日至 10 月 1 日這段期間，外匯部位與外匯資金相等，但在 10 月 1 日至 12 月 1 日間外匯部位仍不變，而外匯資金已增加 100 萬美元。因此，二者並不相等。

第六節　外匯部位的控管

　　隨國際貿易之發展及資本移動之自由化，外匯交易量大為增加，而在浮動匯率體系下，匯率波動亦隨之增大。因此，銀行在外匯交易運作中，若無適當之部位控制，將遭受損失。尤其，我國外匯管理趨向自由化、國際化之際，各外匯銀行及境外金融單位在從事外匯交易時，對外匯部位之控管更應特別注意，以免發生嚴重匯損。

　　理論上，不同外幣的長、短部位不能互抵，因為各外幣的匯率波動幅度不一，風險程度自然不同。實務上，因國際慣例多以美元作為計價媒介，為方便匯率風險的管理，均將各外匯部位換算成美元部位。例如，甲銀行以 1US$＝105.50JPY 的價格買入 100 萬美元，則甲銀行的外匯部位有二種方式表示，一為甲銀行持有 100 萬美元多頭部位或甲銀行持有 1 億 550 萬日圓空頭部位。此外，若甲銀行另外持有 70 萬美元對馬克的空頭部位，欲表示甲銀行的外匯部位，仍應分開計算美元對日圓部位及美元對馬克部位，而不宜表示成甲銀行持有 30 萬美元多頭部位。

　　銀行為有效控管外匯部位，通常會對各幣別的外匯部位及交易員可操作之外匯部位設立限額，以避免過大的匯率風險。

一、晝間限額（Daylight Limit）

　　指銀行在日常營業時間內，授權交易員可持有外匯部位之最大額度，除分別對各種外幣設立此限額外，亦可同時設所有幣別合計之營業時間內總和限額(Override Limit)，正如前述，不同外幣之多頭、空頭部位不能互抵，因此，總和外匯部位的計算方式為各外幣部位折合等值美元之總和。延續前例，甲銀行之總和外匯部位為 170 萬美元。

二、隔夜限額（Overnight Limit）

隨著國際化的脚步，目前國際外匯市場可說是全球性 24 小時之市場,匯率變動是 24 小時持續進行,亞洲地區銀行於其當地營業時間終了,若仍持有外匯部位，依然會因為歐、美外匯市場匯率變動，而承擔匯率風險，因此，銀行有必要對營業時間終了後的外匯部位設立限額，以規避匯率風險。

三、停損限額（Stop Loss Limit）

交易員從事外匯交易，難免有判斷錯誤之時，為避免銀行因交易員判斷錯誤而蒙受重大損失，必須設立停損限額，規定交易員所持有的外匯部位，因外匯匯率變動所造成的損失達到此一限額時，即應軋平所持有部位，以避免銀行承擔更大的匯率風險。

第七節　銀行間外匯交易實例

一、外匯交易慣用術語

1. Value Today：當日交割。
2. Value Tomorrow：次營業日交割。
3. Value Spot：即期交割；第二營業日交割。
4. Overnight (O／N)：當日交割、次營業日到期之隔夜資金操作。
5. Tom／Next (T／N)：次營業日交割、第二營業日到期之一日資金操作。
6. Spot／Next (S／N)：第二營業日交割，再次營業日到期之一日資金操作。

7.Given：依議定利率貸放資金。

8.Taken：依議定利率借入資金。

9.Off：取消掛牌。

10.Bid (Pay)：欲以某特定利率貸放資金。

11.Offer (Give)：欲以某特定利率借入資金。

12.Under Reference：僅供參考的報價。

13.One-Try：給予經紀商一極短有效時間撮合交易。

14.Done：成交。

15.At My Risk：表示對對方所報價格不欲成交。

16.Your Choice：報價者僅報一個價格，而詢價者可用該價格選擇
　　　　　　　　買或賣，一般而言，詢價者不該拒絕交易。

二、銀行間外匯交易實例說明

㈠即期交易

Hi Hi Friend, Spot US$／YEN in one PLS
（您好，請問 100 萬美元之日圓即期匯率?）

Spot Yen at 102.80／90
（即期日圓匯率 102.80／90）

90 Done, We Buy 1 MIO US$ against YEN at 102.90, Value 8 APR
94
My YEN to Mitsubishi Bank, Tokyo, PLS
（成交於 90，本行以 1US$＝102.9 YEN 的價格買入等值 100 萬美元的
日圓，交割日為 1994 年 4 月 8 日請將日圓匯入本行設於三菱銀行，東京
分行之帳上）

All agreed, at 102.90 We sell 1 MIO US$ against YEN, Value 8
APR 94, My US$ To CITI NY PLS

（本行以 1US$＝102.9 YEN 的價格賣出等值 100 萬美元的日圓，交割
日爲 1994 年 4 月 8 日，請將美元匯至本行設於花旗銀行紐約分行之帳
上。）

㈡遠期交易

Hi Hi Friend, FUBON BANK here, PLS Quote 1 M FW US$
against DEM over Spot For 1 MIO US$.

（您好，這裡是富邦銀行，請問 100 萬美元的馬克之一個月遠期匯率）

MOM PLS

（請稍等）

We make you 1.6780/95

（本行報價 1.6780/95）

OK, at 1.6780 We sell 1 MIO US$ against DEM Value 9 MAY 94,
My DEM To Dresdner Bank, FFT PLS.

（好的，於 1.6780 本行賣出 100 萬美元，交割日爲 1994 年 5 月 9 日，請
將馬克匯至本行設於德商德利銀行、法蘭克福分行帳上）

All Agreed, We buy 1 MIO US$ at 1.6780 value 9 MAY 94, My
USD To CITI NY PLS

（好的，本行以 1 US$＝1.6780 DEM 的價格買入 100 萬美元，請將美
元匯入本行設於花旗銀行紐約分行帳上。）

㈢換匯交易

Hi Hi Friend, FUBON BANK here, O／N YEN Swap For YEN 10

MIO PLS

　（您好，這裡是富邦銀行，請問日圓 1,000 萬之隔夜換匯報價）

MP

　（請稍等）

0.15／0.05

　（價格為 0.15／0.05）

0.05

We B／S YEN 10 MIO value 6-7 APR, 1994

Yen Over A／C and our US$ To CITI NY

　（於 0.05，本行今日買入 1,000 萬日圓，同時於隔日賣出同等金額日圓，即期交割日 1994 年 4 月 6 日，遠期交割日 1994 年 4 月 7 日，本行日圓直接匯入設於貴行之帳上，美元則匯入本行設於花旗銀行，紐約分行帳上）

All Agreed, We S／B 10 MIO YEN value 6-7 APR 94 Rate is

102.5005 against 102.50

Yen Over A／C

Our US$ to Chase, NY PLS

TKS VM For the Deal and have a nice day, Bi.

　（好的，本行今日賣出即期日圓 1,000 萬，同時於隔日買入同等金額日圓，即期交割日 1994 年 4 月 6 日，遠期交割日 1994 年 4 月 7 日，日圓直接於貴行設於本行之帳上交割，美元則請匯至本行設於大通銀行，紐約分行之帳上。同時感謝您的交易並祝您有愉快的一天。）

第十三章　我國外匯市場概況

　　我國以往因無外匯市場，進出口所獲得的外匯淨收入或國外資本的流入，均由中央銀行購入而轉放出等值的新臺幣，因此，很難使長期以來居高不下的貨幣增加率減低。如果建立了外匯市場，出口所獲得的外匯，不需兌換成新臺幣，可逕行存入外匯指定銀行運用，則可收穩定國內金融與物價的效果。

　　又以往無外匯市場，在固定匯率制度下，每次匯率調整的間隔時間較長，而且調整幅度較大，往往使工商業者蒙受匯率變動的重大損失。如民國 67 年 7 月 11 日中央銀行調整美元對新臺幣匯率，由 1 比 38 變爲 1 比 36，新臺幣對美元升值 5.56%，就使有些出口廠商在一夜之間，損失不小。一旦外匯市場建立後，匯率的變動雖屬頻繁，但進出口廠商可以預測匯率的漲跌，而採取預售或預購外匯的方式，規避匯率變動風險，反使精明的工商業界能夠收到正常穩健經營的效果。

　　爲實施機動匯率制度必須建立外匯市場。我國長期以來實施嚴格的外匯管制，所有出口所獲得的外匯或國外資本的流入，均須結售予中央銀行或其指定銀行，進口所需外匯，均須向中央銀行及其指定銀行結購。爲建立外匯市場，勢必放棄如此嚴格的外匯管理。然而，長期以來的嚴格外匯管制如突然完全放棄管制，則金融界與工商企業界勢必不易適應，並且很可能變爲投機盛行，終將造成外匯市場的動盪不安，恐會妨礙經濟的穩定與發展。

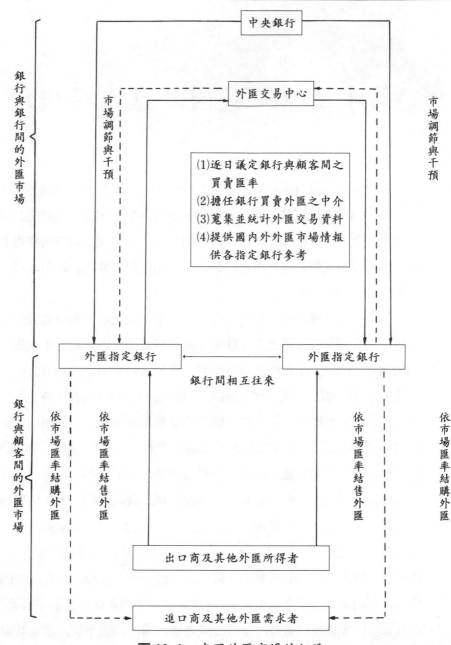

圖 13-1 我國外匯市場的組織

第一節　我國外匯市場的組成

我國於民國 68 年 2 月建立外匯市場。一般言之，其組織包括兩個附屬的市場，即(1)銀行與顧客間的市場，(2)銀行與銀行間的市場。而一般所稱的外匯市場，則僅指銀行與銀行間之外匯市場而言，因此，如就銀行與銀行間之外匯市場而言，我國外匯市場之組織（參見圖 13-1）可概述如下：

一、外匯指定銀行

外匯指定銀行每日接受顧客買賣外匯，並於市場間進行外匯頭寸之抛補。因此，外匯指定銀行在外匯市場上扮演一個主要角色。迄至民國 81 年 1 月底止，在國內經中央銀行指定的外匯指定銀行計有 315 家，其中本國銀行有 267 家，其餘 48 家則為外商銀行。

二、外匯交易中心

外匯交易中心係由臺灣銀行、第一商業銀行、彰化商業銀行、華南商業銀行及中國國際商業銀行等 5 家銀行所組成。其主要任務在於：(1)參酌外匯供需情況，逐日議定銀行與顧客間之買賣價格；(2)擔任銀行買賣外匯之中介；(3)蒐集及統計外匯交易的資料，並提供國內外的外匯市場情報以供各指定銀行參考；(4)會商有關外匯交易的各項處理手續及費率；(5)研討有關外匯交易的實務；(6)會商其他有關事項等。

三、中央銀行

中央銀行在外匯市場中的主要功能，在於維持外匯市場交易的秩序與匯率的穩定。為達成此任務,中央銀行得隨時干預外匯市場並進行買賣。

外匯市場的型態，通常有所謂具體的市場（Continental 方式）與抽象的市場（Anglo-American 方式）兩種型態。前者指各銀行的代表於一特定時間內，於一特定的處所，相互進行外匯交易的方式。如西德法蘭克福及法國巴黎的外匯市場即屬之。而後者則爲利用電報機、電話等，透過經紀人，相互進行外匯交易的方式，故又稱爲電話的市場或公開的市場。如紐約、倫敦、東京等外匯市場屬之。至於我國銀行與銀行間的外匯市場，由於係利用電話等進行交易，故亦屬抽象的外匯市場。但是，我國此等外匯交易，雖可由交易員直接以電話進行聯繫，惟交易成立後，買賣雙方的銀行必須立即將交易資料電告外匯交易中心彙總，並於次日補送書面紀錄。因此，與國外大多透過經紀人的交易方式，略有不同。

我國銀行間外匯交易的種類，理論上有買斷或賣斷交易（Outright Dealing）與換匯交易（Swap Dealing）等。我國由於外匯管制以及貨幣市場工具有限，因此較少進行換匯交易，此外遠期交易均仰賴中央銀行拋補。所以，我國銀行間的外匯交易幾乎全是即期外匯交易，且只限於有貿易行爲或經中央銀行核准的匯款，一般金融性交易暫不承做。

第二節　我國外匯交易的方式

我國外匯市場的交易係以外匯指定銀行爲中心，分爲兩個市場，一爲外匯指定銀行間交易；另一爲外匯指定銀行與顧客間的交易。交易的對象不同，交易的規則及方式自然不同，茲分別就此兩種交易對象說明我國外匯交易的方式：

一、銀行間外匯交易方式

依中央銀行外匯局（78）臺央外字第（肆）第 00449 號函，外匯銀行間外匯買賣依下列方式辦理：

　　1.指定銀行間美元買賣交易應於每日銀行對外營業時間開始至對外營業時間終止後半小時內，由交易雙方自行買賣或經由外匯經紀商籌備小組代爲撮合。但自行買賣者應於成交後，立即將數量及匯率通知外匯經紀商籌備小組。（註：79 年 2 月 21 日外匯經紀商籌備小組已改組爲「臺北外匯市場發展基金會」）。

　　2.指定銀行得以敍明買、賣匯率及買、賣金額之有效報價（Firm Order），請外匯經紀商籌備小組代爲撮合交易。

　　3.各指定銀行得提供外匯經紀商籌備小組其擬買賣外匯之參考匯率，並得隨時向外匯經紀商籌備小組查詢參考匯率變動情形。

　　4.外匯經紀商籌備小組在路透社、美聯社資訊系統顯示指定銀行所提供之最佳參考匯率，經指定銀行同意者，最佳參考匯率並得顯示其銀行名稱。至其他參考匯率非經個別指定銀行同意，外匯經紀商籌備小組不得提供該銀行名稱予其他查詢之指定銀行。

　　5.美元以外其他外匯買賣匯率及各種外匯遠期買賣匯率，由指定銀行自行訂定。

　　6.即期外匯交易，除交易銀行雙方另有約定外，均應於第二營業日辦理交割。

　　其中，「臺北外匯市場發展基金會」已改組爲「臺北外匯經紀股份有限公司」，並於 83 年 6 月底正式營業。

二、銀行與顧客間外匯交易方式

㈠即期外匯交易方式

　　依中央銀行外匯局（79）臺央外字第（肆）第 02578 號函，自 79 年 12 月 29 日起，銀行與顧客間每筆交易（非現鈔）金額在 1 萬美元以下之匯率由各指定銀行自行訂定，並應於每營業日上午 9 時 30 分以前，於營業場所掛牌公告，10 時以前電話或傳眞外匯局交易科，且匯率之買、賣

差價不得大於新臺幣 1 角整。現金交易則不論金額大小，均無任何價格範圍限制。

除上述規定外，對於大額交易（1 萬美元以上）銀行可依當時市場情形、客戶個別狀況逐筆以議價方式交易。同時，銀行須於營業時間終了後，將與顧客買賣外匯數字通知中央銀行外匯局。

㈡遠期外匯交易方式

民國 80 年 10 月 23 日中央銀行公佈重建遠期外匯市場草案,爲避免因遠期市場的開放造成即期市場匯率過度波動，擬仿英、德、日、法、義等先進國家開放遠期外匯市場之先例，限由具有實質交易的進出口商始得承做。實施的重點如下：

1.銀行外匯部位改採權責制，即期外匯部位與遠期外匯部位合併計算。

2.外匯銀行與顧客之遠期交易只限商品進出口。簽約時廠商應提出足以證明進出口交易之文件，且不得就同筆交易與不同銀行重複簽約。銀行應將逾 10 萬美元（或等值外幣）之遠匯交易資料彙報央行歸戶，俾與實際進出口數字相互勾稽。

3.建立銀行間遠期外匯市場，使銀行遠期外匯買賣超得互通有無。

4.期限以 180 天爲限，但得展期乙次。

5.簽約時顧客應繳納不少於訂約金額 7％之保證金。

6.根據各銀行自 80 年 9 月 1 日至 10 月 15 日之國外負債每日平均餘額調增 20%，作爲各銀行國外負債之新限額，以便利銀行辦理遠期外匯買賣（爲審愼起見，分兩次調增，開辦初一個月內先調增 10%，屆滿一個月後再行調足 20%）。

7.爲使社會大衆對遠期外匯市場之匯率能充分瞭解並立即掌握，央行特商請美聯社及路透社提供即時資訊服務。社會大衆、進出口廠商等如欲參考有關遠期外匯之資訊，可參閱美聯社資訊第 6162, 39116, 39117

等頁，及路透社資訊 NTDA, NTDB, NTDC 等頁。

　　為朝向金融自由化目標，同時鼓勵進、出口廠商利用遠期外匯交易避險，中央銀行於民國83年4月1日修訂有關遠期外匯訂約履約保證金之規定，指定銀行訂約時，應以新臺幣收取不低於訂約金額3％之履約保證金。且保證金之收取，除現金外，得以可靠之擔保品如定期存單等代之。

第三節　我國外匯市場的演變

　　我國外匯市場成立迄今已十年有餘，其間歷經數次重大變革，茲按其時間先後說明如下：

　　㈠民國68年2月1日，我國外匯市場正式成立，係由中央銀行和5家外匯指定銀行（臺銀、中國、第一、華南及彰化商銀）議訂匯率：

　　1.即期匯率

　　即期美元之最高、最低買賣匯率由上述匯率議訂小組議訂，每日並訂有中心匯率，每日中心匯率變動幅度不得超過前一營業日中心匯率之上下0.5％，即期美元匯率決定基礎為外匯市場之買賣超情況。美元以外之掛牌外幣兌換新臺幣匯率係由指定銀行按當日即期美元外匯匯率，參照國際外匯市場開盤及收盤行情，另加預期因素折算公告，除掛牌外幣以外之其他外幣，指定銀行得應顧客要求，依前述計算方式折算並公告之。

　　2.遠期匯率

　　美元各期別遠期匯率由前述議訂小組議訂，美元以外其他外幣遠期匯率由前述5家銀行負責人會商議定，當國際外匯市場不穩定或其他原因而有必要時，則停止部份或全部遠期外匯之議定。

　　㈡民國69年3月3日，中央銀行退出議訂外匯的行列，改由5家指

定銀行議訂中心匯率，旨在使市場供需得以反映於匯率之上，中心匯率變動幅度則由 0.5％擴大為 1％。

㈢民國 70 年 8 月 12 日，匯率的調整依外匯供需並參考實質有效匯率指數之變動，每日中心匯率變動幅度更擴大為上下各 2.25％。

㈣民國 71 年 9 月 1 日起，外匯交易中心依前一營業日銀行間的外匯成交加權平均匯率，作為當日即期美元的中心匯率，每日中心匯率的變動幅度仍為上下 2.25％。此外，廠商交易額在 3 萬美元以下者，其買賣價格按中心匯率加減 5 分，3 萬美元以上者，其買賣價格可在中心匯率的上下 1 角內與銀行自行議價。

㈤民國 72 年 1 月 14 日起，指定銀行開始進行換匯交易，在此之前銀行間市場只有單純的買斷或賣斷交易。

㈥民國 73 年 5 月 9 日起，改變遠期外匯的訂價方式，允許各銀行在規定範圍內，自行訂定遠期外匯匯率。同年 8 月 24 日買超額度取消之後，各銀行根據個別狀況自行決定欲保留之外匯額度，中央銀行不予規定，至於賣超額則仍維持為 300 美元。

㈦民國 70 年 2 月 5 日，中央銀行對於遠期美元之支持程度降低為 65％，11 月 6 日再次降為 40％；同時中央銀行於 11 月 6 日放寬遠期外匯買賣的限制，凡經核准之一切匯出入款，均得買賣遠期外匯。

㈧中央銀行於 75 年 8 月修改規定，各指定銀行與廠商訂約預購遠期外匯可售予央行之數額，由原來的 40％提高為 90％。

㈨中央銀行於 76 年 5 月 30 日通函各指定銀行，自 6 月 1 日至 7 月 31 日止，各指定外匯銀行每日國外負債總餘額一律以 5 月 20 日之餘額為上限，不得再擴張，且自同日起，央行接受指定銀行拋補遠期外匯成數，亦從九成降為四成。

㈩行政院於 76 年 7 月 9 日決定將管理外匯條例第六條之一、第七條、第十三條及第十七條，四項條文於 7 月 15 日起停止適用。嗣後每營

業日即期美元之中心匯率，由中央銀行指定之「指定銀行」負責人或其代表，根據前一營業日銀行間美元交易價格加權平均計算後訂定，並通知全體外匯指定銀行。凡每筆交易金額在 3 萬美元以下者，銀行向顧客買入之匯率，不得低於中心匯率減新臺幣 5 分；銀行向顧客賣出之匯率，不得高出中心匯率加新臺幣 5 分。每筆交易金額超過 3 萬美元者，由各銀行在中心匯率上下差價新臺幣 2 角之範圍內與顧客商定之。美元現鈔之買賣匯率，由各銀行在中心匯率上下差價範圍內自行訂定並公告之。每日營業中指定銀行得隨時向外匯市場買入或賣出即期外匯，以應其營運上之需要。此外，指定銀行得依其資金成本自行訂定遠期外匯匯率並買賣之。

(十一)中央銀行鑑於我國外匯市場之交易經驗漸趨成熟，可以實施更自由的市場操作，於民國 78 年 3 月 27 日公布新的外匯交易制度，於 4 月 3 日正式實施。新的外匯交易制度廢除了多年的中心匯率制，使新臺幣的匯率更能反映外匯市場的供需情況，我國外匯自由化也向前邁進一大步。

中央銀行改進調整後之外匯市場操作主要內容為：

1.廢止新臺幣對美元加權平均中心匯率。

2.取消每日美元與新臺幣交易匯率變動不得超過中心匯率上下 2.25% 之限制。

3.取消銀行與顧客買賣即期美元不得超過中心匯率上下 2 角，以及銀行與顧客買賣美元現鈔不得超過中心匯率上下 4 角之限制。

4.銀行與顧客外匯交易每日上午 10 時開始。10 時前銀行得應顧客要求自行斟酌進行交易。

5.以現有外匯交易中心為基礎成立外匯經紀商籌備小組，儘速成立公司組織之法人，專事外匯交易中介業務，同時擔負中央銀行指定之資料搜集、提供市場資訊等工作。

6.美元以外其他外幣之交易，照目前方式進行。

7.為使非現金之小額美元交易得以逐步適應自由化外匯市場操作，中央銀行已商請 5 家佔外匯市場交易量合計過半數之指定銀行研議「小額結匯議定匯率」，便利非現金之小額美元結匯，並同意採用 5 家主要外匯指定銀行研議下列之結論：

⑴每營業日上午 10 時，由輪值 9 家外匯指定銀行會商議訂適用金額在 3 萬美元以下交易之「小額結匯議定匯率」，並予公告。顧客與外匯銀行外匯交易，在「小額結匯議定匯率」減、加新臺幣 1 角之範圍內訂定買賣匯率。

⑵每營業日上午 9 時至 10 時間，銀行得應顧客要求進行小額（3 萬美元以下）美元外匯交易，以前一營業日之「小額結匯議定匯率」為基礎，按前款方式訂定匯率。

⑶每營業日營業時間中，如銀行間市場美元交易匯率超出前第⑴款所述小額結匯買、賣匯率範圍，且以之成交之金額超過前一日銀行間交易額之 10％或交易時間超過半小時之情況，當天輪值 9 家銀行得再會商重訂「小額結匯議定匯率」，重訂次數不限於一次。但自第一次重訂以後，3 萬美元及以下美元外匯交易之買、賣匯率，則由雙方在「小額結匯議定匯率」減、加新臺幣 2 角範圍內訂定。

⑷輪值 9 家銀行有義務按本項⑴、⑶款所述與顧客進行小額（3 萬美元以下）美元外匯交易。

⑸輪值 9 家銀行之輪值排定秩序為除臺灣銀行、中國國際商業銀行、第一商業銀行、彰化商業銀行及華南商業銀行等 5 家為每日當然成員外，其餘 4 家則由其餘指定銀行分成四組，每組每一營業日有 1 家輪值。

(十二)民國 79 年 2 月 19 日中央銀行廢除「小額結匯議定匯率」，外匯匯率完全由各外匯指定銀行自行訂定。

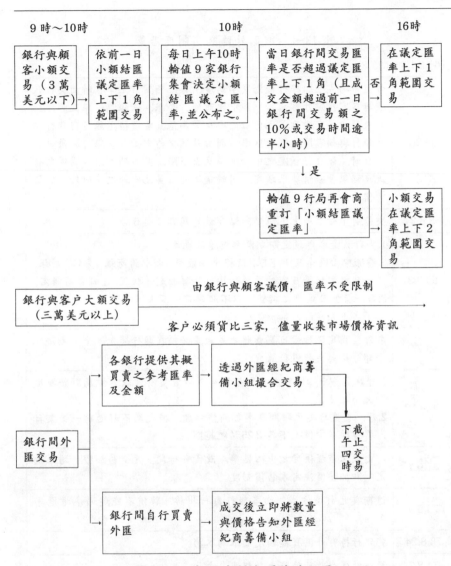

圖 **13-2**　新匯率制度運作流程圖

表 13-1 我國外匯交易制度沿革

(68.2.1～82.11.8)

68.2.1	外匯市場成立，採行機動匯率制度。每一營業日上午 8 時由央行代表與 5 家指定外匯銀行（即中國商銀、臺銀、華銀、一銀及彰銀）代表開會議定當日美元中心匯率及最高低買賣價格。銀行與銀行間及銀行與顧客間之買賣匯率，則由外匯交易中心 5 家銀行於每日上午 9 時，依央行議定之中心匯率及上下限，並參酌外匯市場供需狀況及國際金融情勢來議定，同時議定當日美元以外之其他外幣的買賣價格。
68.8.21	央行將中心匯率上下限變動幅度放寬爲各 2 角 5 分。
69.3.3	1.央行放棄參與設定即期匯率與遠期匯率。 2.廢除中心匯率及上下限，改採單一匯價，由中國商銀、臺銀、華銀、一銀與彰銀等 5 家外匯銀行按市場買賣超等狀況,逐日會商議定。 3.每一營業日匯率之調整，以不超過前一營業日買賣匯率中價之上下各 1 ％爲限。
69.7.3	各外匯指定銀行當日買賣超之差額，必須在銀行間先軋平，無法軋平部分得與央行進行買賣。
70.8.12	1.外匯交易中心議訂美元即期匯率，以實質有效匯率做爲調整幅度大小之依據。 2.每一營業日美元即期匯率之調整幅度，擴大爲不超過前一營業日買賣匯率中價上下各 2.25％之範圍內。
71.9.1	將由顧客市場決定之中心匯率，改由銀行間美元交易加權平均來決定，即批發價決定零售價制度。
73.5.9	遠期美元訂價方式，由各銀行自行掛牌，牌價不能超過參考匯率 1 ％。
73.8.24	將銀行持有外匯買超額度之限制取消。
74.8.7	實施外匯存款及外幣存款利率自由化。
75.8.5	各指定銀行每日承做的外匯交易，每筆金額的九成，應一律向央行按訂約價格拋補，不得再至即期市場拋補。
76.6.1	外匯指定銀行遠期外匯交易拋補成數，由九成降爲四成，國外負債餘額，不能超過五月底的總餘額。

76.7.15	中央銀行全面改革外匯管理架構。銀行外匯交易,除美元之外,各種外匯之即期買賣牌價均由各銀行自由訂定,幣別種類亦不限制。外匯管制放寬,每年結匯匯出額度提高為 500 萬美元。匯入款上限訂為 5 萬美元。
76.10.1	解除銀行國外負債總餘額的規定及現金制部位計算等限制。
76.10.3	央行緊急決定,再度凍結外匯銀行國外負債餘額。
76.11.6	中央銀行通知各外匯銀行,凡是銀行把顧客已交割的遠期美元挪用拋空,必須立即補回。
78.3.27	宣佈採用日本模式,推動匯率制度自由化,成立外匯經紀商籌備小組,除小額外匯交易外,銀行間交易與大額交易均自由化。
78.6.10	中央銀行宣佈放寬民間匯入款項為 20 萬美元。
78.8.1	中央銀行宣佈,自 8 月 7 日起建立外幣拆款市場,同時表示為促進美元拆款市場發展,提供初期「種籽基金」30 億美元。
78.9.7	中央銀行宣佈放寬民間匯入款項為 50 萬美元。
78.11.10	中央銀行宣佈放寬民間匯入款項為 100 萬美元。
78.12.20	中央銀行宣佈,自 12 月 21 日起,各外匯指定銀行之即期外匯淨賣超額度,由 300 萬美元提高為 600 萬美元。
79.1.17	中央銀行宣佈廢止「指定用途信託資金投資國外有價證券業務」之信託期限規定,投資人向承辦銀行購買海外基金時,不受中央銀行贖回期間之限制。
79.2.21	中國國際商業銀行、世華銀行、華僑銀行及上海銀行各捐助新臺幣 30 萬元成立了「臺北外匯市場發展基金會」,其主要任務為提供銀行間外匯買賣、換匯交易及拆款之仲介。
79.6.23	中央銀行規定,外匯存款無息轉存中央銀行之比例分別為活期外幣存款 29%,定期外幣存款 13%。
79.12.28	中央銀行宣佈,銀行與客戶間之外匯買賣,每筆交易金額在 1 萬美元以下之匯率,由各指定銀行自行訂定,但買匯與賣匯之匯差不得大於新臺幣 1 角。
80.2.8	外匯市場發展基金會與新加坡外匯經紀商 Astley & Pearce 公司連線辦理外幣拆款業務。
80.3.14	中央銀行宣佈,調整民間匯入款及匯出款限額,每人每年限額調整為 300 萬美元。

80.6.22	中央銀行開放外匯指定銀行與客戶辦理外幣間換匯交易及保證金交易業務。
80.9.11	中央銀行宣佈開放外匯指定銀行辦理投資國外有價證券的外幣信託資金業務。
80.10.31	中央銀行宣佈自 11 月 1 日起，重新開放遠期外匯市場。
81.10.7	中央銀行宣佈民間匯出、入款限額調整爲 500 萬美元。
82.8.9	修正「民間匯入款項結匯辦法」，放寬公司、行號及團體亦得比照個人享有每年 500 萬美元匯入款之結售額度。並訂於 83 年 1 月 5 日起，公司行號之匯出、入限額由 500 萬美元提高爲 1,000 美元。
82.8.11	爲進一步促成我國外匯市場之發展，中央銀行、財政部、經濟部等相關主管機關共同擬訂了「外匯經紀商許可要點」，並於民國 82 年 8 月 11 日公佈實施。
82.8.19	放寬外資機構投資國內證券總額度由 25 億美元提高爲 50 億美元。
82.11.8	外資機構投資國內證券於匯出本金 3 個月內再行匯入投資時，無須重新申請許可。

第四節　外匯業務

　　中央銀行依據管理外匯條例第五條第二款及中央銀行法第三十五條第二款的規定，訂定「中央銀行管理指定銀行辦理外匯業務辦法」，銀行須依辦法規定檢具財政部核准設立登記之證明文件，向中央銀行申請爲指定辦理外匯業務銀行，簡稱「外匯指定銀行」。指定銀行之分行，除可辦理外幣收兌業務外，亦可由其總行向央行申請爲指定銀行。

　　指定銀行依據辦法第四條，經央行核准後得辦理下列外匯業務之全部或部份（由央行審定後載明於指定銀行證書中）：

　　1.出口外匯業務。

　　2.進口外匯業務。

　　3.一般匯出及匯入匯款。

4.外匯存款。

5.外幣存款。

6.外幣擔保付款之保證業務。

7.中央銀行指定及委託辦理之其他外匯業務。

同時，依據辦法第七條中央銀行向指定銀行宣佈外匯措施及業務處理辦法以通函爲之，茲將外匯指定銀行一般辦理之外匯業務分項說明如下：

一、 出口外匯業務

㈠出口結匯、託收及應收帳款收買業務：

銀行應憑廠商提供的交易單據辦理，其中結匯爲新臺幣者，新掣發出口結匯證實書，而存入外匯存款、轉匯他行、扣還貸款等未結售爲新臺幣者，應掣發其他交易憑證，同時應於承做的次營業日，將辦理本項業務所掣發之單證，隨交易日報送交中央銀行外匯局。

㈡出口信用狀通知及保兌業務

銀行應憑國外同業委託之文件辦理。

二、 進口外匯業務

㈠開發信用狀、辦理託收、匯票之承兌及結匯

銀行應憑廠商提供之交易單據辦理。其中開發信用狀保證金之收取成數由原先不得少於開狀金額 10% 之規定，自民國 83 年 4 月 1 日起修定爲由指定銀行自行決定。廠商所需之外幣以新臺幣結購者，應掣發進口結匯證實書；而以外幣存款、外幣貨款、外幣現鈔等支付者，應掣發其他交易憑證，同時應於承做之次營業日，將辦理本項業務所掣發之單證，隨交易日報送交中央銀行外匯局。

三、匯出及匯入匯款業務

(一)匯出匯款業務

銀行應憑個人或廠商填具有關文件並查驗身分文件或登記證明文件後辦理；其中以新臺幣結購者，並應依「民間匯出款項結匯辦法」之有關規定，憑「民間匯出款項結購外匯申報書」方得結匯，銀行應協助申報人據實申報。其中以新臺幣結購者應掣發賣匯水單，而以外匯存款、外幣貨款、外幣現鈔等匯出者，應掣發其他交易憑證。

(二)匯入匯款業務

銀行應憑個人或廠商提供之匯入匯款通知書，或外幣票據或外幣現鈔；同時查驗身分文件或登記證明文件後辦理，其中結售為新臺幣者，應依「民間匯入款項結匯辦法」的相關規定，憑「民間匯入款項結售外匯申報書」方得結匯，銀行應協助申報人據實申報。

四、外匯存款業務

銀行應憑個人或廠商提供之匯入匯款通知書、外幣貨款、外幣票據、外幣現鈔、新臺幣結購之外匯及存入文件辦理，但不得以支票存款及可轉讓定期存單之方式辦理，且不得憑以質押承做新臺幣授信業務。其中以新臺幣結購者應依「民間匯出款項結匯辦法」規定辦理，以外匯存款結售為新臺幣者應依「民間匯入款項結匯辦法」規定辦理。而存款利率則由銀行自行訂定公告，同時須依中央銀行外匯局所訂定之轉存央行規定辦理轉存。銀行並應逐日編製外匯存款日報，於次營業日隨交易日報送交中央銀行外匯局。

五、外幣貸款業務

承做對象以國內公、民營事業為限，銀行應憑該事業提供之交易文件辦理。其中出口外幣融資期限不得超過 180 天，但遠期信用狀不在此限；進口外幣融資期限亦不得超過 180 天，但進口機器設備者不在此限。外幣貸款不得兌換為新臺幣，但出口後之出口外幣融資不在此限。

對原外幣融資金額不得超過交易金額 90% 的規定，央行於民國 83 年 4 月 2 日起取消。

承做中長期外幣融資者，銀行應於每月 10 日之前，將上個月截至 4 月底止承做此項融資之餘額及其資金來源列表報送中央銀行外匯局。

六、外幣擔保付款之保證業務

承做對象以國內公、民營事業為限，銀行應憑各事業提供的有關文件辦理，至於保證債務之履行則依「民間匯出款項結匯辦法」規定辦理，銀行應於每月 4 日前，將截至上月底止，承做此項保證業務之餘額及其保證性質，列表報送中央銀行外匯局。

七、中央銀行指定及委託辦理之其他外匯業務

銀行應依中央銀行相關之規定辦理。

第五節　我國現行之外匯管理

一、我國外匯管理之演變

現今中央銀行對外匯市場之管理可分為兩部分，分別是外匯管制與匯率管制。其管制的目的無非在於穩定金融，避免因新臺幣大幅流動以及匯率波動過劇，而對國內貨幣供給、物價造成不利的影響。央行對外匯及匯率管制的演變可由表 13-2 及表 13-3 說明之。由其中可知，央行

表 13-2 我國外匯管制之演變

時間	説明
68.2	外匯市場建立，准許廠商持有外匯，惟外匯所得必須匯回，並全數結售於中央銀行。
69.1	民國 69 年 1 月，廠商因出口所得的外匯收入，可以開立外匯存款帳戶，不須全額結售央行。
74.8	74 年 8 月，外匯及外幣存款利率自由化，以利外匯供需的調節。
76.3	76 年 3 月，大幅放寬對廠商無形貿易支出（勞務支出）結匯之限制。
76.7	76 年 7 月，外匯管制解除，外匯所得可不須匯回，廠商及個人可自由結購外匯。每人每年 500 萬美元以內的匯出款和 5 萬美元以內的匯入款，皆無須央行核准。
78.6	78 年 6 月，每人每年匯入匯款限制上限，由 5 萬美元提高爲 20 萬美元。
78.9	78 年 9 月，每人每年匯入匯款限制上限，由 20 萬美元提高爲 50 萬美元。
78.11	78 年 11 月，每人每年匯入匯款限制上限，由 50 萬美元提高爲 100 萬美元。
80.3	80 年 3 月，每人每年匯出及匯入匯款限制上限，一律改爲 300 萬美元或等值外幣。
81.10	81 年，每人每年匯出及匯入匯款限制上限，一律改爲 500 萬美元或等值外幣。

表 13-3 我國匯率管制之演變

時間	説明
68.2	外匯市場建立，匯率由當時的外匯交易中心擬訂。
71.9	71 年 9 月，採加權平均中心匯率制度，中央銀行透過對外匯市場的干預仍可完全控制匯率。
76.7	76 年 7 月，外匯開放。銀行與顧客間大額交易及現金交易之議價範圍擴大。但仍不得超過當天中心匯率上下各 2.25%。
78.4	78 年 4 月，廢止加權平均中心匯率制度，銀行間美元交易價格沒有任何限制；銀行與顧客間設立小額交易議訂匯率之安排。
79.12	79 年 12 月，取消小額議定匯率制度。各外匯銀行自行訂定小額結匯買賣價格。

不論對廠商或個人在外匯買賣或持有以及匯率的制訂上, 都已大幅放寬, 換言之, 我國政府對外匯管制已逐漸放鬆。

　　上述的各項管制, 近年來在國際外匯市場改革的趨勢及金融自由化的潮流之下已逐漸放寬, 但若要達到金融市場完全自由化的目標, 則央行必須退出干預, 由市場機能去決定外匯應有的價格。

二、放寬管制之外匯制度要點

　　民國 76 年 7 月 15 日, 外匯管制大幅放寬, 同時修訂 8 項相關法令, 分別爲「中央銀行管理指定銀行辦理外匯業務辦法」、「指定銀行買賣外匯辦法」、「民間匯出款項結匯辦法」、「指定銀行辦理外匯業務應注意事項」、「外幣收兌處設置及管理辦法」、「民營事業中長期外債餘額登記辦法」、「外國信用卡收款業務管理辦法」等。其重點有: 進出口貿易外匯收支或無形貿易收支均可自由匯出匯入; 民間廠商及個人的外匯支出需要, 每人每年可自由匯出 500 萬美元; 指定銀行可自行訂定遠期匯率, 而指定銀行須自行在市場中抛補遠匯部位等等。匯率管制的放寬, 則在民國 79 年 12 月 29 日。當時央行宣佈廢止「小額結匯議定匯率」, 1 萬美元以下之小額結匯匯率改由各外匯指定銀行自行訂定, 並於每營業日上午 9 時 30 分以前於營業場所掛牌公告, 惟買賣匯匯率差價不得大於新臺幣 1 角, 美元以外的其他外幣則依國際外匯市場行情換算成交叉匯率。

　　至於「民營事業中長期外債餘額登記辦法」中, 外債之登記須經央行核准, 且爲還款期限超過一年之下列債務中未清償金額:

　　1.國外金融機構 (含中華民國境內之國際金融業務分行) 之借款。

　　2.國外供應商提供分期付款進口之融資。

　　3.國外母公司之貸款。

未經核准登記者, 不列爲中華民國民間外債。

　　在「外國信用卡收款業務管理辦法」中, 於民國 80 年 1 月 28 日曾

做修訂，非指定銀行不得經營外國信用卡收款業務，而且發現下列情事，應立即函報中央銀行：

1.外國信用卡簽帳單未透過經核准辦理其收款業務之指定銀行向國外收款者。

2.在國內使用外國信用卡，其簽帳單收款業務在國內尚無經核准辦理之指定銀行者。

管理外匯的目的在「管理外匯條例」第一條即開宗明義說明，制定本條例的目的在「平衡國際收支，穩定金融」，而國際收支乃一國一定時期各種對外收支關係的綜合情況，其收支結果反映一國銀行體系資產負債的變化。順差將使銀行體系國外資產增加，而本國貨幣供給額亦隨之增多，形成貨幣及物價膨脹壓力。反之，逆差則造成貨幣及物價緊縮的壓力。是以國際收支不平衡，無論逆差或順差，均將對國內金融產生衝擊作用。因此，為平衡國際收支，穩定金融，即須採取適度之外匯管理。

在新的外匯交易制度下，新臺幣匯率將更能反映外匯市場的供需情況，發揮價格機能，但廠商則將承擔更大的匯率變動風險。因此，如何有效運用規避匯率風險操作，並加強各種因應策略，實為國內廠商今後有必要注意並學習之事。

第十四章 外匯風險管理

第一節 外匯風險的類型[1]

外匯交易的風險大概可分爲三大類,一爲由價格變動所引起的風險,例如利率及匯率變動的風險;一爲由交易對手所引發的風險, 例如信用風險;再者有交易員本人引起的風險, 如流動性風險等, 茲分述如下:

一、匯率風險

由於外匯市場供需的變動使得外匯匯率起伏不定。因此,匯率波動的風險爲從事外匯買賣銀行所無法避免的。當一個外匯銀行向其客戶或其他銀行買入或賣出一筆外匯時, 將使該銀行的外匯部位暴露於匯率波動的風險下。由於匯率在市場上不斷的改變, 縱使外匯銀行立即在市場上再買入或賣出以軋平其部位, 外匯的匯率風險仍然存在。一般而言,自外匯買賣成交時起至外匯交割日止, 這段期間, 匯率若有任何變動,即產生匯率風險。

匯率變動已成爲企業經營不確定的主要原因。尤其是多國籍企業,不但從事進出口貿易及對外投資會產生匯兌風險, 而且其以當地貨幣表

[1]請參閱劉朗著,《外匯交易》, 民國 81 年 10 月初版 3 刷, 聯經出版社印行; 以及姚柏如著,《外匯市場操作》, 民國 79 年 11 月校正再版, 三民書局出版。

示國外子公司的財務報表，必須與母公司的財務報表編製合併報表，故以當地貨幣表示的子公司的報表必須換算成母公司本國貨幣表示。如此，由於匯率變動可能會產生利益或損失。外匯風險的暴露，就是指此種匯率變動可能產生的損益，也就是匯率風險。

二、利率風險

由於外匯部位中未軋平的現金收付頭寸，會因到期日的不同而產生利率風險。例如在 6 月 15 日某銀行淨現金流入有馬克 100 萬，至 7 月 15 日有淨現金流出馬克 100 萬，則在 6 月 15 日到 7 月 15 日一個月中間，若馬克的利率下跌，則該銀行便蒙受利息收入之損失，這種因為現金流入流出無法配合，使得利率波動將帶來收益或損失的不確定性，便是銀行或公司所要面臨的利率風險。

三、信用風險

所謂信用風險，是指交易雙方是否能履行所為承諾的契約，於契約到期時，有償付債務的能力。

在外匯市場，信用風險有二種：

1.為簽訂遠期買賣契約的對方，到期不能或不願履行交割的風險。對方到期不能交割時，必須在即期市場按到期當時的即期匯率補進或拋出，而非按訂約時的遠期匯率，因此須承擔即期匯率變動的風險。

2.為交易對方經營失敗而倒閉的風險，外匯交易在到期日交割前，交易對方宣告破產倒閉無法履約，勢必在市場上按即期匯率進行交易，而須承擔即期匯率變動的風險。

外匯交易為雙方約定未來特定時日，買賣交付特定金額的外幣，因此訂約之後，若外匯買賣之任一方在到期日實際交付行為發生之前，因故未能辦理交割，則另一方必須取消該筆交易，並承擔訂約匯率與違約

當日市場匯率之間的差異所導致的風險。例如 6 月 1 日甲銀行向乙銀行買入美元 100 萬元，對馬克的匯率爲 1 US$＝1.6400DM，交割日爲 6 月 3 日，於 6 月 2 日乙銀行因經營上的問題，無法在 6 月 3 日交付美金 100 萬元，而 6 月 2 日市場上即期匯率爲 1 US＄＝DEM1.6500，甲銀行因原先爲賣超部位美金 100 萬，爲軋平其部位，只得從市場上買入即期美金，價格爲 1 US＄＝1.6500DM，則甲銀行因乙銀行未能如期交割所遭致的損失爲馬克 1,000,000×(1.65－1.64)＝10,000 元。

四、流動性風險

外匯銀行對於外匯交易的現金收支發生不平衡時，可能會產生無法獲得所需資金以彌補現金收支風險的缺口，此一風險稱之爲流動性風險。流動性風險與利率和匯率風險關係非常密切，產生流動性風險的原因，是因爲某一交易的現金收支沒有軋平，沒有軋平的原因是預期利率或匯率會變動，但是現金流入沒有預先安排時，會有無法取得資金的風險，這就是流動性風險。

例如，前述的甲銀行向乙銀行買入美元 100 萬在 6 月 3 日到期交割，需付出馬克 164 萬，收入美元 100 萬，若甲銀行原本在 6 月 3 日亦有一筆 100 萬美元貸款到期，6 月 3 日則此一美元流入與流出的頭寸恰好軋平。假設乙銀行未能在 6 月 3 日交付美元，則甲銀行必須另外去籌措美元以支應貸款的償還；若市場上美元借款利率走升，則甲銀行爲了補足流動性，勢必要以較高的利率借入美金，所以，爲籌足資金所面臨的風險，便稱之爲流動性風險。

五、作業風險

由於外匯交易金額龐大，匯率變動頻繁，一旦發生弊端，可能造成嚴重損失，必須設法防止交易員因錯誤、疏忽、舞弊而發生的損失。外

匯交易員可能因忙中有錯，例如漏填外匯交易單（Dealing Tickets）、誤記成交匯率、資金撥付指示錯誤等，造成匯率不符，資金流向錯誤，導致資金管理上的偏差及資金調度的損失。作業人員因作業疏失容易導致交易紀錄不完整，交易程序不當，交易手續不完備，交割遲延等情形，這些都可能使交易的一方或雙方付出極大的代價。例如：因存款不足，到期款無法償付，發生退票，或者發生利息損失，或須補償對方利息損失等，這便是作業上的風險。

六、國家風險

外匯市場中，交易的對手，即使信用良好，無虞信用風險，但是如其國家政治不安定，政府政策失當或經濟不佳，亦足以導致交易的對手無法履約。例如，限制當地居民資金之流出，或限制國外投資資金之流入。一旦這些法規或限制發生改變，往往會對外匯市場發生重大之影響，而致外匯銀行面臨損失的風險，由於外匯銀行承做外匯交易的對手，其所在國的經濟金融與政治體系發生改變，或外匯管理法令或規定發生變更，可能會使外匯買賣契約無法如期履行，而使銀行產生外匯部位的風險，為處理軋平此部位，外匯銀行可能必須付出更多的成本，這種因交易對手國所採取的干預或限制，導致外匯風險的增加，稱之為國家風險。

第二節　外匯風險的控制及管理策略

一、匯率風險

匯率風險為貨幣匯率起伏所引起的一種無法預測的變化。這種變動有時相當劇烈而突然，對於銀行買超或賣超的部位構成重大的風險。為控制此項風險，外匯銀行必須制定下列之管理方法：

1.對各種不同的貨幣設定晝間限額。外匯銀行對各種貨幣的外匯交易所產生的買超或賣超淨額設定限額，並對每位交易員設定日間買賣外匯的金額。

2.對各種不同的貨幣設定隔夜限額。隔夜限額，即營業結束時，持有某一外幣部位之限額，以避免因政治及經濟事件影響匯率變動，在夜間交易員無法因應這些變動，以致於無法採取立即的應變措施致遭受損失，因此對隔夜的外匯部位加以限制是十分重要的。

3.設定可容忍的最大損失額度。在外匯市場上，因匯率波動瞬息萬變，一旦發生不利的變動時，如果交易員心存翻本扳回的想法從事交易，很可能會使外匯銀行遭受損失如滾雪球般，愈來愈大終至不可收拾。因此，外匯銀行對於每個交易員賦予一個可容忍的損失額度，一旦超過此一額度，交易員必須立刻軋平該外匯部位，以防止更大的損失。

二、利率風險

外匯買賣有時因交割日的不同，造成現金流量的無法配合，即流入不等於流出，這種到期日結構的缺口（gap）會使銀行產生利率風險。因此，銀行應對各種幣別在某一段時間內的缺口予以控管。

為管理銀行的資金缺口，對於外匯交易到期日無法配合的部分，必須設定限額，例如，銀行可針對各幣別，依不同天期：0～90天，91～180天，181～270天，271～360天等，設定其買賣超限額，如此可確知暴露的缺口部位，其期別及金額。遠期交易則通常由於承做的期間不一，有一、三、六個月等等，應對每種期別設定最高的買賣超限額，以降低缺口部位所暴露的風險。對於不同到期日之間的缺口，可以換匯交易的方式來彌補資金流動上的無法配合，以進一步降低利率風險。

例如，甲銀行於 6 月 15 日賣出即期馬克 100 萬，同時買入一個月遠期馬克 100 萬，由於資金流動的情況為：

6 月 17 日　　DM −1,000,000

6 月 17 日　　DM +1,000,000

爲支應 6 月 17 日的馬克現金流出, 甲銀行可向市場借入馬克, 或承做一個月期的換匯交易: 於 6 月 15 日買入即期馬克, 賣出一個月的遠期馬克來規避缺口可能遭受的利率風險。

三、信用風險

信用風險旣是來自交易對手, 則可藉由下列方式管理:

1.對於外匯買賣的對手評估其信用, 並設定交易額度。對外匯交易往來銀行的徵信調查, 應著重其營業狀況, 在外匯市場買賣情形, 並依其資本額、營利能力、管理階層及所在國等因素訂立雙方交易的總額度, 同時定期覆審（Review）此額度是否繼續適用。

2.對於外匯交易之對手, 設定同一日可交割金額之上限。

外匯買賣的金額通常很大, 若是集中與同一家銀行交易, 則將面臨過高的風險, 萬一對手銀行倒閉而未能履行交割義務, 會對銀行本身產生莫大的損失, 因此, 應本著風險分散的原則, 同一對手銀行之每日交割額度應設上限。

四、流動性風險

流動性風險乃由於各種貨幣的現金流入與流出無法配合, 實務上, 在外匯市場和貨幣市場產生的交易難免造成現金流量無法軋平的現象, 此可利用現金流量表來控制流動性風險, 即根據現金流量表, 針對各種貨幣的未軋平部位設定限額加以控管。

㈠日限額（Daily Limit）

對營業當日的現金流量設定限額。爲避免營業當日有過多的閒置資金或產生透支的現象, 因此在資金調度上需在此一限額下, 求有效的運

用資金。

㈡週限額 (Weekly Limit)

即一個星期的資金流量限額，可根據此一限額控制短期內的現金流量狀態。

㈢月限額 (Monthly Limit)

因外匯交易或資金拆借的操作常會跨數月之久，因此就中長期現金流量的控管，需訂定月限額，以避免某一特定月份的現金流量有過多或不足的現象，造成流動性風險增加。

㈣總額度 (Overall Limit)

即將每個月的現金流量乘上該月的參數值，加總成一個總合的現金流量額度。參數的設立是根據每種貨幣的波動程度或到期日距目前遠近的情況來訂定，波動較頻繁或距目前較遠的到期日，其參數值較大。設定總額度可防止現金流量未軋平的情況持續過久而無法控制。

五、作業風險

為了避免作業風險的發生，在每個作業環節上，都必須設置偵錯的步驟。在作業流程的設計上，更必須防範作業人員蓄意所造成的疏失。這種作業人員蓄意造成的疏失，往往造成不可彌補的後果。在 1991 年中，日本一家銀行派駐在美國洛杉磯的外匯交易員，在日幣大貶之際，因其認為在日本的強勢經濟情勢之下，日幣實無大貶的理由，因而大量買進日幣。造成虧損之後，為扳回所賠金額，又偷偷的進行超過所授權額度的交易。直至東窗事發，其個人在二個月內所賠金額已高達美金 2 億 4,000 萬元。惟有適當的偵錯步驟，加上有效率的稽核，才是避免作業風險的不二法門。

六、國家風險

與不同國家之交易對手承做外匯或貨幣市場交易，必須衡量其風險程度，以制定交易額度。此外須注意下列兩點：

㈠對於外匯市場限制較多的貨幣，避免與之進行交易

一般而言，外匯管制嚴格的國家，由於交易之限制較多，其成交量較低。管制愈少的國家，其貨幣成交的數量愈多，此種現象可由外匯市場上顯示，大多數的外匯交易集中於管制較少的一些主要貨幣。

㈡對於世界各國外匯法規或法令的變更，隨時加以注意

一個良好的外匯操作部內，均著重加強訓練其交易員，使之瞭解各國外匯管制的情形，並具備隨時應變制宜的能力。

第三節　銀行避險操作❷

一、拋補

銀行從事拋補之操作，其目的在於調整本身的外匯部位。在現貨市場中，銀行與顧客間的交易，會使銀行產生新的外匯部位，若此一部位過多或並非銀行所期望的，則銀行必須自行到銀行之間外匯市場進行拋補，也就是說銀行為避免風險，當日的交易以逐日軋平為原則。如果當日交易買進大於賣出時為買超，必須拋出外匯。當日交易賣出大於買進時為賣超，必須補進外匯。就遠期外匯買賣方面，廠商將遠期匯率鎖定並將匯兌風險轉嫁給銀行承擔，因此承做遠期外匯的銀行須在即期市場拋補外匯部位。但是銀行固然可以就買進與賣出遠期外匯相抵後之差額，在現貨市場進行拋補。但是如果廠商都預期外匯價格下跌，則大家都會預售遠期外匯，而不願預購遠期外匯，結果，銀行必定產生大量買超，

---

❷黃怡主編，《外匯操作解析》，民國 81 年 10 月修訂 3 版，省屬行庫中小企業聯合輔導中心編撰。

而到即期市場拋售，造成即期匯率波動，美元下跌新臺幣上漲。因此銀行亦可利用遠期市場進行拋補，而降低遠期匯率風險。

二、套匯

已於第十二章第三節談過，在此不予重複。

三、換匯交易

第十二章第二節已提過換匯交易。由於換匯交易為銀行同時買賣相同金額且相同種類外匯，但交易方向相反，且交割日不同，銀行可利用此一交易來規避其外匯資金的風險。其交易之時機及方式分別說明如下：

㈠軋平外幣現金流量

銀行的資金流量因到期日的不同而產生缺口，為避免利率變化帶來資金收付的不確定性，或者因利率變動而影響利息收益，加重利息負擔，可藉由換匯交易之方式，在不影響外匯部位的情況下，平衡外幣資金流量。

舉例說明之。假設甲銀行在 7 月 15 日分別承做了四筆外匯交易：

(1)賣出即期美金 300 萬　　(2)買入 3 個月的遠匯美金 200 萬

(3)買入即期美金 150 萬　　(4)賣出 3 個月期美金 50 萬

以 T 字帳來表示美金即期及遠期的現金流量：

單位：千元

即　　期		三個月遠期			部　　位	
⑶+1,500	⑴−3,000	⑵+2,000	⑷−500	⇒	⑶+1,500	⑴−3,000
	−1,500	+1,500			⑵+2,000	⑷−　500

由上述 T 字帳可了解銀行外匯部位已軋平，但是資金流量有明顯的

缺口。銀行爲規避資金缺口的利率風險, 可以承作換匯交易以平衡資金流量, 換匯交易的作法爲承作一筆 Buy/Sell 美金 150 萬, 即期對 3 個月期, 以軋平資金流量。

(單位: 千元)

Spot USD			3 Month USD	
	(3)＋1500	(1)－3000	(2)＋2000	(4)－ 500
(Buy)	＋1500			－1500 (Sell)

㈡外匯交易之交割日改變

銀行在承作外匯交易時, 時常會有顧客把交割日提前或延展, 而造成資金流量的不平, 爲順應此狀況, 銀行可以承作換匯交易以軋平資金缺口, 以例子說明如下:

假設甲銀行賣出 3 個月的遠期馬克 100 萬給 A 客戶, 交割日爲 9 月 15 日, 同時該銀行爲軋平外匯部位, 在遠期市場買入馬克 100 萬。然而到了 9 月 10 日, 客戶要求延至 10 月 15 日交割, 則甲銀行便出現了資金不均衡的現象:

單位: 千元

DM		DM	
9 月 15 日	＋1,000	10 月 19 日	－1,000

銀行買入的馬克在 9 月 15 日交割, 而對客戶賣出的馬克到 10 月 15 日才支付, 此種情形使得原本資金流量完全配合的狀態被破壞, 甲銀行可藉由換匯交易來平衡資金流量。在 9 月 15 日銀行承做一筆 Sell/Buy DEM (即 Buy/Sell USD) 換匯交易, 交割日爲 9 月 15 日對 10 月 15

日，則資金流量得以完全配合。

單位：千元

	DM			DM	
9 月 15 日	+1,000	−1,000 (Sell)	10 月 15 日	+1,000	−1,000
				(Buy)	

第四節　廠商避險操作❸

　　由於外匯市場管制逐漸放寬，交易愈趨自由化，匯率波動自然比從前來得大，故廠商應注意市場匯率的變動，並加強風險規避能力，下列幾個方法可供參考：

一、從事遠期外匯買賣

　　出口廠商從事商品輸出，為避免匯率變動風險以確保其收入，可以憑售貨契約或信用狀等，按照遠期匯率，預售其外匯與銀行。同理，進口商在輸入商品時，為確定其進口成本，亦可憑輸入許可證或其他規定憑證，向外匯銀行預購其所需之外匯。藉著遠期外匯的買賣，廠商在訂定買賣契約或報價時，即可確定該筆商品交易的收入或支出，而不受以後匯率變動的影響。

---

❸請參閱姚柏如著，《外匯市場操作》，民國 79 年 11 月校正再版，三民書局出版；以及漢斯・雷爾與雷它・M・羅列固斯合著，辛行秀及彭家發合譯《外匯市場之實務與理論》，民國 77 年 7 月 4 版，領導出版社。

二、進出口貿易同時經營並保持平衡

　　匯率無論向上或向下變動，均將對進出口之一方產生不利的影響。匯率上升對出口有利，而不利於進口。相反的，匯率下跌，則對進口有利而不利於出口。因此，進口商為分散匯率變動的風險，可同時經營進出口貿易並儘量保持進出口金額之平衡，使其利害相抵。

三、提前或延後之操作

　　所謂提前，乃指提前償還外幣債務或收取外幣貨款；所謂延後即指延後償還外幣債務或收取外幣貨款。運用時機端視匯率走勢之預測而定。當預期外幣貶值，則提前收取外幣資產及延後償還外債；反之，則提前償付外債與延後收取外幣資產。

四、外銷貸款與外銷貼現之融通

　　出口商當預見外匯收入有貶值之虞時，預先借入該外幣之貸款，換成新臺幣，待外銷收入進帳時再償還貸款。此乃一種拋補或避險之工具。

五、風險分散

　　即避免將所有外匯淨部位均集中在某一種外幣上，設法將出口或進口之計價種類予以分散。出口爭取以強勢貨幣計價，進口則按弱勢貨幣計價。

六、風險消除

　　欲完全規避外匯風險，最單純之作法為不論進出口，皆按新臺幣計價，將匯兌損失完全轉嫁給對方，但若出口商面臨激烈競爭，價格轉嫁程度不高；而進口商面臨壟斷力高的國外賣主時，情形亦然。

七、外匯轉換 (Currency Transfer)

以其他的外匯種類對抗風險,即將其預期收入的弱勢外幣,預售給銀行以換取強勢外幣,把匯兌風險分散到他種貨幣上。

八、保有不同幣別之外匯存款

出口商可就幾種經常使用的主要外幣,保留適當存款金額,以預防匯率變動的風險。如僅保有一種外幣,則當該貨幣幣值持續下跌時將遭受損失,因此,較妥善之對策為分散各種外幣之持有,在匯率變動時,得以相互抵償。

九、貿易契約中訂明由對方承擔風險

匯率變動風險的發生,會因付款時使用貨幣的不同而異。如使用買方貨幣,則買方無風險,但賣方有風險;使用賣方貨幣,則與前述相反;如使用第三國貨幣,則買賣雙方均可能負擔風險。因此,進出口之一方為避免匯率變動風險,可在洽談交易條件時,商妥並訂明於貿易契約之中。

下面以兩個例子說明:

例一:我國出口商畢達公司,出售一批貨品至美國,雙方約定 3 個月後付款,並以美元作為支付貨品的價款。在這 3 個月期間,美元對新臺幣匯率發生變化。假定,此時新臺幣對美元之即期匯率為: 1 US$＝NT$26.50,三個月後,新臺幣對美元之匯率可能分為三種情況:

（美元價位升值） 第一種情況	（美元價位不變） 第二種情況	（美元價位貶值） 第三種情況
即期匯率 26.50	26.50	26.50
三個月後即期匯率 27.50	26.50	25.50
1.00	0	− 1.00

　　上述情況，假定畢達公司沒有採取任何避險措施。第一種情況為三個月後，美元外匯發生升值現象，畢達公司每一美元將可多獲得一元新臺幣。第二種情況為三個月後，美元外匯不發生貶值或升值現象，則畢達公司收取貨款，不會發生額外利潤或遭受損失。第三種情況為三個月後，美元外匯發生貶值現象，畢達公司每一美元將遭受新臺幣一元的損失。所以，三個月後，美元外匯發生升值時，對其有利，發生貶值時，對其不利，如果畢達公司能夠正確預期三個月後美元外匯的趨勢，而採取適當措施，則其將可穩賺不賠。事實上，不盡為然，因為影響外匯價值變動之因素錯綜複雜，因此，為規避外匯匯率波動風險所致之損失，仍必須付出代價，其意義猶如投保所付出的保險費。出口商可選擇向銀行賣出遠期外匯。即預先出售外匯。假定三個月期美元對新臺幣匯率為 1 US$＝NT$26.00，較即期匯率（1 US$＝NT$26.50）為每一美元貼水 NT$0.50。這貼水部份為畢達公司承做遠期交易所付出之避險成本。至於畢達公司承做抵銷風險的預售外匯交易，所付出之最後真正成本，乃決定於三個月後的即期匯率與承做匯率。若其預期外匯價格在未來期間，貶值趨勢多於升值趨勢，每一單位的外匯可兌換的新臺幣數量將會減少，則可提前出售數個月後將收入的外匯，以減少外匯價格繼續貶值所產生的損失。如果以進口商的立場言，若預期外匯價格會升值，即是每一單位的外匯價格所需付出的新臺幣數量將會增加，則進口商可提前

購入數個月後所需的外匯,以降低外匯價格繼續升值所導致的損失。

例二:我國佳鼎公司,向日本購入一批零件做爲生產機器維修之用,預計三個月到達臺灣後付款。雙方約定以日圓支付價款。假定此時日圓對新臺幣匯率爲 1 YEN=NTD0.25,三個月後,日圓對新臺幣匯率,可能有三種情況:

	（日圓升值）第一種情況	（日圓未變）第二種情況	（日圓貶值）第三種情況
即期匯率	0.25	0.25	0.25
三個月後即期匯率	0.26	0.25	0.24
	−0.0100	0	+0.0100

倘若,進口商沒有承做抵銷風險的預購外匯交易。第一種情況下,日圓價值上升,進口商每一日圓必須多付出新臺幣一分。第二種情況,日圓價值不變,則進口商不會發生額外利潤或損失。第三種情況,日圓價值下跌,進口商購買每一日圓可節省新臺幣一分。所以,三個月後日圓外匯價格發生升值時,對進口商不利,外匯價格發生貶值時,對進口商有利。如果進口商發覺日圓外匯價格波動不已且有節節上升的傾向時,應採取避險措施,向銀行預購其所需之外匯,將成本鎖定,則可規避匯率波動的風險。

至於提前及延後操作方式,列於下表:

表14-1　提前及延後操作（以美元成交）

	出　口　商	進　口　商
預期美元升值——對出口商有利而對進口商不利	1.延後出貨或出貨後延期押匯。 2.付款方式改爲賣方遠期信用狀（Seller's Usance），承兌交單（D/A），記帳交易（Open account）等延付貨款方式。 3.以多報少則資金流出。	1.預購遠期美元。 2.付款方式改爲預付貨款如隨定單付現（C.W.O.）及預付現金（C.I.A）。 3.提前開狀，儘快付款贖單或提前償還外幣進口購料貸款。 4.以少報多，則資金流出，但會增加關稅負擔。
預期美元貶值——對出口商不利，而對進口商有利	1.預售遠期美元。 2.付款方式改爲預收貨款，如隨定單付現，預付現金及紅條款信用狀（Red Clause L/C）等。 3.提前出貨，或出貨後儘速押匯。 4.以少報多則資金流入國內。	1.延後開信用狀或贖單，外幣購料貸款延期償還。 2.付款方式改爲延付貨款。 3.以多報少，資金流入國內且可減少關稅負擔。

資料來源：廖振元，《外匯風險管理》，三民書局，民國79年11月增訂再版，p. 237。

第十五章　外匯交易之會計處理及損益計算

第一節　外匯交易損益之計算

一、外匯交易的記錄——外匯部位登記表（Position Sheet）

　　為能詳細而正確的計算外匯交易的損益，我們必須先有系統、有方法的將外匯交易仔細而恰當的記錄下來。部位登記表即是銀行或企業最常用來記錄外匯交易的表格。與一般商品交易最大的不同，每筆外匯交易均牽涉了兩種貨幣的進出，例如，買入美金 100 萬元，如果匯率為 1 US$＝26.8NT$時，則 100 萬美元進帳的同時，亦意味著有 2680 萬元新臺幣的出帳；進帳方面記為借方，表示該帳戶餘額的增加，出帳則記為貸方，表示該帳戶餘額減少。

　　有了上述登記外匯交易的基本原則後，我們即可分別為所有外幣設立部位登記表，而將所有外匯交易依表登記，茲舉例說明如下：

　　假設某商業銀行於 6 月 1 日分別作了下列N筆外匯交易：

　　1.以 1 US$＝26.8NT$之匯率買入 100 萬美元，交割日為 6 月 3 日。

　　2.以 1 US$＝104JPY 之匯率買入 100 萬美元，交割日為 6 月 3 日。

　　3.以 1 US$＝1.67DM 之匯率賣出 50 萬美元，交割日為 6 月 3 日。

　　4.以 1 US$＝26.95NT$之匯率賣出 60 萬美元，交割日為 6 月 3

日。

5.以 1 US$＝105JPY 的匯率賣出 80 萬美元, 交割日為 6 月 3 日。

6.以 1 US$＝1.68DM 之匯率買入 40 萬美元, 交割日為 6 月 3 日。

7.以 1 US$＝27NT$之匯率買入 100 萬的遠期美元, 交割日為 9 月 3 日, 換匯點數為 0.2。

8.以 1 US$＝103.5JPY 之匯率賣出 50 萬的遠期美元, 交割日為 9 月 3 日, 換匯點數為 0.5。

9.換匯交易: 以 1 US$＝1.67DM 之匯率買入 50 萬美元, 交割日為 6 月 3 日, 同時以 1 US$＝1.675DM 的匯率賣出 50 萬美元, 交割日為 12 月 3 日, 換匯點數為 0.05。

各外幣的外匯部位表記錄如下:

美元／新臺幣　外匯部位表

				美元		本地貨幣（新臺幣）	
筆數	訂約日	交割日	匯率	借(買入)	貸(賣出)	借(買入)	貸(賣出)
1	6/1/94	6/3/94	26.80	1,000,000			26,800,000
4	6/1/94	6/3/94	26.95		600,000	16,170,000	
7	6/1/94	9/3/94	27.00	1,000,000			27,000,000
餘額				1,400,000			37,630,000

美元／日圓　外匯部位表

				美元		日圓	
筆數	訂約日	交割日	匯率	借(買入)	貸(賣出)	借(買入)	貸(賣出)
2	6/1/94	6/3/94	104.00	1,000,000			104,000,000
5	6/1/94	6/3/94	105.00		800,000	84,000,000	
8	6/1/94	9/3/94	103.80		500,000	51,900,000	
餘額					300,000	31,900,000	

美元／馬克　外匯部位表

				美元		馬克	
筆數	訂約日	交割日	匯率	借(買入)	貸(賣出)	借(買入)	貸(賣出)
3	6/1/94	6/3/94	1.67		500,000	835,000	
6	6/1/94	6/3/94	1.68	400,000			672,000
9	6/1/94	6/3/94	1.67	500,000			835,000
9	6/1/94	12/3/94	1.675		500,000	837,500	
餘額				400,000			669,500

二、外匯交易損益之計算

正如我們在第十二章外匯交易中所述，銀行應客戶要求從事外匯買賣後，會在外匯市場上作反向操作以軋平外匯部位，並從中賺取匯差，然而，若未能完全軋平外匯部位，此一外匯部位餘額將承受外匯匯率變動的風險，交易員除小心控管銀行全體外匯部位餘額以免超過限額外，亦須隨時以市場匯率重新評估未軋平外匯部位的損益，作適當的調整交易，以確保銀行的外匯交易損益。

一般而言，銀行外匯交易室之外匯交易損益報表，每日會以營業時間終了時的外匯市場匯率作為評估當日外匯交易損益之標準，並假設每筆交易均以該匯率作反向軋平以評估損益，若6月1日下午5:00外匯市場匯率1 US$=26.85NT$，1 US$=104.5JPY，1 US$=1.6750DM，則該銀行6月1日外匯交易損益計算如下：

1.即期外匯交易直接以契約匯率與市場結帳匯率之差異計算損益。

2.遠期外匯交易或換匯交易中之遠期外匯交易，則必須先扣除換匯點數再計算，因為該換匯點數是反映利差所致，必須歸為利息收入或費用（詳見會計分錄）。

在此我們對每一筆交易均假設是以結帳匯率反方向軋平部位來計算

逐筆損益。而由於遠期外匯交易及換匯交易中，另外含有考量時間價值之換匯點數，爲正確衡量外匯交易的損益，也必須扣除換匯點數造成的損益差異。

以美元對臺幣的交易爲例，第一筆銀行以 1 US$＝26.80NT$的匯率買入 100 萬 US$，依假設以結帳匯率 26.85 軋平，則第一筆買賣的損益 爲 1,000,000×（26.85－26.80）＝50,000NT$；第二筆銀行以 1 US$＝26.95NT$的匯率賣出 600,000US$，同法得損益爲 600,000×（26.95－26.85）＝60,000NT$；第三筆銀行以 1 US$＝27NT$的匯率買入 100 萬的遠期美元，其中換匯點數 0.2，此匯差爲補貼時間價值的代價(美元利率低於新臺幣)，因此計算損益時須先扣除，估算損益之成本應爲 27－0.2＝26,80，損益評估則爲 1,000,000(26.85－26.80)＝50,000，評估後，該銀行合計損益爲 160,000NT$（請見次頁外匯部位表）。

以另一角度來看，銀行第一筆以 1 US$＝26.80NT$之匯率買入 100 萬 US$，第二筆再以 1 US$＝26.95NT$的匯率賣出 60 萬美元，對該銀行而言，兩筆外匯交易合計，外匯部位爲淨買匯 40 萬美元，成本在 1 US$＝26.80NT$的匯率，其中已軋平的 60 萬美元部位的損益爲 600,000 乘以（賣匯匯率－買匯匯率）＝600,000×（26.95－26.80）＝90,000NT$，獲利 90,000NT$，第三筆交易以 1 US$＝27NT$的匯率買入 1,000,000 遠期美元，換匯點數 0.2，此換匯點數爲考量時間價值的代價，計算損益時應扣除，故第三筆外匯交易的成本應爲 26.80NT$，則該銀行三筆外匯交易合計外匯淨部位爲 1,400,000US$，平均成本仍爲 26.80，結帳匯率爲 26.85NT$，則評估此未軋平外匯部位之未實現損益爲 1,400,000（結帳匯率－平均成本匯率）＝1,400,000×（26.85－26.80）＝70,000NT$，未實現損益爲＋70,000 NT$，評估後，該銀行損益合計亦爲 160,000NT$。

之後，若該銀行未再作任何外匯交易，則因外匯部位淨買超 140 萬

美元，仍暴露於匯率風險之中，須隨時以市場匯率評估損益，於適當時
機作軋平部位外匯交易，以實現損益，亦唯有完全軋平外匯部位，才能
完全脫離匯率風險，此為銀行交易員管理銀行外匯部位應有之常識。

美元／新臺幣　外匯部位表

筆數	訂約日	金額(美元)	契約匯率	結帳匯率	結帳匯率-契約匯率	調整前損益	換匯點數	換匯點數損益調整	調整後損益
		(1)	(2)	(3)	(4)〔(3)−(2)〕	(5)〔(4)＊(1)〕	(6)	(7)〔(6)＊(1)〕	(5)+(7)
1	6/1/94	1,000,000	26.80	26.85	0.0500	50,000			50,000
4	6/1/94	−600,000	26.95	26.85	−0.1000	60,000			60,000
7	6/1/94	1,000,000	27.00	26.85	−0.1500	−150,000	0.2000	200,000	50,000
	餘額	1,400,000		26.85				損益合計	160,000
									(臺幣)

美元／日圓　外匯部位表

筆數	訂約日	金額(美元)	契約匯率	結帳匯率	結帳匯率-契約匯率	調整前損益	換匯點數	換匯點數損益調整	調整後損益
		(1)	(2)	(3)	(4)〔(3)−(2)〕	(5)〔(4)＊(1)〕	(6)	(7)〔(6)＊(1)〕	(5)+(7)
2	6/1/94	1,000,000	104.00	104.50	0.5000	500,000			500,000
5	6/1/94	−800,000	105.00	104.50	−0.5000	400,000			400,000
8	6/1/94	−500,000	103.50	104.50	1.0000	−500,000	−0.5000	250,000	−250,000
	餘額	−300,000		104.50				損益合計	650,000
									(日圓)

美元／馬克　外匯部位表

筆數	訂約日	金額(美元)	契約匯率	結帳匯率	結帳匯率-契約匯率	調整前損益	換匯點數	換匯點數損益調整	調整後損益
		(1)	(2)	(3)	(4)〔(3)−(2)〕	(5)〔(4)＊(1)〕	(6)	(7)〔(6)＊(1)〕	(5)+(7)
3	6/1/94	−500,000	1.6700	1.6750	0.0050	−2,500			−2,500
6	6/1/94	400,000	1.6800	1.6750	−0.0050	−2,000			−2,000
9	6/1/94	500,000	1.6700	1.6750	0.0050	2,500			2,500
9	6/1/94	−500,000	1.6750	1.6750	0.0000	0	0.0050	−2,500	−2,500
	餘額	400,000		1.6750				損益合計	−4,500
									(馬克)

第二節　外匯交易會計帳務處理

一、即期外匯交易

㈠新臺幣對外幣之即期交易

1.買入外幣時

(1)交易日

（借）應收遠匯款	（外幣）
（貸）兌換－即期	（外幣）
（借）兌換－即期	（NT＄）
（貸）應付購入遠匯款	（NT＄）

(2)交割日

（借）外幣存款	（外幣）
（貸）應收遠匯款	（外幣）
（借）應付購入遠匯款	（NT＄）
（貸）新臺幣存款	（NT＄）

2.賣出外幣時

(1)交易日

（借）應收出售遠匯款	（NT＄）
（貸）兌換－即期	（NT＄）
（借）兌換－即期	（外幣）
（貸）應付遠匯款	（外幣）

(2)交割日

（借）新臺幣存款	（NT＄）
（貸）應收出售遠匯款	（NT＄）

（借）應付遠匯款　　　　　　　　　　　　　　（外幣）

　　　（貸）新臺幣存款　　　　　　　　　　　（外幣）

㈡外幣對外幣之即期交易（買Ａ幣，賣Ｂ幣）

　⑴交易日

　　（借）應收遠匯款　　　　　　　　　　　　　（Ａ幣）

　　　　（貸）兌換—即期　　　　　　　　　　　（Ａ幣）

　　（借）兌換—即期　　　　　　　　　　　　　（NT＄）

　　　　（貸）兌換—即期　　　　　　　　　　　（NT＄）

　　（借）兌換—即期　　　　　　　　　　　　　（Ｂ幣）

　　　　（貸）應付遠匯款　　　　　　　　　　　（Ｂ幣）

　⑵交割日

　　（借）外幣存款　　　　　　　　　　　　　　（Ａ幣）

　　　　（貸）應收遠匯款　　　　　　　　　　　（Ａ幣）

　　（借）應付遠匯款　　　　　　　　　　　　　（Ｂ幣）

　　　　（貸）外幣存款　　　　　　　　　　　　（Ｂ幣）

二、遠期外匯交易

㈠新臺幣對外幣之遠期交易

　1.預購遠期外匯

　⑴訂約日（交易日）

　　（借）應收遠匯款　　　　　　　　　　　　　（外幣）

　　　　（貸）兌換—遠期　　　　　　　　　　　（外幣）

　　（借）兌換—遠期　　　　　　　　　　　　　（NT＄）

　　　　預付利息　　　　　　　　　　　　　　　（NT＄）

　　　　（貸）應付購入遠匯款　　　　　　　　　（NT＄）

　　或（借）兌換─遠期　　　　　　　　　　　　　　（NT＄）

　　　　　（貸）應付購入遠匯款　　　　　　　　　　（NT＄）

　　　　　　　　預收利息　　　　　　　　　　　　　（NT＄）

　(2)月底日

　　（借）利息費用　　　　　　　　　　　　　　　　（NT＄）

　　　　　（貸）預付利息　　　　　　　　　　　　　（NT＄）

　　或（借）預收利息　　　　　　　　　　　　　　　（NT＄）

　　　　　（貸）利息收入　　　　　　　　　　　　　（NT＄）

　(3)交割日

　　（借）外幣存款　　　　　　　　　　　　　　　　（外幣）

　　　　　（貸）應收遠匯款　　　　　　　　　　　　（外幣）

　　（借）應付購入遠匯款　　　　　　　　　　　　　（NT＄）

　　　　　（貸）新臺幣存款　　　　　　　　　　　　（NT＄）

　　（借）兌換─遠期　　　　　　　　　　　　　　　（外幣）

　　　　　（貸）兌換─即期　　　　　　　　　　　　（外幣）

　　（借）兌換─即期　　　　　　　　　　　　　　　（NT＄）

　　　　　（貸）兌換─遠期　　　　　　　　　　　　（NT＄）

　　（借）利息費用　　　　　　　　　　　　　　　　（NT＄）

　　　　　（貸）預付利息　　　　　　　　　　　　　（NT＄）

　　或（借）預付利息　　　　　　　　　　　　　　　（NT＄）

　　　　　（貸）利息收入　　　　　　　　　　　　　（NT＄）

　2.預售遠期外匯

　(1)訂約日（交易日）

　　（借）應收出售遠匯款　　　　　　　　　　　　　（NT＄）

　　　　　預付利息　　　　　　　　　　　　　　　　（NT＄）

　　　　　（貸）兌換─遠期　　　　　　　　　　　　（NT＄）

　　或（借）應收出售遠匯款　　　　　　　　　　（NT＄）

　　　　（貸）兌換－遠期　　　　　　　　　　　（NT＄）

　　　　　　預收利息　　　　　　　　　　　　　（NT＄）

　　（借）兌換－遠期　　　　　　　　　　　　　（外幣）

　　　　（貸）應付遠匯款　　　　　　　　　　　（外幣）

⑵月底日

　　（借）預收利息　　　　　　　　　　　　　　（NT＄）

　　　　（貸）利息收入　　　　　　　　　　　　（NT＄）

　　或（借）利息費用　　　　　　　　　　　　　（NT＄）

　　　　（貸）預付利息　　　　　　　　　　　　（NT＄）

⑶交割日

　　（借）新臺幣存款　　　　　　　　　　　　　（NT＄）

　　　　（貸）應收出售遠匯款　　　　　　　　　（NT＄）

　　（借）應付遠匯款　　　　　　　　　　　　　（外幣）

　　　　（貸）外幣存款　　　　　　　　　　　　（外幣）

　　（借）兌換－遠期　　　　　　　　　　　　　（NT＄）

　　　　（貸）兌換－即期　　　　　　　　　　　（NT＄）

　　（借）兌換－即期　　　　　　　　　　　　　（外幣）

　　　　（貸）兌換－遠期　　　　　　　　　　　（外幣）

　　（借）預收利息　　　　　　　　　　　　　　（NT＄）

　　　　（貸）利息收入　　　　　　　　　　　　（NT＄）

　　或（借）利息費用　　　　　　　　　　　　　（NT＄）

　　　　（貸）預付利息　　　　　　　　　　　　（NT＄）

㈡外幣對外幣之遠期交易

　　1.訂約日（預購A幣，預售B幣）

（借）應收遠匯款 （A幣）

　預付利息 （A幣）

　（貸）兌換—遠期 （A幣）

或（借）應收遠匯款 （A幣）

　（貸）兌換—遠期 （A幣）

　　預收利息 （A幣）

（借）兌換—遠期 （B幣）

　（貸）應付遠匯款 （B幣）

（借）兌換—遠期（A幣） （NT＄）

　（貸）兌換—遠期（B幣） （NT＄）

2.月底日

（借）利息費用 （NT＄）

　　（貸）兌換—即期 （NT＄）

（借）兌換—即期 （A幣）

　（貸）預付利息 （A幣）

或（借）預收利息 （A幣）

　（貸）兌換—即期 （A幣）

（借）兌換—即期 （NT＄）

　（貸）利息收入 （NT＄）

3.交割日

（借）外幣存款 （A幣）

　（貸）應收遠匯款 （A幣）

（借）應付遠匯款 （B幣）

　（貸）外幣存款 （B幣）

（借）兌換—遠期 （A幣）

　（貸）兌換—即期 （A幣）

（借）兌換—即期	（B幣）
（貸）兌換—遠期	（B幣）
（借）兌換—即期	（NT＄）
（貸）兌換—遠期	（NT＄）
（借）兌換—遠期	（NT＄）
（貸）兌換—即期	（NT＄）

三、換匯交易

㈠新臺幣對外幣之換匯交易

1.訂約時

買入即期外幣賣出即期新臺幣，買入遠期新臺幣賣出遠期外幣

（借）應收遠匯款	（外幣）
（貸）兌換—即期（換匯）	（外幣）
（借）兌換—即期（換匯）	（NT＄）
（貸）應付購入遠匯款	（NT＄）
（借）應收出售遠匯款	（NT＄）
預付利息	（NT＄）
（貸）兌換—遠期（換匯）	（NT＄）
或（借）應收出售遠匯款	（NT＄）
（貸）兌換—遠期（換匯）	（NT＄）
預收利息	（NT＄）
（借）兌換—遠期（換匯）	（外幣）
（貸）應付遠匯款	（外幣）

2.月底日

（借）利息費用	（NT＄）
（貸）預付利息	（NT＄）

　　或（借）預收利息　　　　　　　　　　　　　　　　　　（NT＄）

　　　　　（貸）利息收入　　　　　　　　　　　　　　　　　（NT＄）

　　3.到期交割時

　　　　（借）外幣存款　　　　　　　　　　　　　　　　　　　（外幣）

　　　　　　（貸）應收遠匯款　　　　　　　　　　　　　　　　（外幣）

　　　　（借）應付購入遠匯款　　　　　　　　　　　　　　　　（NT＄）

　　　　　　（貸）新臺幣存款　　　　　　　　　　　　　　　　（NT＄）

　　　　（借）新臺幣存款　　　　　　　　　　　　　　　　　　（NT＄）

　　　　　　（貸）應收出售遠匯款　　　　　　　　　　　　　　（NT＄）

　　　　（借）應付遠匯款　　　　　　　　　　　　　　　　　　（外幣）

　　　　　　（貸）外幣存款　　　　　　　　　　　　　　　　　（外幣）

　　　　（借）兌換—遠期（換匯）　　　　　　　　　　　　　　（NT＄）

　　　　　　（貸）兌換—即期（換匯）　　　　　　　　　　　　（NT＄）

　　　　（借）兌換—即期（換匯）　　　　　　　　　　　　　　（外幣）

　　　　　　（貸）兌換—遠期（換匯）　　　　　　　　　　　　（外幣）

　　　　（借）利息費用　　　　　　　　　　　　　　　　　　　（NT＄）

　　　　　　（貸）預付利息　　　　　　　　　　　　　　　　　（NT＄）

　　或（借）預收利息　　　　　　　　　　　　　　　　　　　（NT＄）

　　　　　（貸）利息收入　　　　　　　　　　　　　　　　　　（NT＄）

㈡外幣間之換匯交易

　　1.訂約時

　　買入即期 A 幣賣出即期 B 幣，買入遠期 B 幣賣出遠期 A 幣

　　　　（借）應收遠匯款　　　　　　　　　　　　　　　　　　（A 幣）

　　　　　　（貸）兌換—即期（換匯）　　　　　　　　　　　　（A 幣）

　　　　（借）兌換—即期（換匯）　　　　　　　　　　　　　　（NT＄）

　　　　　　（貸）兌換—即期（換匯）　　　　　　　　　　　　（NT＄）

　　　（借）兌換—即期（換匯）　　　　　　　　　（B幣）

　　　　　　（貸）應付遠匯款　　　　　　　　　　（B幣）

　　　（借）應收遠匯款　　　　　　　　　　　　　（B幣）

　　　　　預付利息　　　　　　　　　　　　　　　（B幣）

　　　　　　（貸）兌換—遠期（換匯）　　　　　　（B幣）

　或（借）應收遠匯款　　　　　　　　　　　　　　（B幣）

　　　　　　（貸）兌換—遠期（換匯）　　　　　　（B幣）

　　　　　　　　　預收利息　　　　　　　　　　　（B幣）

　　　（借）兌換—遠期（換匯）　　　　　　　　　（NT＄）

　　　　　　（貸）兌換—遠期（換匯）　　　　　　（NT＄）

　　　（借）兌換—遠期（換匯）　　　　　　　　　（A幣）

　　　　　預付利息　　　　　　　　　　　　　　　（A幣）

　　　　　　（貸）應付遠匯款　　　　　　　　　　（A幣）

　或（借）兌換—遠期（換匯）　　　　　　　　　　（A幣）

　　　　　　（貸）應付遠匯款　　　　　　　　　　（A幣）

　　　　　　　　　預收利息　　　　　　　　　　　（A幣）

2.月底日

　　　（借）利息費用　　　　　　　　　　　　　　（NT＄）

　　　　　　（貸）兌換—即期　　　　　　　　　　（NT＄）

　　　（借）兌換—即期　　　　　　　　　　　　　（B幣）

　　　　　（貸）預付利息　　　　　　　　　　　　（B幣）

　或（借）預收利息　　　　　　　　　　　　　　　（B幣）

　　　　　　（貸）兌換—即期　　　　　　　　　　（B幣）

　　　（借）兌換—即期　　　　　　　　　　　　　（NT＄）

　　　　　　（貸）利息收入　　　　　　　　　　　（NT＄）

3.到期交割時

買入即期A幣賣出即期B幣

 (借) 外幣存款   (A幣)

  (貸) 應收遠匯款   (A幣)

 (借) 應付遠匯款   (B幣)

  (貸) 外幣存款   (B幣)

買入遠期B幣賣出遠期A幣

 (借) 外幣存款   (B幣)

  (貸) 應收遠匯款   (B幣)

 (借) 應付遠匯款   (A幣)

  (貸) 外幣存款   (A幣)

 (借) 兌換—遠期 (換匯)   (B幣)

  (貸) 兌換—即期 (換匯)   (B幣)

 (借) 兌換—即期 (換匯)   (NT＄)

  (貸) 兌換—遠期 (換匯)   (NT＄)

 (借) 兌換—遠期 (換匯)   (NT＄)

  (貸) 兌換—即期 (換匯)   (NT＄)

 (借) 兌換—即期 (換匯)   (A幣)

  (貸) 兌換—遠期 (換匯)   (A幣)

四、外匯交易損益之會計處理

  國際貿易中，債權、債務的清算往往牽涉兩種以上的貨幣。其會計帳務的處理，會在其間以「兌換」科目作爲橋樑，除可使得各外幣會計帳借貸平衡外，亦爲外幣間互相衡量價值的依據。舉例來說，以 1 US＄＝27NT＄的匯率買入 1 US＄，其分錄如下：

（借）美元存款　　　1 US$

　　（貸）兌換　　　　　1 US$

（借）兌換　　　　27NT$

　　（貸）臺幣存款　　27NT$

　　其中，兌換帳即用來評價外幣資產（或部位）的依據。如果市場行情變動，1 US$＝28NT$，則每1美元的兌換帳，應相對有28NT$，而目前兌換帳中只有27NT$，故須補足，且對方科目以兌換損益列帳。通常企業或銀行會以月底日的匯率爲評價基準，每月承認損益，會計分錄如下：

（借）兌換　　　　　1 NT$

　　（貸）兌換利得　　1 NT$

第三節　外匯交易會計帳務處理釋例

　　以第一節某商業銀行於6月1日所作交易爲例：

　　1.以1 US$＝26.80NT$之匯率買入100萬美元，交割日爲6月3日。

　　①交易日（6/1　1994）

　　（借）應收遠匯款　　　1,000,000 US$

　　　　（貸）兌換—即期　　　1,000,000 US$

　　（借）兌換—即期美元　26,800,000 NT$

　　　　（貸）應付購入遠匯款　26,800,000 NT$

　　②交割日（6/3　1994）

　　（借）外幣存款　　　1,000,000 US$

　　　　（貸）應收遠匯款　　　1,000,000 US$

（借）應付購入遠匯款　　26,800,000 NT$

　　（貸）臺幣存款　　　　　26,800,000 NT$

　　2.以 1 US$＝104JPY 的匯率買入 1,000,000 美元，交割日為 6 月 3 日。其中 US$對 NT$匯率以 26.80 計算。

　　①交易日（6/1　1994）

　（借）應收遠匯款　　　　　1,000,000 US$

　　（貸）兌換—即期　　　　1,000,000 US$

　（借）兌換—即期美元　26,800,000 NT$

　　（貸）兌換—即期日圓　26,800,000 NT$

　（借）兌換—即期　　　104,000,000 JPY

　　（貸）應付遠匯款　　104,000,000 JPY

　　②交割日（6/3　1994）

　（借）外幣存款　　　　　　1,000,000 US$

　　（貸）應收遠匯款　　　　1,000,000 US$

　（借）應付遠匯款　　　104,000,000 JPY

　　（貸）外幣存款　　　104,000,000 JPY

　　3.以 1 US$＝1.67DM 之匯率賣出 500,000 美元，交割日為 6 月 3 日，其中，美元對新臺幣匯率以 1 US$＝26.80NT$計算。

　　①交易日（6/1　1994）

　（借）應收遠匯款　　　　　835,000 DM

　　　（貸）兌換—即期　　　　835,000 DM

　（借）兌換—即期馬克　13,400,000 NT$

　　（貸）兌換—即期美元　13,400,000 NT$

　（借）兌換—即期　　　　500,000 US$

　　（貸）應付遠匯款　　　500,000 US$

　　②交割日（6/3　1994）

（借）外幣存款　　　　　　835,000 DM

　　（貸）應收遠匯款　　　　　835,000 DM

（借）應付遠匯款　　500,000 US$

　　（貸）外幣存款　　　　　500,000 US$

4.以 1 US$＝26.95NT$的匯率賣出 600,000 美元, 交割日為 6 月 3 日。

①交易日（6/1　1994）

（借）應收出售遠匯款　　16,170,000 NT$

　　（貸）兌換一即期美元　16,170,000 NT$

（借）兌換一即期　　600,000 US$

　　（貸）應付遠匯款　　　600,000 US$

②交割日（6/3　1994）

（借）新臺幣存款　　　　16,170,000 NT$

　　（貸）應收出售遠匯款　16,170,000 NT$

（借）應付遠匯款　　600,000 US$

　　（貸）外幣存款　　　　600,000 US$

5.以 1 US$＝105JPY 的匯率賣出 800,000 美元, 交割日為 6 月 3 日, 美元對新臺幣匯率以 26.80 計算。

①交易日（6/1　1994）

（借）應收遠匯款　　84,000,000 JPY

　　（貸）兌換一即期　　84,000,000 JPY

（借）兌換一即期日圓　21,440,000 NT$

　　（貸）兌換一即期美元　21,440,000 NT$

（借）兌換一即期　　800,000 US$

　　（貸）應付遠匯款　　800,000 US$

②交割日（6/3　1994）

　　　　（借）外幣存款　　　　84,000,000 JPY

　　　　　（貸）應收遠匯款　　　84,000,000 JPY

　　　（借）應付遠匯款　　800,000 US$

　　　　　（貸）外幣存款　　　　800,000 US$

　　6.以 1 US$＝1.68DM 之匯率買入 400,000 美元，交割日爲 6 月 3 日，其中，美元對新臺幣匯率以 26.80 計算。

　　　①交易日（6/1　1994）

　　　（借）應收遠匯款　　　　　400,000 US$

　　　　　（貸）兌換─即期　　　　400,000 US$

　　　（借）兌換─即期美元　10,720,000 NT$

　　　　　（貸）兌換─即期　10,720,000 NT$

　　　（借）兌換─即期　　672,000 DM

　　　　　（貸）應付遠匯款　　672,000 DM

　　　②交割日（6/3　1994）

　　　（借）外幣存款　　　　　400,000 US$

　　　　　（貸）應收遠匯款　　　400,000 US$

　　　（借）應付遠匯款　　672,000 DM

　　　　　（貸）存放同業　　672,000 DM

　　7.以 1 US$＝27NT$之匯率買入 1,000,000 的遠期美元，交割日爲 9 月 3 日，換匯點數爲 0.2。

　　　①訂約日（交易日）（6/1　1994）

　　　（借）應收遠匯款　　　1,000,000 US$

　　　　　（貸）兌換─遠期　　1,000,000 US$

　　　（借）兌換─遠期　　26,800,000 NT$

　　　　　預付利息　　　　　200,000 NT$

　　　　　（貸）應付購入遠匯款　27,000,000 NT$

②月底日（6/30 7/31　8/31　1944）

6/30

（借）利息費用　　　　　　63,158 NT$

　　（貸）預付利息　　　　　　63,158 NT$

（註：預付利息 200,000 以 95 天分攤）

7/31 及 8/31

（借）利息費用　　　　　　65,263 NT$

　　（貸）預付利息　　　　　　65,263 NT$

③交割日

（借）外幣存款　　　　1,000,000 US$

　　（貸）應收遠匯款　　　1,000,000 US$

（借）應付購入遠匯款　27,000,000 NT$

　　（貸）臺幣存款　　27,000,000 NT$

（借）兌換—遠期　　　1,000,000 US$

　　（貸）兌換—即期　　　1,000,000 US$

（借）兌換—即期美元　26,800,000 NT$

　　（貸）兌換—遠期美元　26,800,000 NT$

（借）利息費用　　　　　6,316 NT$

　　（貸）預付利息　　　　　6,316 NT$

　　8.以 1 US$＝103.5JPY 之匯率賣出 500,000 遠期美元，交割日爲
9 月 3 日，換匯點數 0.5，美元對新臺幣匯率以 1 US$＝26.8 計算。

　　①訂約日（6/1　1994）

　　（借）應收遠匯款　　　51,750,000 JPY

　　　　　預付利息　　　250,000 JPY

　　　　（貸）兌換—遠期　　52,000,000 JPY

（借）兌換一遠期　　　　500,000 US$

　　（貸）應付遠匯款　　　　500,000 US$

（借）兌換一遠期日圓　13,400,000 NT$

　　（貸）兌換一遠期美元　13,400,000 NT$

②月底日

6/30

（借）利息費用　　　　　20,344 NT$

　　（貸）兌換一即期日圓　20,344 NT$

（借）兌換一即期　　　　78,947 JPY

　　（貸）預付利息　　　　78,974 JPY

7/31

（借）利息費用　　　　　21,022 NT$

　　（貸）兌換一即期　　　21,022 NT$

（借）兌換一即期　　　　81,579 JPY

　　（貸）預付利息　　　　81,579 JPY

8/31

同 7/31 分錄

③交割日（9/3　1994）

（借）外幣存款　　　　51,750,000 JPY

　　（貸）應收遠匯款　　51,750,000 JPY

（借）應付遠匯款　　500,000 US$

　　（貸）外幣存款　　　　500,000 US$

（借）兌換一遠期　　52,000,000 JPY

　　（貸）兌換一即期　　52,000,000 JPY

（借）兌換一即期　　500,000 US$

　　（貸）兌換一遠期　　　500,000 US$

（借）兌換─即期日圓　　　　13,400,000 NT$

　　（貸）兌換─遠期日圓　　13,400,000 NT$

（借）兌換─遠期美元　　　　13,400,000 NT$

　　（貸）兌換─即期美元　　13,400,000 NT$

（借）利息費用　　　　　　　2,034 NT$

　　（貸）兌換─即期日圓　　2,034 NT$

（借）兌換─即期　　　　　　7,895 JPY

　　（貸）預付利息　　　　　　7,895 JPY

　　9.換匯交易：以 1 US$＝1.67DM 的匯率買入 500,000 美元，交割日 6 月 3 日，同時以 1 US$＝1.675DM 之匯率賣出 500,000 美元，交割日 9 月 3 日。換匯點數 0.05

　　①訂約日（6/1　1994）

（借）應收遠匯款　　　　　　500,000 US$

　　（貸）兌換─即期　　　　　500,000 US$

（借）兌換─即期美元　　13,400,000 NT$

　　（貸）兌換─即期馬克　13,400,000 NT$

（借）兌換─即期（換匯）　835,000 DM

　　（貸）應付遠匯款　　　　835,000 DM

（借）應收遠匯款　　　　　　837,500 DM

　　（貸）兌換─遠期（換匯）　835,000 DM

　　　　預收利息　　　　　　2,500 DM

（借）兌換─遠期馬克　13,400,000 NT$

　　（貸）兌換─遠期美元　13,400,000 NT$

（借）兌換─遠期　　　　　　500,000 US$

　　（貸）應付遠匯款　　　　　500,000 US$

　　②月底日

6/30

　（借）預收利息 　　　　　789 DM

　　　（貸）兌換─即期 　789 DM

　（借）兌換─即期 　　　12,662 NT$

　　　（貸）利息收入 　12,662 NT$

7/31

　（借）預收利息 　　　　　815 DM

　　　（貸）、兌換─即期 　　815 DM

　（借）兌換─即期 　　　13,084 NT$

　　　（貸）利息收入 　13,084 NT$

8/31

　同 7/31 分錄

③到期日

　即期到期日（6/3　1994）

　（借）外幣存款 　　　500,000 US$

　　　（貸）應收遠匯款 　500,000 US$

　（借）應付遠匯款 　835,000 DM

　　　（貸）外幣存款 　　835,000 DM

　遠期到期日（9/3　1994）

　（借）外幣存款 　　837,500 DM

　　　（貸）應收遠匯款 　837,500 DM

　（借）應付遠匯款 　500,000 US$

　　　（貸）外幣存款 　　500,000 US$

　（借）兌換─遠期 　　835,000 DM

　　　（貸）兌換─即期 　　835,000 DM

（借）兌換—即期　　　　　500,000 US$

　　（貸）兌換—遠期　　　　　500,000 US$

（借）兌換—遠期美元　13,400,000 NT$

　　（貸）兌換—即期美元　13,400,000 NT$

（借）兌換—即期馬克　13,400,000 NT$

　　（貸）兌換—遠期馬克　13,400,000 NT$

（借）預收利息　　　　81 DM

　　（貸）兌換—即期　　　　81 DM

（借）兌換—即期　　　1,300 NT$

　　（貸）利息收入　　　　1,300 NT$

　　其中，1、4、7筆外匯交易為美元對新臺幣的交易，其會計T字帳結果如下：

應收遠匯款（美元）				兌換—即期（美元）		
1-1	1,000,000	1,000,000	1-3	4-2　　600,000	1,000,000	1-1
7-1	1,000,000	1,000,000	7-6		1,000,000	7-8
		0			1,400,000	

應付購入遠匯款（臺幣）				兌換—即期美元（臺幣）		
1-4	26,800,000	26,800,000	1-2	1-2　　26,800,000	16,170,000	4-1
7-7	27,000,000	27,000,000	7-2	7-9　　26,800,000		
		0			37,430,000	

外幣存款（美元）

1-3	1,000,000	600,000	4-4
7-6	1,000,000		
	1,400,000		

臺幣存款

4-3	16,170,000	26,800,000	1-4
		27,000,000	7-7
		37,630,000	

應付遠匯款（美元）

4-4	600,000	600,000	4-2
		0	

應收出售遠匯款（臺幣）

4-1	16,170,000	16,170,000	4-3
		0	

兌換－遠期（美元）

7-8	1,000,000	1,000,000	7-1
		0	

兌換－遠期美元（臺幣）

7-2	26,800,000	26,800,000	7-9
		0	

利息費用（臺幣）		預付利息（臺幣）		
7-3	63,158			
7-4	65,263			
7-5	65,263			
7-10	6,316			

7-2　200,000　63,158　7-3
65,263　7-4
65,263　7-5
6,316　7-10

| | 200,000 | | 0 | |

　　就兌換帳而言，兌換一即期美元之餘額為貸 1,400,000US$，其相對之臺幣兌換即期餘額為借方 37,430,000NT$，若無其他外匯交易，且 9 月 30 日月底結帳匯率為 1 US$＝26.85NT$，則 1,400,000US$之相對兌換臺幣應為 26.85×1,400,000＝37,590,000NT$，差額以兌換損益科目出帳，則月底會計分錄如下：

　　　　（借）兌換一即期　　　　　　　160,000 NT$
　　　　　　（貸）兌換利得　　　　　　　160,000 NT$
　　（註：37,590,000－37,430,000＝160,000）

　　結果與本章第一節計算損益的結果一致，若仍無其他交易，而 10 月 31 日之結帳匯率為 1 US$＝26.8NT$時，則 1,400,000US$之相對臺幣應為 37,520,000NT$，則 10 月底會計分錄為：

　　　　（借）兌換損失　　　　　　　　70,000 NT$
　　　　　　（貸）兌換一即期　　　　　　70,000 NT$
　　（註：37,520,000－37,590,000＝－70,000）

　　以此類推，直至軋平部位後美元兌換帳餘額為零。

　　2、5、8 筆外匯交易為美元對日圓之交易，其會計 T 字帳結果如下：

應收遠匯款（美元）

2-1	1,000,000	1,000,000	2-4
		0	

兌換－即期（美元）

5-3	800,000	1,000,000	2-1
5-13	500,000		
		300,000	

應收遠匯款（日圓）

5-1	84,000,000	84,000,000	5-4
8-1	51,750,000	51,750,000	8-10
		0	

應付遠匯款（美元）

5-5	800,000	800,000	5-3
8-11	500,000	500,000	8-2
		0	

兌換－即期美元（臺幣）

2-2	26,800,000	21,440,000	5-2
		13,400,000	8-15
		8,040,000	

兌換－即期日圓（臺幣）

5-2	21,440,000	26,800,000	2-2
8-14	13,400,000	20,344	8-4
		21,022	8-6
		21,022	8-8
		2,034	8-16
		7,975,578	

應付遠匯款（日圓）

2-5	104,000,000	104,000,000	2-3
		0	

兌換—即期（日圓）

2-5	104,000,000	84,000,000	5-1
8-5	78,947	52,000,000	8-12
8-7	81,579		
8-9	81,579		
8-17	7,895		
		31,750,000	

外幣存款（美元）

2-4	1,000,000	800,000	5-5
		500,000	8-11
	300,000		

外幣存款（日圓）

5-4	84,000,000	104,000,000	2-5
8-10	51,750,000		
		31,750,000	

利息費用（臺幣）

8-4	20,344	
8-6	21,022	
8-8	21,022	
8-16	2,034	
	64,422	

預付利息（日圓）

8-1	250,000	78,947	8-5
		81,579	8-7
		81,579	8-9
		7,895	8-17
		0	

兌換－遠期（美元）				兌換－遠期（日圓）		
8-2	500,000	500,000	8-13	8-12 52,000,000	52,000,000	8-1
		0			0	

兌換－遠期美元（臺幣）				兌換－遠期日圓（臺幣）		
8-15	13,400,000	13,400,000	8-3	8-3 13,400,000	13,400,000	8-14
		0			0	

　　其中，兌換即期美元及兌換即期日圓科目的本質仍爲兌換科目，目的僅在作爲外幣與臺幣帳務間之橋樑。

　　假設未再有其他交易，9月30日結帳匯率爲 1 US$＝26.8NT$，1 US$＝104.5JPY，由於本國貨幣爲新臺幣，所評價的結果須以新臺幣掛帳，兌換－即期（美元）尚有借餘 300,000US$等值臺幣爲 26.8×300,000＝8,040,000，與帳務餘額相等，不作損益分錄，兌換－即期（日圓）有貸餘31,750,000日圓，1 US$＝26NT$，且 1 US$＝104.5JPY，則 1 JPY＝0.25645NT$，相對新臺幣等值爲 0.25645×31,750,000＝

8,142,287NT$，損益分錄如下：

$$\left\{ \begin{array}{ll} （借）兌換—即期日圓（臺幣） & 166,709\ NT\$ \\ \quad\ （貸）兌換利得 & 166,709\ NT\$ \end{array} \right.$$

　　以 1 JPY＝0.25645NT$反算，兌換利得折合日圓166,709 × 0.25645＝650,064JPY，與本章第一節計算損益的結果相同，64JPY 的差異爲小數尾差造成。

　　以此類推，每月評價外匯部位價值，承認損益，直至軋平外匯部位爲止。

　　3、6、9筆外匯交易爲美元對馬克之交易，其會計帳務處理與2、5、8筆相同，讀者可自行演練，並與本章第一節損益計算的結果相比較。

第十六章　外匯管制

第一節　外匯管制的意義與目的

　　所謂「外匯管制」(Foreign Exchange Control)，乃指一個國家對其外匯的需求與供給實施直接的干預管制，從而管制貨品與資本的進出數量，達到平衡國際收支的目的。在可調整固定匯率制度下，當一國家遭遇國際收支失衡時，必然想盡辦法以改善失衡狀況。其中，若採行貨幣緊縮政策，可能會引起失業率增加；若任由匯率貶值，貿易條件將先行惡化，而國際收支能否獲得改善，仍須視進出口供需彈性的大小。近年來美國對日本的貿易逆差，企圖以強迫日圓升值方式解決，而匯率由1992 年 3 月份 1 US$＝135JPY 至 1994 年 6 月初升至 1 US$＝104JPY，但美國對日本的貿易逆差卻依舊屢創新高。因此，當一國家面臨國際收支失衡，又無充分的國際準備以支應時，只好訴諸直接管制政策來調整國際收支。直接管制的政策工具相當多，大致可分為貨幣管制 (Monetary Control)、財政管制 (Fiscal Control) 及貿易管制 (Commercial Control)。而外匯管制即是貨幣管制之一種。

　　廣義地說，凡可影響匯率變動的各種措施，都可以認為是外匯管制。也就是說政府為執行貨幣政策，對於外匯的供需，所採取的強制性的種種管制措施。在過去，於國際金本位制度下，政府為求匯率的穩定，於黃金流入增加時，所採取的通貨擴張政策，以及於黃金流出增加時，所

採取的通貨緊縮政策，就上述廣義的解釋而言，也就是一種外匯管制。不過，現在一般所稱的外匯管制，並不包括這種情形，而是狹義地指外匯供需的直接管制，以及直接影響匯率的各種措施。各國所實施的外匯管制辦法，隨國情的不同而異，有的管制較鬆，有的管制較嚴；有的範圍較廣，有的範圍較窄；有積極的，也有消極的；有的是短暫性的，有的是長期性的。同樣是嚴格的外匯管制，也有程度上的差別。不論情形如何，外匯管制的主要目的都在於控制外匯的供給與需求。在供給方面，限制輸入，以謀減少外匯的支出，需要外匯時，必須先向政府外匯管理機構申請核准；有外匯收入時，則須按照官定匯率，結售給政府外匯管理機構。換句話說，整個國家的外匯市場，完全由政府來控制，而其執行機關，一般都是中央銀行。

各國實施外匯管制的目的不盡一致，茲就重要者說明如下：❶

㈠**穩定匯率，便利貿易的進行**：

市場匯率受外匯供需的增減而升降，影響進出口貿易商的商品成本，收支難以計算，虧損的風險甚大，所以有必要實施外匯管制，以求匯率的穩定。

㈡**增強幣信**：

假如貨幣價值變動不定，則人民對於本國貨幣的信心，難免發生動搖。各國所以採取管制外匯的措施，有的是藉以穩定幣值，進而鞏固幣信，尤其是國家經濟處於動盪不安的時期，更有其必要。

㈢**推動貿易維持國際收支的平衡**：

外匯管制中的出口貼補政策，諸如對滯銷產品的貼補，或利用複式匯率辦法提高出口結匯的匯率等，均含有推動貿易的意義。國際收支是否平衡，不僅影響幣值的穩定，而且影響一個國家在國際上的地位。因

❶外匯管制的目的，請參閱 Irving S. Friedman, *Foreign Exchange Control and The Evolution of International Payment Systems,* IMF, August, 1958.

此，各國都極力鼓勵出口，限制進口，以增加外匯收入。開發中國家採取嚴格的管制外匯措施，以達到此項目的，更是司空見慣。

㈣防止資金逃避：

在非常時期，或者通貨貶值時期，由於人民對於本國的貨幣失去信心，必有大量資金外流的現象發生。這種資金移動的目的，並不在於獲得利息收入，而是在於保障資金的安全。結果資金長期外流，國際收支不斷發生逆差，國內經濟發展陷入長期停滯。防止之道，就是實施外匯管制。這是第一次世界大戰時各國實施外匯管制的最主要目的之一。

㈤加強黃金外匯準備：

平時如果國際收支發生逆差，固然須採取管制措施，以謀改善，在非常時期，爲應付戰爭需要，也須積極充實黃金外匯的準備。因爲在戰時向外國購買戰略物資，常須用黃金外匯來支付。

㈥保護工業：

外匯管制，可以配合保護關稅政策，一方面限制或禁止那些足以摧殘本國新興工業的產品進口，另一方面則鼓勵進口必需的原料及設備，以協助其發展。

㈦財政的目的：

政府規定進口商因進口貨物需要外匯時，必須先向政府申請核准，以本國貨幣結購外匯；出口商因出口貨物獲得外匯收入，也必須結售予政府。政府則可以利用賣出匯率與買入匯率的差額，賺取差價收入，對於國庫收入，自有裨益。有些國家進一步規定，人民申請進口外匯時，必須繳納若干稅款，就是含有財政的目的。

㈧外交的目的：

當別的國家實施外匯管制或貿易配額等措施，而對本國輸出有所不利時，往往也採取相對的管制措施，藉以報復。此外，外匯管制也可以作爲國際上談判的武器。例如，需對方接受某些條件後才准對方貨物輸

入等。

第二節　外匯管制的演進❷

外匯管制的實施，在於因應各種不同的經濟情況，因此，我們可以從下述歷史階段，來觀察外匯管制的演進：

一、第一次世界大戰以前

大約在 1880 至 1913 年間，國際盛行金本位制度，其特色為各國將黃金視為最主要之國際準備資產，因此多數國家的匯率，都維持以黃金為基礎的匯率，同時外匯買賣的數量、價格均不受限制。之後，各國基於實際的需要，乃逐漸採取限制外匯的措施，於是外匯管制乃應運而生。

二、第一次大戰時期

1914 年至 1918 年第一次大戰期間，因戰爭關係，各國金本位制一度中斷，對內取消金幣的鑄造和紙幣的兌現，對外則禁止黃金輸出。各國為了維持匯率的穩定，紛紛採取匯率釘住政策，並採取各種措施，藉以防止資金逃避。總之，外匯管制因戰爭而加強。

三、兩次大戰間的過渡時期

1919 年至 1929 年間，雖然無大規模的戰爭，但各國因受世界經濟不景氣的影響，外匯管制的思想大為盛行。1920 年代，許多國家先後恢復金本位制，第一次大戰期間所採取的多種管制措施，本已有放寬的趨勢，但是到了 1930 年代初期，金本位制終因經不起金融大恐慌的衝擊而宣告

---

❷各國外匯管制的情形，請參閱 *Annual Report on Exchange Restrictions*, IMF.

崩潰，各國競相實施貨幣貶值政策。一度放寬的外匯管制，又死灰復燃，並且比從前更加嚴格。這個時期實爲外匯管制最爲繁複的時期，其中較爲重要的措施有：

㈠外匯貶值的實施

自從金本位制崩潰以後，乃有彈性匯率制度的產生，各國先後實施貨幣貶值政策，以促進輸出。由於這種行動常引起其他國的效尤與報復，以致形成了一種貶值競賽。

㈡外匯平準基金的運用

外匯平準基金（Exchange Stabilization Fund）爲英國所創，其目的在於緩和匯率的臨時性變動，以及避免匯率的過份波動。

㈢通貨集團的劃分

各國因實施外匯管制，限制外匯的支付，而形成了三個主要通貨集團：

1.美元集團（Dollar Bloc）：包括北美、南美及加勒比海地區諸國，以美國爲首。

2.英鎊集團（Sterling Bloc）：包括英國及與英國有密切關係的各國，以英國爲首。

3.黃金集團：包括法國、比利時、荷蘭及瑞士等，以法國爲首。

㈣多元匯率的流行

由於國際收支逆差的壓力，許多國家採取差別匯率。

㈤清算協定的實行

未參加通貨集團的國家，爲解決國際收支上的困難，乃紛紛成立清算協定或支付協定，以便利貿易的進行。此風一起，參加通貨集團的國家，也起而效法。

四、第二次大戰時期

二次大戰期間，參戰國都採取比第一次大戰時期更爲嚴格的外匯管制，其目的與從前相同，主要在於限制資金逃避，加強本國的外匯資產等。至於所採用的方法，則有：加強干預外匯的買賣，以支配匯率，以及外匯收支的管理等。人民有外匯收入時需結售給政府，任何人對外支付外匯，必須先獲得政府的核准。此外，國際貿易方面，則興起易貨或記帳方式。在同一集團內，各國之間的貿易雖相當自由，但不同集團之間的貿易，則限制甚嚴。

五、二次大戰結束至今

二次大戰以後，由於投機性短期資本與熱錢大量移動，導致各國匯率極不穩定，間接影響各國的經濟發展，因此，即使未遭受戰爭破壞的國家，亦不願放鬆外匯管制。

另外，就經濟發展言，開發中國家（Developing Country）或低度開發國家（Under-developed Country），亦即落後國家（Backward Country）實施經建計劃，多利用外匯管制作爲發展經濟的配合措施。而已開發國家（Developed Country），亦即先進國家（Advanced Country）雖然主張貿易自由化，但仍多採行外匯管制作爲經濟政策的重要部分。時至今日，絕大多數的國家都採行外匯管制，即使美國、加拿大、德國、瑞士等國家的外匯，也並非絕對自由進出，例如美國禁止戰略物資輸往某些有安全顧慮之特定國家，即可視爲外匯管制的一種。

第三節　外匯管制的方法

一般而言，外匯管制的方法，大致可分爲直接管制與間接管制兩種，

分別敍述如下：

一、直接管制外匯的措施

所謂直接管制外匯，乃指主管外匯的政府機關對外匯供需數量直接加以限制，不容許個人自由買賣，這種直接管制又可分爲行政管制、匯率管制及數量管制三種，茲分述如下：

㈠外匯行政管制

外匯買賣由政府或中央銀行指定外匯銀行統一買賣，在國際收支發生逆差時，可指定外匯銀行多買少賣，以增加外匯的「頭寸」；在國際收支發生順差時，可指定外匯銀行多賣少買，因爲此時外匯「頭寸」較豐，多賣無妨。

1.禁止或限制人民買賣或輸出入金銀

在管理紙幣本位制度下，黃金、白銀旣可作爲國際債權、債務清算之用，也可作爲國內紙幣發行準備之用，所以政府禁止或限制人民買賣或自由輸出入。此外，有的國家還規定人民持有的黃金、白銀、外幣如超過規定數量，必須依照公定價格售給政府指定的外匯銀行，以增加外匯資產。

當國際收支發生逆差時，爲提高本國對外的償債能力，則限制金銀的輸出，輸入金銀則需事先經過許可。自願以官定價格售給中央銀行者，多予鼓勵。但國際收支順差時，因中央銀行累積黃金太多，人民依照官定價格申請買入或輸出，則禁令較爲放寬。

2.禁止國內資金往外逃避

即禁止供給匯出本國資金所需的外匯，以免外匯需求增加，引起價格上漲。尤其是在戰時或本國政治、經濟不安定時，這種措施更有其必要。

當國際收支發生逆差時，如資金外流，逆差將更形擴大，所以必須

嚴禁；如已歷經多年順差，則人民正當的對外投資，可酌予放寬。

㈡外匯匯率管制

1.匯率釘住政策

由主管外匯機構或中央銀行以法令規定公（官）價，一切外匯必須依照官價買賣，違者政府得運用行政力量干涉，或罰鍰或拘役。例如我國以前的中美「單一匯率」爲新臺幣 38 元對美金 1 元，即爲「釘住匯率」。凡在黑市買賣或不向政府指定的外匯銀行買賣者，均屬違法，一經查獲，將受處罰。

匯率的「釘住」（Pegging），一方面可穩定國內經濟，他方面可便利進出口商估算成本收益，避免匯率波動的風險，而促進對外貿易的發展。匯率釘住另方面在國際收支發生失衡時，可避免市場匯率波動，引起外匯投機的資金外流或內流，而使國際收支失衡更趨嚴重。

2.實施差別匯率

此即對不同的進、出口商品，分別採用不同的匯率計價，而達到鼓勵出口、限制進口的目的。

3.實施匯率機動的調整

所謂匯率機動調整，並不是永久釘住，而是視實際需要予以機動調整。當國際收支發生逆差時，爲鼓勵出口，可實施匯價低估（Under Valuation）政策；又如一國國際收支有極大的逆差，而本國因無輸出能力，國內必需品又需仰賴進口時，爲消除國內通貨膨脹，則可採行匯價高估（Over Valuation）政策。而爲避免低估匯率後刺激國內成本提高，引起物價上漲，致使鼓勵出口的目的無法達成，因此，必須同時推行安定經濟措施，其中最普遍的措施爲提高利率、拋售有價證券等。

㈢進出口數量管制

所謂數量管制，係指在一段時間內，政府限定某一商品所能進口或出口的最大數量限制。數量管制一般比其他直接管制方式如關稅等，更

能有效達到改善國際收支的目的。進口數量受到限制之後，國內市場進口商品的價格通常會上漲，其上升的幅度則視管制程度以及該產品國內市場需求彈性大小。因此，實施之同時亦應防範通貨膨脹之壓力。同時數量限制之後，易使有能力取得該商品者獲得暴利，形成黑市，而違社會公平的原則，亦易造成貪污流弊，這是採行時所必須慎加考慮之處。

二、外匯間接管制的措施

㈠設置外匯平準基金❸

選擇一個最適合其經濟環境，最有利、最理想的外匯價格或匯率，力求其穩定，政府主管外匯機構不直接以法令限制外匯買賣，只利用黃金、外匯、國幣等在自由市場上買賣外匯，以影響或調節外匯的供需者，謂之間接管制。間接管制中最通行的措施就是在中央銀行設置外匯平準基金（Exchange Equalization Fund）或外匯穩定基金（Exchange Stabilization Fund）。這項基金包括黃金、外匯、國幣等，由政府授權給中央銀行運用，在自由外匯市場中買賣外匯，以穩定匯率。例如假設我國政府以為最有利最理想的對美匯率為新臺幣 28 元對美金 1 元，如果自由市場上美匯供過於求跌至 26 元，對我國不利時，中央銀行可利用基金內的國幣，以 26 元以上的價格無限制購買美匯，以阻遏其繼續下跌，甚至可促其回復或穩定於原來水準。如自由市場上美匯供不應求，匯率由 28 元上漲至 30 元，對我國不利時，中央銀行亦可利用基金的外(美)匯以 30 元以下的價格大量拋售，以阻遏其繼續上漲，甚至可促其回復或穩定於原來水準。

這種利用外匯平準基金控制的匯率，已不將匯率固定於一定水準，但亦不容許匯率自由波動，但容許私人自由買賣外匯。這種匯率，在匯

❸ J. Marcus Fleming, *Essays in International Economics*, （London, George Allen & Unwim Ltd, 1971）. pp. 249-267.

兌理論上特稱伸縮匯率（Flexible Rate）。

實施間接管制外匯的國家，如國際收支逆差，引起市場匯率上升時，僅利用基金的外匯予以拋售；如國際收支順差，引起匯率下降時，亦不過利用基金所儲存的國幣買入外匯。故利用這種措施來緩和市場匯率的升降，可避免國內經濟金融不良現象發生。這種政策有的人稱爲外匯緩衝（Buffer）政策。

㈡推行進口配額制（Import Quota System）

政府規定一定期間進口貿易的外匯總值，貿易商進口貨物必須向主管機關申請取得輸入許可證（Import Licence）才准結購外匯。採行此制度，在國際收支發生逆差時，可減少進口限額，順差時可增加進口限額。

㈢簽訂雙邊貿易及清算協定（Bilateral Trade and Clearing Agreement）

雙邊貿易及清算協定的簽訂，原則上在使雙方國家在貿易上所發生的收支金額互相抵銷，以達成彼此收支的平衡。一般而言，簽訂協定的國家，在彼此的中央銀行設置一個公開帳戶（Open Account），以第三國的貨幣爲記帳單位，或按照協定的匯率彼此以自己的貨幣爲記帳單位。本國進口商向協定國進口貨物時，依照本國貨幣與第三國或與協定國的匯率，以本國貨幣繳交中央銀行，中央銀行即記入公開帳戶的借方；反之，本國出口商向協定國輸出貨物時，也按照本國貨幣與第三國或協定國的匯率，向中央銀行結收本國貨幣，中央銀行亦記入公開帳戶的貸方。待一定時期屆滿，協定國的中央銀行乃結算公開帳戶，借貸兩方相抵後，任何一方的貸方餘額只能向對方作爲進口貨物之用。換言之，彼此均不容許國際收支差額的存在。

外匯管制雖可達到改善國際收支的目的，但在外匯管制措施下，進、出口商亦失去隨時買賣外匯的自由，同時也破壞了比較成本、比較利益、

自由貿易、自動調整而趨於平衡之價格機能等。部份國家甚至以外匯管制作爲報復的手段，以達到政治與經濟談判的目的，彼此相互傚尤的結果，國際糾紛自然日漸增加。因此，IMF 乃極力倡導廢除外匯管制，以達到國際貿易自由化的目的。

第四節　外匯管制的弊害

外匯管制在特定環境下，固然可收改善國際收支的效果，但利之所在，弊亦隨之，茲就其可能發生的弊害略述如下：

㈠阻礙貿易的發展

由於進口外匯的不易獲得，致使進口減少；另外本國幣值的高估，又影響出口的減退，致使一國不易發展其對外貿易。

㈡生產資源不能作最有效的分配

外匯管制的結果，必使生產與貿易發生脫節。自由外匯市場乃是國內和國外成本價格之間的鎖鏈，假如此鎖鏈一旦中斷，那麼成本價格比較的根據、國際分工互利的功能、資源有效分配的作用，將爲之破壞。

㈢導致物價上漲

外匯管制的結果，進口減少，而本國因貨物供給少，需要多，於是導致全面物價上漲。

㈣提高貨物成本

外匯管制後，申請手續繁瑣，進口商大感不便，且增加種種費用，以致貨物成本提高。

㈤價格機能失效

外匯管制的實施，貨物的進出口均大受限制，各貿易國間的價格參差不齊，使價格自動均衡的作用失效。

㈥遠離國際市場

因雙邊協定的束縛，本國商人無法自由選擇市場，以選購價廉物美的商品，以致與國際市場脫離。

㈦阻止外資流入

外匯管制太嚴，將使外商的投資因匯兌的困難恐遭損失，而裹足不前，引起本國資本缺乏，以致工商業難以發展。

㈧易增國際間的磨擦

各國實施外匯管制的結果，國際貿易的經營，逐漸脫離貿易商人的掌握，而淪為政治外交官員的事務，徒增國際間的猜忌磨擦。

㈨違反比較利益的原理

外匯管制因通貨不能自由兌換，迫使國與國間實行雙邊貿易及支付協定，違反國際貿易比較利益的原理。

㈩所得分配愈不平均

本國貨幣幣值高估，凡請准外匯進口的商人，可獲致額外的利益，但這是犧牲其他階層的利益所致，故國民所得的分配愈趨不均。

第三篇
國際金融與匯兌法規

第十七章　國際金融機構

第一節　國際經濟與通貨合作的由來

　　第一次大戰前爲國際金本制度的黃金時代，在此制度下，世界性自由貿易與自由支付制度發揮到達極致。但因兩次世界大戰和 1930 年代的全球經濟大恐慌，終使國際金本位制度完全崩潰，從此以後，各國爲自身利益，莫不競相採取外匯管制、貨幣貶值競爭、差別性通貨措施等，使國際貿易的擴展受到阻礙，各國經濟均受其害。

　　第二次世界大戰結束前，聯合國爲致力於自由貿易與支付制度的重建，漸漸體認需以國際合作爲前題，從而發展成戰後的國際經濟與通貨的合作。

　　戰後的國際經濟與通貨的合作機構，有下列兩種：

(一)「普遍途徑」(Universal Approach) 的機構

　　如聯合國的經濟社會理事會 (Economic and Social Council)、國際貨幣基金、國際復興開發銀行、國際金融公司、國際開發協會等國際經濟機構，具有世界性規模的國際經濟與通貨合作。

(二)「地域性途徑」(Regional Approach) 的機構

　　如歐洲經濟合作組織、歐洲支付同盟、歐洲通貨協定、歐洲共同市場、歐洲自由貿易協會、亞洲開發銀行，美洲開發銀行等，屬於地域性的國際經濟與通貨合作機構。

第二節　國際貨幣基金❶

在第二次世界大戰末期，英美等國的學者與專家，即著手研究戰後國際經濟秩序的重建問題。各種重建國際貨幣的建議曾由美、英、加等國分別提出，尤其英、美兩國所提方案，由於代表兩大強國的意見，故於 1944 年 7 月舉行的布里敦森林（Bretton Woods）國際金融會議上成爲討論的主題。美國的懷特方案（The White Plan），是以基金制（Fund system）爲基礎，各國分攤一定資金，設立共同外匯基金，匯率的調整必須經由基金的同意才能進行；英國的凱因斯方案（Keynes Plan）則以清算制（Clearing System）爲基礎，而以借貸抵銷的方法進行清算，並且各國可視實際情況移動調整匯率。

上述兩種方案，經過熱烈討論後，於 1944 發表「關於設立國際貨幣基金的專家共同聲明」（Joint Statement by Experts on the Establishment of an International Monetary Fund），此一聲明，大致以懷特方案爲基礎，而採取了「基金制」，結果簽訂了布里敦森林協定（Bretton Woods Agreement），決定成立國際貨幣基金與國際復興開發銀行，並於 1945 年 12 月正式生效。

一、設立基金的宗旨

依據基金協定第一條的規定，基金的宗旨有六：

1.透過此一對國際貨幣問題能提供商討及合作之永久性機構，以促進國際貨幣之合作。

2.便利國際貿易之擴大及平均發展，藉以提高並維持高水準之就業

---

❶有關國際貨幣基金的最近情況，請閱其最近一期的 *Annual Report*。

量與實質所得，並以開發各會員國之生產資源，作爲經濟政策之主要目標。

3.促進國際匯率之穩定，維持各會員國間之有秩序的安排，並且避免貶值競爭。

4.協助各會員國建立經常交易有關之多邊支付制度，並取消有礙世界貿易成長之各項匯兌限制。

5.在適度保障下，以基金之一般資源暫時供應會員國，給予會員國以信心，俾有機會調整其國際收支之失衡，而不採取其他足以破壞國內或國際繁榮之措施。

6.依照上述各項方式縮短各會員國國際收支失衡之期間，並減輕其失衡之程度。

二、基金的組織

任何國家只要在國際貨幣基金協定條款上簽字，即可參加爲會員國。1945 年 12 月 31 日，參加布里敦森林會議的 44 國中，有 39 國簽字，這 39 國即稱爲原始會員國 (Original Members)；其後參加基金的會員稱爲其他會員國(Other Members)。至 1993 年 9 月，會員國共有 152 國。我國原爲原始會員國。但在 1980 年 4 月基金認爲中國大陸 (中共) 代表中國，因此我國喪失會員資格。

基金的最高權利機構爲理事會 (Board of Governors)，由各會員國各指派理事一人及副理事一人所組成，除非正理事缺席，副理事無投票權。理事會每年集會一次，決定基金的重要業務方針，如審核新會員國的加入、攤額的決定及特別提款權的分配等。

在理事會下設執行董事會 (Board of Executive Directors)，負責執行一般業務。目前共有 20 名執行董事，其中 5 名係五大會員國指派，其餘 15 名係經由選舉而得，任期二年。執行董事會選出總經理一人，爲

該會主席，任期五年，雖爲執行董事會主席，但除表決雙方同數外，無表決權。此外，總經理又兼爲基金各級職員的首長，另設副總經理一人輔佐之。

　　各會員國的表決權以各會員國所認定的攤額爲標準。每一會員國各具基本表決權 250 票。此外，每 10 萬美元攤額可增加一票表決權。表決時，如無特別規定，以投票數的過半數爲可決。

三、基金攤額

　　各會員國必須向基金繳納一定攤額(Quota)的基金，作爲營運資金。各會員國攤額的多少，係根據各國對外貿易、國民所得及黃金與外匯準備額而決定。又爲適應世界及各會員國經濟情勢的變化，基金每五年對各會員國攤額作全盤檢討，經會員國總投票權數的五分之四的同意，才得變更。此攤額中，25％需以黃金繳付或該國黃金與美元保有額的 10％，而以其中較小者爲準，其餘 75％應以本國通貨繳付。

　　布里敦森林會議原以 100 億美元爲總攤額目標，39 個原始會員國共攤 88 億美元，後基金曾多次增資。1988 年基金共分配有 214 億單位的特別提款權，其中美國最多，依次爲英國、德國、法國與日本。

四、基金資金的運用

　　基金會員國如發生國際收支短期失衡時，即可向基金請求援助，亦即以本國貨幣向基金購買所需的外國貨幣。但爲避免強勢貨幣（Hard currency）立即被購一空，故基金對會員利用基金資金設有以下的限制：(1)須經基金同意。(2)其用途限於短期性經常收支失衡。(3)限制供給數量。(4)徵收手續費。

　　至於供給數量，則受下列限制：(1)基金持有該國貨幣在其攤額 75％以內者，不受任何限制。(2)基金持有該國貨幣超過其攤額 75％以上時，

每年的購買額不得超過攤額 25%。(3)基金持有該國的貨幣總額，不得超過攤額 200%。

不過此種限制經國際貨幣基金執行董事會的同意亦得免除，稱為 "Waiver"。

國際貨幣基金為適應實際需要，在 1952 年 2 月 13 日執行幹事會通過下列決議，在不違反基金的原則下，放寬會員國利用資金的限制：

㈠黃金信用部分（Gold Tranche）

基金持有各會員國的貨幣在未超過該國的攤額時，該會員國在其向基金繳納的黃金同額範圍內，得無條件利用基金。

㈡超額黃金信用部分（Super Gold Tranche）

基金會員國若因其他會員國購買其貨幣，使基金會持有的該會員國貨幣，低於其攤額的 75%時，該會員國對於此項低於 75%的部分，亦有無條件利用基金資金的權利。

㈢借款預約協定（Stand-by Arrangement）

會員國可與基金簽訂此一協定，約定在一定期間內，會員國得隨時動用基金的一定額資金，俾便作為國際準備的第二道防線。

五、有關資本移動與外匯管制的規定

外匯管制為妨害世界貿易發展的重要因素，故基金在其第八條款規定會員國：(1)對於經常交易，原則上不得實施外匯管制；(2)不得採取複數匯率等差別性的貨幣措施；(3)對外國人由經常交易所取得的本國貨幣，不得加以限制，即應恢復非居住者經常帳的自由交換性。

凡實施上述第八條款規定的國家稱為第八條款國家，而引用第十四條款規定，繼續實施外匯管制的國家則稱為第十四條款國家。各會員國之屬於第八條款或第十四條款國家，由會員國本身決定，但由第十四條款國家轉移為第八條款國家時，事先需與基金當局取得協議，並且一旦

成爲第八條款國家，則不得再轉移爲第十四條款國家。

此外，依稀少貨幣條款規定：因其他會員國對某一會員國的貨幣需要極大，使基金對於該會員國貨幣的供給發生困難時，基金得宣佈該國貨幣爲稀少貨幣。被基金宣佈爲稀少貨幣的國家，即可實施外匯管制。

關於資本移動，基金規定各會員國不得以基金的資金，用以鉅額或持續的資本外流的支付。對於這種資本外流，會員國得加以管制，但不得因此而妨礙經常交易的對外支付。

第三節　國際復興開發銀行

國際復興開發銀行（The International Bank of Reconstruction and Development，簡稱 IBRD），通稱爲世界銀行（World Bank），係根據布里敦森林協定於 1945 年 12 月在華盛頓所設立的機構。該銀行的會員國，以國際貨幣基金的會員國爲前提。

國際復興開發銀行設立的目的，在供給國際貨幣基金的會員國以長期貸款，促進戰後的重建，並協助低度開發國家的發展，同時協助解決國際收支長期性失衡的問題。

世界銀行的資本，最初定爲 100 億美元，分爲 10 萬股，由各會員國分攤，各會員國的攤額比例，大致與基金攤額比例相同。各會員國所認繳的資本額，2％需以黃金或美元繳納，18％以本國貨幣繳納，其餘 80％則在銀行支付發行債券等債務時，通知會員國繳納。世界銀行即以上述自有資金實施直接放款，又得以借入資金，如發行債券等，進行放款，並得對私人的投資或貸款予以全部或部分的擔保。初期以戰後復興貸款爲主，但因資金有限，終被馬夏爾計劃所取代，故轉而致力於低度開發國家的開發貸款，但國際復興開發銀行遇到了下列困難：

1.未能促進國際私人投資：世界銀行的主要業務，係擬與私人資金

進行共同貸款，或對私人的國際貸款予以擔保。但因戰後低度開發國家的初級產品，普遍呈現滯銷現象，同時又由於民族主義的抬頭與政治、社會的不安等，故國際私人資本大都流入先進國家，甚至發生自低度開發國家撤退的現象。因此世界銀行不得不單獨從事貸款，故使其所能提供資金甚爲有限，又基於債權的確保，其貸款乃偏向於會員國的政府或國營企業；而對私人企業的貸款，則需由會員國政府或中央銀行保證。因此，實際上世界銀行對私人企業並無太大協助。1956 年成立的國際金融公司，即爲解決該困難而創立的機構。

2.世界銀行的貸款以外匯付出，故常要求以外匯償還，對結構性外匯短絀的低度開發國家而言，在推行開發的計劃上，係一種過於嚴格的要求。此外，世界銀行的貸款只限用於收益基礎的經濟範圍，其他非收益基礎的投資，如教育投資、社會基本建設投資等均不允許。而這些投資卻爲經濟開發所必須的社會投資，因此，乃有 1960 年國際開發協會的創立。

第四節　國際金融公司

國際金融公司（International Finance Corporation, 簡稱 IFC）於 1956 年 7 月 20 日設立。其目的爲補助世界銀行的活動，協助低度開發國家的私人生產企業。其會員國以國際貨幣基金與世界銀行的會員國爲前提條件，其組織與管理亦與世界銀行相同，並且大部人員均由世界銀行人員兼任。

國際金融公司資本額爲一億美元，亦以各會員國經濟實力爲標準而分配攤額，但攤額必須全額以黃金或美元繳納。

國際金融公司的目的，既在促進對低度開發國家私人企業的投資，以補充世界銀行活動的不足，故其營運方式，與世界銀行略有不同。其

貸款及投資對象，主要爲私人企業，而且原則上不要求會員國政府的保
證。其資金的運用，或以貸款方式，或以直接投資方式辦理。原則上均
希望所投資或貸款的企業業務發達後，另向其他地方吸收資金，並歸還
該公司資金，俾能將資金再投資或貸放予需要資金的事業。

第五節　國際清算銀行[2]

　　國際清算銀行（Bank for International Settlements, BIS）係
1930 年 2 月 27 日，由英國、法國、德國、義大利、比利時等國之中央銀
行總裁，以及由摩根（J. P. Morgan）所率領之美國民間金融團體，於
義大利羅馬簽署成立該行的協議書，並於同年 5 月 17 日，由上述 6 國及
日本共同出資在瑞士巴塞爾（Basel）成立的國際性貨幣機構。

　　國際清算銀行最初成立的目的，旨在協調第一次世界大戰後，有關
德國戰敗賠償的收付問題。而第二次世界大戰後，國際清算銀行成爲美
國「馬歇爾計畫」（Marshall Plan）在歐洲之清算代理機構。

　　其後，該行的角色逐漸擴大，不僅接受存款、從事放款，同時亦代
理國際間的清算。1960 年代後期，由於發生國際性的貨幣危機，國際清
算銀行又扮演起抵銷國際性貨幣投機的任務。嗣因國際貨幣基金已接管
國際清算銀行的大部分功能，因而近年來國際清算銀行的角色已逐漸轉
向從事於與國際間有關的財政和貨幣事務之研究，以及進行對國際銀行
的監管。

　　國際清算銀行的最高決策單位爲理事會，其係由各會員國的中央銀
行總裁所構成；至於一般事務的處理，則委由 13 個成員所共同組成的執
行董事會負責。

---

[2]請參閱孫義宣編著《國際貨幣制度》，金融人員訓練中心出版，民國 82 年 7 月
　增訂 6 版。

另外, 每年亦定期召開中央銀行總裁會議十次, 與會者係來自 10 國集團 (美、日、德、英、法、義、加、荷、比、瑞典) 加上瑞士, 共 11 個國家的中央銀行總裁; 開會時間通常定在星期一下午; 開會內容則是針對當前世界經濟景氣、物價、匯率、利率經濟金融情勢, 彼此交換情報與意見。

國際清算銀行與國際貨幣基金及世界銀行之最大不同, 在於前者頗具「擺脫政治束縛之獨立性」, 其功能着重在促進各國中央銀行間的政策協調, 並明白禁止對各國政府進行直接融資。另外, 國際清算銀行之銀行管制監督委員會 (又稱庫克委員會), 於 1988 年 7 月, 提出了從事國際性事務之商業銀行分行, 應符合自有資本比率不得低於 8 ％的規定。此一發展, 導致國際清算銀行的職能, 復擴及至包括銀行監督在內的多重角色。有鑑於金融全球化的時代潮流, 未來國際清算銀行在制定規範性的國際準則, 乃至於扮演國際間緊急救難的角色上, 將更加的彰顯。

第六節　國際開發協會

國際開發協會 (International Development Association, 簡稱 IDA) 於 1960 年 9 月 24 日成立, 通稱為第二世界銀行。其會員國亦以國際貨幣基金與國際復興開發銀行的會員國為前提, 會員國分為二種: 一種為 16 個工業先進國家, 這類會員所認的攤額必須全部以黃金或自由交換性的貨幣繳納, 約佔全部資本 76％, 另一種為其餘的低度開發國家, 其所認的攤額, 僅需 10％以黃金或自由交換性的通貨繳納, 其餘得以該國貨幣繳納。其組織與管理亦與世界銀行相同, 並且絕大部分人員均由世界銀行人員兼任。

國際開發協會設立的目的, 乃在補救世界銀行與國際金融公司在業務上以營利的生產企業為對象, 而以較寬大的條件, 供應低度開發國家

的較缺乏收益性的開發計劃所需資金。其貸款條件，較世界銀行富於彈性，貸款對象亦較廣泛，不但包括水利、運輸等經濟部門，亦包括學校、醫院等社會部門。貸款期限最長達 50 年，歸還時亦可使用本國貨幣，除收取年率 0.75%的手續費外，不另收取利息。

第七節　亞洲開發銀行❸

亞洲開發銀行(Asian Development Bank, 簡稱亞銀)成立於 1966 年 8 月，總部設於菲律賓首都馬尼拉。其設立宗旨是以提供開發性貸款、資本、技術，協助亞洲地區會員國經濟發展及合作。

目前亞銀會員國除位於亞洲地區國家外，還包括 15 個歐美先進國家，故亦頗具跨洲的全球色彩。歐美國家之所以加入亞銀，主要著眼於擴大本國之經濟援外計劃之國際影響力、取得亞銀內部放款與投資資料以及獲得提供亞銀投資計劃中所需採購物資及技術服務之機會等。這些歐美富有國家的參與，也充實了亞銀的經費來源。

一、亞銀的組織

亞銀的主要權力機關爲其會員國代表會（Board of Governors），其地位有如公司法中規定的公司股東會，每年集會一次，議決亞銀的營運措施。會員國的投票權由兩部分構成：基本投票權與比例投票權。每一會員國都擁有相同的基本投票權，所有會員國的基本投票權占亞銀總投票權的五分之一。每一會員國另外按其認股比例而享有其他五分之四，這部分的投票權稱做比例投票權。

依代表會決策督導亞銀業務活動的機關是其董事會（Board of

---

❸ 請參閱 *Asian Development Bank: Questions & Answers*, April, 1987。

Directors）。亞銀章程設有 12 席董事，其中 8 席必須來自亞太地區的會員國。董事由代表會選任，任期兩年，可連選連任。實際負責亞銀經常運作者爲亞銀總裁（President），也由代表會選任，任期五年，亦可連選連任。亞銀總裁爲其董事會當然主席，惟在董事會議決時沒有投票權，除非 12 席董事意見對峙陷於僵局。亞銀總裁之下，設有 3 個副總裁及 22 個佐理、營業與研考部門。目前亞銀僱有約 600 位來自各會員國的專業人才，以及 1000 餘位大部分爲菲律賓當地的佐理人員。其所僱用的專業人才包括經濟學家、農經學家、土木、機械、化學工程專家、開發銀行業務專才與財務分析人員等等。

二、 資金來源

亞銀本身可以運用的資金來源，一部分來自會員國的投資認股，主要則是自國際金融市場的取得商業性借款。另外，會員國以及其他國際組織偶而對亞銀也有些捐贈。再者，亞銀也透過各種合作融資方式（Co-financing），幫助其開發中的會員國吸引額外的非亞銀資金。

會員國在亞銀的投資認股（subscriptions）分成兩部分。一部分繳現，其餘則係「請求即付之股份」（callable shares）。歷次亞銀增資認股中，繳現部分所占比例由 5％至 50％不等。繳現部分中，40％需以可兌換之貨幣（即國際性通貨）支付，其餘 60％則以會員國本國貨幣支付。

亞銀經常性放款與投資所需之資金，主要係發行亞銀債券自國際金融市場取得。債券的幣別頗爲分散，主要是日元、德國馬克與美元。債券發行餘額以及其他借款餘額合計不超過「請求即付之股份」總額，是亞銀一貫的政策，因此「請求即付之股份」實際上是亞銀向外借款的擔保。

亞銀折讓性放款或投資的資金來源是「亞洲開發基金」（Asian Development Fund）。設立此一基金的一個主要考慮，即是想統籌運用

不同來源的贈與，簡化亞銀內部作業的負擔。長久以來，接受亞銀折讓性放款的對象，主要是孟加拉、緬甸、尼泊爾、巴基斯坦與斯里蘭卡等低所得會員國，這些國家承擔國際市場行情利率的能力非常有限。目前亞銀折讓性放款的條件非常優厚，每年只收1％的手續費，放款期限與還款寬限期分別長達40年與10年。

除「亞洲開發基金」之外，亞銀另有一個特別基金，此即「技術協助特別基金」（Technical Assistance Special Fund）。此一基金來源和前一「亞洲開發基金」一樣，主要是會員國的捐贈。此一基金主要是用來無償協助開發中的會員國，聘用專家增強其草擬、設計、評估、執行與操作開發計畫的能力。另外，亞銀也曾利用此一基金，協助會員國進行區域開發研究。

三、放款與投資政策

亞銀放款與投資對象十分廣泛，包括開發中的會員國政府及其各部門、公、民營機構等，以及以發展亞太經濟為宗旨的國際組織。

亞銀放款主要乃針對個別投資計畫（Projects）給予融通，這些計畫大致上有能源、農業、自來水與衛生工程、農產加工、都市發展、教育、人口控制、交通與通訊等。原則上亞銀並不排斥整體性的開發計畫貸款，不過由於此類開發計畫牽涉廣泛，評估不易，因此亞銀對這類型的放款不多。

在投資方面，亞銀主要以認股方式融資開發中會員國的開發金融機構（Development Finance Institution）。透過此類所投資的金融機構，亞銀可以對更多的民營生產事業提供融資服務。但亞銀對各計畫的融資成數並非無限制，基本上所得水準愈高的國家，可貸成數也愈低。如阿富汗、巴基斯坦等國（亞銀分類為Ａ級），國民平均所得較低，故最高可貸達計畫金額之八成；而如四小龍（分類為Ｃ級），計畫可貸成數最多僅

四成。由於 A 級國家通常償付外債能力偏低，目前亞洲開發基金主要便是以他們爲援助對象。

除上述的放款與投資外，亞銀另有所謂的合作融資計畫（Co-financing Scheme）。這是指亞銀聯合受援國國外的資金來源，對受援國提供投資計劃融資或物資貸款。透過亞銀合作融資計畫，受援國通常可以依較低之利率自國際資金市場取得額外的開發資金；而就參與亞銀合作融資計畫的國外資金來源而言，由於亞銀的公信力及主動參與，可因此省卻許多放款作業的成本。

第八節　美洲開發銀行❹

美洲開發銀行（Inter-American Development Bank, 簡稱 IDB）成立於 1959 年，在 1960 年 12 月開始運作。總部設於美國華府，它是拉丁美洲區域的主要國際金融機構之一，成立之主要目的是協助拉丁美洲各會員國加速其經濟與社會的發展。成立之初原本僅有美洲國家組織（OAS）成員才有資格加入，後來爲了增加銀行資金來源，亦允許 IMF 的會員國及瑞士加入。

一、內部組織

IDB 以理事會（Board of Governors）爲最高權力機構，理事會是由每一個會員國所推派出來的一位理事及一位候補理事所組成，一年開一次會，檢討有關 IDB 的運作及做重大的政策決定。常務董事會（Board of Executive Directors）則受理事會委託，處理一般日常事務及行政管理。常務董事會的職責在建立營運政策、審核貸款，及由 IDB 總裁所提

❹ 同❷。

交的技術合作計畫、訂定貸款利率、授權向資本市場借款及審查組織的
行政預算。常務董事會現由 12 個常務董事及 12 個候補常務董事所組成,
每一位候補常務董事在其代表的常務董事缺席時, 可被指派行使職權。
常務董事是全職的工作, 須在 IDB 總部所在的美國華府執行職務。

　　IDB 總裁由理事會選出, 任期 5 年, 對外代表銀行, 對內負責處理
整個組織的一般業務及主持常務董事會議, 但沒投票權, 除非會中表決
正反票數相等, 才可投下決定性的一票。

　　IDB 在各拉丁美洲會員國內多設有辦事處, 其主要工作是協助發掘
投資計劃, 管理已核准的貸款及監督計劃的執行。另外, IDB 在倫敦及
巴黎亦設有辦事處, 以促進 IDB 區域外會員國及西半球以外的金融市場
之間聯繫。

二、 資金的來源

　　IDB 的資金主要來自三方面, 分別是會員國認股的「普通資金」
(Ordinary Capital) 及「特殊營運基金」(Fund for Special Opera-
tions)、商業性借款、信託基金 (Trust Fund)。

　　「普通資金」為構成 IDB 自有資金的主要部分, 是 IDB 成立之初
由其會員國分別投資認繳, 其後並經多次增資認股。「特別營運基金」則
由會員國捐贈, 作為對該區域低度開發國家之長期低利優惠貸款用, 是
IDB 優惠貸款之資金來源。

　　商業性借款則是 IDB 由本身發行的債券,從國際資本市場取得之資
金, 以對會員國進行經常性貸款及投資。目前債券的幣別頗為分散, 主
要是日圓、德國馬克、美元、瑞士法郎等。

　　信託基金是由會員國捐贈而委託 IDB 管理。申貸的計畫需經 IDB
及捐贈國共同同意方可貸得款項。目前數額最大的基金是美國社會發展
信託基金 (U.S. Social Progress Trust Fund), 主要用於推動拉丁美

洲經濟成長，尤其是在技術合作計劃上。

　　IDB 成立至今，對拉丁美洲地區的社、經發展貢獻很大，促使區域內融資資源流暢、利益分配更公平、技術合作更強化，有益於美洲區域的經濟整合。

第九節　歐洲復興開發銀行❺

　　歐洲復興開發銀行（European Bank for Reconstruction and Development, EBRD）設立於 1990 年 5 月 29 日，並於 1991 年 4 月 15 日開始營運，現會員國包括波海 3 小國、獨立國協 12 個共和國、歐體成員國、東歐各國、其他歐洲國家，以及非歐洲國家等。

　　EBRD 設立的目的在於協助東歐原共產國家民主化，並發展市場經濟及加強環境保護，以成為歐洲統合的橋樑。也因此，其業務主要在於協助東歐各國之基本建設與環境保護，以及協助其企業的民營化。

　　EBRD 以理事會（Board of Governors）為最高決策單位，其權限為核准新會員加入，及修改 EBRD 的章程等事項。執行董事會（Board of Executive Directors）受理事會委託行使所賦予之權利，督導 EBRD 之業務。其總部常駐於英國倫敦，成員有 23 人，其中歐市國家 11 名、東歐國家 4 名、其他歐洲國家 4 名，日本與美國共 4 名。

　　由於 EBRD 章程中規定其 60% 之款項需融通給私人部門，其餘則貸予跟私人部門有關之基本建設，但因現有之國際機構如世界銀行、IMF、IFC 等在東歐地區也已十分活躍，再加上東歐私人部門之經濟規模仍小，風險也較高，EBRD 在業務的推展及與其他國際機構的配合上，皆面對不小的挑戰。

---

❺同❷。

第十節　中美洲經濟整合銀行

中美洲經濟整合銀行（Central American Bank of Economic Integration, CABEI）又稱中美洲銀行，於 1960 年 12 月 13 日由瓜地馬拉、薩爾瓦多、宏都拉斯、尼加拉瓜等 4 國共同簽署成立，並於 1961年 5 月 31 日在宏國首都特古士加巴（Tegucigalpa）正式營運。1963 年又加入哥斯大黎加，使會員國成為 5 個。

CABEI 成立之宗旨係在融通各會員國經濟發展，並促其經濟整合，故其業務主要在提供會員國經濟、社會發展所需之融資。其融資乃透過數個基金的運作，如普通基金、房貸基金、中美洲經濟整合基金、社會發展基金、中美洲共同市場基金、中美洲經社發展基金等。我國於 1990年元月加入其中美洲經社發展基金，其後因該行政策改變，基金出資轉為銀行股本，我國因此也成為 CABEI 的會員國之一。

如一般的國際金融組織，CABEI 的最高決策單位為理事會，而執行董事會則受理事會委託負責 CABEI 的經常性業務。執行董事會由會員國各指派一位董事充任，其總裁則由理事會選舉產生，任期 5 年，為該行最高首長及法定代表，主要職責在推動該行的行政業務。總裁需列席執行董事會議，雖有發言權却無投票權。

近年來，美洲地區經濟整合日漸明顯，北美自由貿易區已成立，南美洲各國正籌畫成立共同市場；而墨西哥已與 CABEI 之中美洲 5 成員國簽署自由貿易協定。將來因中美洲位於南、北美洲間的樞紐，會使得 CABEI 在美洲經濟整合過程中扮演重要角色。

❻同❷。

第十八章　國際貨幣制度

　　國際貨幣制度，是各國為適應國際貿易及國際支付的需要，在貨幣方面採取的一種制度。二次大戰後的國際貨幣制度，起初係以國際貨幣基金為中心的金匯兌本位制度(Gold Exchange Standard)，亦即以黃金和美元作為國際準備 (International Reserves) 的制度❶。這種以國際貨幣基金為中心的國際貨幣制度，於二次大戰後二十年間運作良好，使國際貿易達到空前未有的水準。但隨着時間的過去，這種制度缺點逐漸顯露，雖經不斷改進，可是國際貨幣危機仍舊層出不窮，因此終致崩潰。之後，一個令舉世滿意的國際貨幣制度至今尚未出現。現存的國際貨幣制度是所謂的浮動匯率制度，其並不能帶來穩定有秩序的國際金融環境，因此各國貨幣當局及學者專家，均認為必須對這種制度加以長期的改革。現將國際貨幣制度的演變及其困擾，和各種改革方案，於下列各節略予說明。

第一節　國際貨幣制度的演變

一、二次大戰前

　　國際貨幣制度的發展，可從國際金本位制度談起。在十八世紀中葉，

❶請參閱 Hansen, *The Dollars and The International Monetary System*, (New York: McGraw-Hill Book Company, 1969)

休姆（D. Hume）根據貨幣數量學說（Quantity Theory of Money）提倡物價與現金流出入機能（Price Specie-Flow Mechanism）說明在金本位制度下，一國如果發生逆差，使匯率下跌至黃金輸出點（Gold Export Point），而促使黃金外流，貨幣數量因之而減少，物價隨之下跌，商品的國際競爭力量大增，從而輸出增加，輸入減少，國際收支恢復均衡；反之，國際收支順差時，匯率上漲至黃金輸入點（Gold Import Point），因之黃金流入，貨幣數量增加，物價上漲，從而輸入增加，輸出減少，結果國際收支又恢復均衡。國際金本位制度，因有物價與現金流出入機能的作用，及黃金輸出入點的限制，故匯率非常穩定，加上第一次世界大戰前，實施金本位制度的國家均能遵守所謂「金本位制度的競賽規則」（Rules of the Gold Standard Game），因此使金本位制度圓滿地達成了國際貨幣制度的任務。此一競賽規則包括：(1)各國保證貨幣與黃金的自由兌換；(2)貨幣發行額受黃金準備的限制；(3)各國允許黃金的自由輸出入。

第一次世界大戰發生後，各國均停止黃金的兌換，禁止黃金輸出，實施外匯管制，代之而起的是各國貨幣的自由浮動，匯率不再釘住黃金，各國間亦無固定匯率存在，匯率隨市場的供需自由浮動，因匯率變動太大，故對國際貿易與投資的進行甚為不利。所以若干國家不斷尋求恢復金本位制度的可能性。

1922 年熱內亞會議（Genoa Conference）建議各國早日恢復金本位制度，旋於 1923 年起，各國重返金本位制度的願望終於先後實現，但因下列原因，終使國際金本位制度在維持短暫的時間後，崩潰而一去不復返了。

㈠世界經濟大恐慌：

1929 年開始的經濟大恐慌，是國際金本位制度崩潰的基本原因，大恐慌係從農業而漸漸發展至製造業，故 1929 年首先放棄金本位制度的國

家，均為農業國家，旋即工業國家亦相繼放棄。

㈡主要金本位國家恢復戰前黃金平價之不當：

英鎊恢復舊平價，使英鎊匯價形成高估，終使輸出日漸萎縮，國際收支逆差程度日益惡化，迫使英國不得不放棄金本位，連帶地使多數國家放棄金本位。

㈢由於賠款及戰債對國際金融的擾亂作用：

由於各國所欠美國戰債甚大，故賠款與戰債的償付，均使黃金單向流向美國，賴以維持金本位制度的現金流出入機能無從發揮，自亦促成國際金本位制度的崩潰。

㈣國際長期投資不足與短期資金過多：

第一次世界大戰後，美國已取代英國而成為世界經濟重心，但因美國對外投資經驗不夠，故發生了國際長期投資不足，並且戰後所恢復的金本位制度大都是金匯兌本位制，以握存國外短期資金為其現金準備的主要部分，國際短期資金充斥，故遇有金融恐慌，自難應付。

㈤國際政治矛盾助長了國際金融恐慌：

德國國社黨在選舉中獲勝，更助長了國際金融的動盪。

金本位制度崩潰後，各國匯率失去客觀的基準，此時多數國家為本國經濟利益，競相實施外匯貿易管制措施，採取差別性貨幣措施，提高關稅，進行匯兌貶值競爭，結果使國際貿易的規模縮小，各國經濟均蒙受不利的影響。

在上述貨幣競相貶值聲中，雖然有法國領導的黃金集團（Gold Bloc)匯率釘住黃金，及 1936 年法國約同英美訂立三國協定(Tripartite Agreement)，放棄貶值競爭，使國際金融暫時局部偏安。可惜 1939 年第二次世界大戰爆發，各國又相繼實施外匯管制，三國協定也就名存實亡了。

二、二次大戰後❷

二次大戰結束後，聯合國為實現世界性的自由貿易與自由支付的重建，加強國際經濟的合作，終於發展以國際貨幣基金（International Monetary Fund, IMF）為中心的國際貨幣制度。

在 1944～1971 年這段期間，國際間採取了「可調整的固定」（Adjustable Peg）制度。這種制度在短期可使匯率穩定（所以類似金本位制），但在一國的國際收支發生基本失衡之時又可調整匯率（所以類似浮動匯率制度）。「可調整的固定」制度可說是以美元為中心之「金匯兌本位制」。此時美元是以每 1 盎斯（Ounce）黃金等於 35 美元的固定平價釘住黃金，而貨幣機構所持有的黃金亦可自由兌換為美元，美國則按官價（Official Price）無限量地買賣黃金。在此意義上，美元成為「關鍵通貨」（Key Currency），其他各國則須：(1)宣佈其通貨對黃金或美元的「平價」（Par Value 或 Parity）；(2)準備在外匯市場上隨時買賣美元以保衛其所宣佈的平價。

這時期又可分為兩個階段，分別是「美元缺乏」（Dollar Shortage）時期 (1944～1958)，與「美元過剩」（Dollar Glut）時期 (1959～1971)。

在美元缺乏時期，其實就是美元本位制的全盛時期，世界各國多願意持有美元以做為外匯準備；當時，美國的逆差不大，每年平均不過 10 億美元，但這些流出國外的美元卻供應了世界所需的流動力。

但至 1958 年，美國當年度的逆差跳升為 35 億美元，其後數年日漸擴大。同時，歐洲國家已有美元飽和之感，也開始將其所持美元之大部分兌換為黃金；為維持美元與黃金的兌價，美國國會同意聯邦準備當局降低國內通貨所需的黃金準備，俾使美國的存金可以部分解放出來，以

---

❷ 請參閱白俊男著，《國際金融論》，1988 年版。

因應世界黃金需求的增加，但由於逆差過於龐大而無法顯現具體效果。

在美元過剩時期，最嚴重的問題就是國際收支持續不平衡的問題，這種不平衡存在於美國與歐洲順差國家（特別是德國）及日本之間。德國及日本不但拒絕將其通貨升值以解決問題，反而將問題推給美國，認為是美國應有的責任。歐洲國家及日本甚至認為美國佔盡便宜，以自己發行的美元融通其國際收支的逆差，這無異於擁有他國所無的課征「貨幣稅」之特權。

但在另一方面，美國也倍感受拘束，因美元本位制之下各國貨幣釘住美元，令美國無法施展匯率政策；又因其他國家是以美元為主要的干預通貨，美國不能有效地變更以美元表示的其他通貨之價格；亦即，美國並無自動調整匯率的能力。美國既然不能輕易地將美元貶值，當然要求歐洲及日本等順差國家將其通貨升值，以遂減少貿易逆差之心願。

1971 年 8 月 15 日，美國總統尼克森（Richard M. Nixon）宣佈其「新經濟政策」（New Economic Policy）切斷了美元與黃金的聯結，美國撤消以黃金兌換美元的承諾。一旦美元被宣佈為停止兌換，美國的黃金窗口遂告關閉，美國也就重獲變動匯率的自由，但是，可調整及固定的美元金匯兌本位制卻也因此而告結束。

1971 年 8 月～1973 年 3 月之間，世界各國以美、英、西德、法、日、加、義、比利時、荷蘭、瑞典等「十國集團」（Group of Ten）為首，紛思國際貨幣新制度，試圖避免「金匯兌本位制」崩潰帶來之大幅匯率波動，以穩定國際金融，但終歸無效。最後，在 1973 年 3 月，世界上主要通貨全部於外匯市場上開始浮動，此即是現今「管理浮動」（Managed Floating）匯率制度的開始。

「管理浮動」制度於 1976 年 1 月 7 日在牙買加首都京士頓（Kingston）召開之 IMF 理事會中，獲得各國的認可。牙買加會議中，IMF 理事會的臨時委員會（Interim Committee）決議對 IMF 的協訂條款進行

修正，建立了當前的國際貨幣架構。根據此項會議協議而運行的國際貨幣制度，便稱爲京士頓體制（Kingstone System），於完成最後立法程序後，自 1978 年 4 月起正式生效實施。

「京士頓體制」中與匯率有關的主要內容爲：

1.在 IMF 監督之下，允許各會員國自由選擇其匯率制度；IMF 將與各國諮商其匯率政策，以確保國際貨幣制度的有效營運。

2.取消黃金官價，降低黃金的國際地位而不再做爲貨幣價值標準。IMF 並設定以特別提款權（Special Drawing Rights, SDR）取代黃金與美元，作爲各國貨幣的共同標準及主要的準備資產之目標。

自牙買加協議後，IMF 的會員國分別採取了各種不同類型的匯率制度。計有：⑴釘住美元；⑵釘住法國法郎；⑶釘住英鎊；⑷釘住 SDR；⑸釘住其他通貨；⑹釘住 SDR 以外的「通貨籃」（Basket of Currencies）；⑺根據相關國家的變化爲指標頻繁調整匯率；⑻在歐洲貨幣制度（European Monetary System）下共同固定；⑼若干國家另訂匯率協議，等方式。

第二節　二次大戰後國際貨幣制度改革的探討

一、金匯兌本位制的困擾❸

如第一節所述，二次大戰後的國際貨幣制度，首先爲國際貨幣基金主導下的金匯兌本位制度，該制度因有下列困擾，致使不斷發生國際貨幣危機，於是引起當時各方積極提出國際貨幣制度的改革方案。

❸請參閱 Raymond P. Kent, *Money and Banking*, (Holt, Rinehart and Winston, Inc, Six Edition 1972), pp. 588～603.

㈠信心問題

　　二次大戰後的國際貨幣制度，以美元為關鍵貨幣（但也有人認為應加上英鎊），關鍵貨幣是當時國際流通性的源泉，為使國際流動性的增加能配合國際貿易的成長，必須美英兩國的國際收支要繼續保持逆差，但是美英兩國的國際收支如果繼續發生逆差，致使美元、英鎊幣值下跌，則其他各國對其貨幣的信心，即會發生動搖。

　　二次大戰結束以後，大多數國家均遭戰爭破壞，物質極為缺乏，加上經濟重建所需資金甚鉅，均不得不依賴美國，因此發生了戰後嚴重的美元缺乏（Dollars shortage）問題。在這段期間，美國國際收支年有鉅額的順差，後來，西歐各國在馬歇爾計劃（Marshall Plan）的援助下，經濟逐漸重建，國際收支亦漸改善，美元缺乏現象漸漸消失。另一方面，美國國際收支自 1950 年以來，大多呈現赤字，黃金外流，至 1958 年歐洲共同市場成立及歐洲 15 國貨幣恢復自由兌換性後，情況更加嚴重，乃產生美元危機（Dollars Crisis）的問題。至於美國國際收支發生逆差的原因，主要為對外龐大的軍事和經濟援助，及短期利率水準較外國低，導致短期資金大量外流。

　　同時，另一關鍵貨幣英鎊，因外匯準備在戰爭期間大量消耗，並負鉅額外債，戰後殖民地相繼獨立，致海外投資收益劇減，加上英國戰後生產力低於其他先進國家，商品的國際競爭地位惡化，均導致英國經常帳的長期逆差，因而一再發生英鎊危機。

　　英、美兩國的國際收支逆差，雖使國際流動增加，但同時加深了對國際關鍵貨幣信心的動搖，導致投機性的資金移動，使國際金融一無安寧之日。

㈡國際流動性問題

　　在二次大戰後的國際貨幣制度下，國際貨幣準備係由各國貨幣當局所握有的黃金、美元、英鎊和各國在國際貨幣基金的提款權所構成。全

球貿易量不斷擴充，致黃金增加率遠不及貿易成長率，而美元、英鎊等關鍵貨幣，為了維持幣值安定，又不能增加太多，加上國際貨幣基金的提款權因受規章的限制，亦不能無限制擴充，故造成了國際流動性的不足。

(三)調整問題

在可調整之釘住匯率下，各國均不得任意調整匯率，但依二次大戰結束後各國經濟發展情況之不同，物價與生產成本之間，並不一定按照同一比例變動，故各國間的匯率，或成高估或成低估，使國際收支或為順差或為逆差無法達到均衡，亦即現行的可調整的釘住匯率，無法使國際收支的調整圓滿地進行，因此一再地發生國際金融風潮。

二、各種改革方案的提出❹

因二次大戰後「金匯兌本位」制度所出現的各種缺點與困擾，各方有識之士遂紛紛提出改革方案與意見。其中，有的認為現行制度必須完全變更，以新的制度加以取代；有的認為只要在現行制度上予以加強，即可解決問題；另有很多意見，介乎兩者之間。即使時至九○年代的今日，這些改革方案的基本理念，仍對國際貨幣制度的未來發展有所影響。茲將其中較具有代表性者，分述如下：

(一)擴大金匯兌本位方案

在擴大金匯兌本位方案中，主要為增加新的強勢貨幣，如西德馬克、瑞士法郎等，作為新的關鍵貨幣，而將現行的制度變為多元貨幣準備制度（Multiple-Currency Reserve System）。

曾任美國財政部次長的羅沙（R. V. Roose），在他發表的〈確保自由世界的流動性〉（Assuring the Free Worlds' Liquidity）和〈改革

---

❹請參閱 *International Monetary Reform, Document of The Committee of Twenty,* IMF, 1974 及白俊男先生著《國際經濟學》，民國 62 年 7 月，頁三○四～三二○。

國際貨幣制度〉（Reforming the International Monetary System）
的兩篇論文裏，亦主張建立多元貨幣準備制度。

盧滋（Friedrich A. Lutz）教授亦曾指出，除了伸縮性的匯率以外，
「多元貨幣本位」乃是改革國際貨幣制度的最佳方案，因為國際準備分
散於數種貨幣，能使貨幣制度對於危機的敏感程度降低。

㈡各國中央銀行合作方案

各國中央銀行合作方案係由 Zolotas，國際貨幣基金研究處前處長
柏恩斯坦（Edward M. Bernstein）及基金前任總經理賈客布森（Per
Jacobson）等所建議。他們建議，由國際收支順差的重要工業國家，貸
款給國際貨幣基金，當某一重要工業國家，因短期資本外流而陷於困境
時，其貨幣當局即可自基金獲得資金以應急需。

㈢集中貨幣準備方案

一國的中央銀行既能創造國內貨幣，則建立世界性的中央銀行，自
亦可創造國際貨幣，因此，認為集中各國中央銀行的準備資產，係解決
當前貨幣問題的最佳方案。

早在 1959 年，美國耶魯大學崔芬（Robert Triffin）教授，在其《黃
金與美元危機》（*Gold and the Dollar Crisis*）一書，即建議國際貨幣
基金應由現在「外匯平衡基金」的形態，改組成為具有「世界中央銀行」
機能的機構。基金會員國以其國際準備的20％存入基金，以此為基礎，
創造新的國際貨幣，而無限制地作為國際支付的工具，並擬以對會員國
放款，提供信用，及擴大會員國存款。Triffin 相信，將貨幣準備集中，
即可確保國際貨幣能照適當的速度成長。

Triffin 方案提出後，安格爾（James W. Angell）教授提出修正方
案，他主張以擴大的國際貨幣基金的存款形式為準備，不主張作硬性的
規定，而採取自動的原則。

哈樂德（R. F. Harrod）亦提出集中國際準備的主張，共有四種方

案, 其目的, 均在對各國貨幣當局供給適當的準備資產, 使各國可以解除國際收支失衡所受的經常困擾, 並且作爲國內信用創造的手段之一。根據 Harrod 估計, 世界準備資產的總額, 應該大約與世界全年輸入總值相等, 當時約爲 1,220 億美元, 而外匯準備總額, 僅爲 600 億美元左右, 所以應創造新準備資產約爲 600 億美元。該新創的資產, 或以各國輸入總額比例, 分攤貸給會員國; 或僅分配給各會員國銀行的透支權利, 此項權利係以各國自己的貨幣計算, 或假手基金在公開市場上購買各國政府的公債; 或以基金支票購買初級產品, 以穩定其價格。方法雖有不同, 但其目的則均如上述。

英國前財長莫德林 (Reginald Maudling) 提出一項建議, 稱爲 Maudling 方案, 其建議在基金內另設立「相互貨幣帳戶」(Mutual Currency Account), 而由「巴黎俱樂部」的美國、英國、西德、法國、義大利、加拿大、荷蘭、比利時、瑞典與日本等十國參加。此一帳戶的運用, 係以多邊抵銷的方式, 即由國際收支順差的會員國, 將可獲自收支逆差國家的貨幣存入該帳戶, 由國際貨幣基金給予黃金價值的保證, 並酌予利息, 國際收支逆差的會員國, 可利用該帳戶資金以清算對外債務。

㈣提高黃金價格方案

主張提高黃金價格以解決國際流動性的問題的學者, 以英國哈樂德 (R. F. Harrod) 及法國魯夫 (J. Rueff) 爲代表。其主要根據有二:

1.國際流動性的不足, 主要係由於貨幣性黃金的不足, 而貨幣性黃金的不足, 係因黃金價格偏低, 故只要提高黃金價格, 不但可以增加黃金產量, 並且可以增加黃金的貨幣價值, 以供足夠的國際流動性。因此, 不論國際準備的不足如何鉅大, 均可以提高黃金的貨幣價格予以補充。

2.美國國際收支逆差的根本原因爲美元幣值的偏高, 因而美元應予貶值, 即提高黃金價格。

㈤採取伸縮性匯率方案

主張伸縮性匯率的學者，按其內容，可分爲三大類：

1.完全自由的伸縮性匯率：例如傅利德曼（Milton Friedman）教授，即主張外匯市場應與其他市場一樣，匯價應由供需雙方來決定，亦即爲「浮動匯率」（Floating Exchange Rate）

2.較寬波動幅度（Wider Band）的匯率制度：即將當時匯率的波動幅度，擴大至平價上下各 5 ％的範圍。

3.徐緩移動的釘住平價（Crawling Peg）：維持上下各 1 ％的匯率波動幅度，唯爲矯正國際收支的基本失衡，可將平價連續移動。

針對上述較寬波動幅度的主張，十國集團於 1971 年 12 月 18 日同意將匯率的波動幅度，由平價上下 1 ％，放寬爲各國貨幣對美元的平價上下各 2.25％。但由於國際市場上美元過剩情形嚴重，終於連此一寬波動幅度匯率制定亦無法維持。

㈥恢復金本位方案

主張恢復金本位制度以 J. Rueff 爲代表，Rueff 曾任法蘭西銀行副總裁。

Rueff 認爲金匯兌本位制遭遇三大困難⑴金本位制度時代，國際收支逆差，藉黃金外流，購買力下降而調整；而金匯兌本位制，則相反地，藉膨脹措施以抵銷購買力下降，國際收支無法調整。⑵美國等關鍵貨幣因國際收支逆差而外流，外國即以此爲準備發行國內貨幣，同時這些美元又以存款方式留在美國信用機構之內，亦即國際收支逆差的美元，同時在債權國和債務國雙方創造信用，這種二重信用，必然引起世界性的通貨膨脹。⑶美國的對外短期債務，早已超過其黃金準備，因此，在發生大量資金逃避的場合，不無崩潰的危險。

因此，Rueff 主張，世界各國的發行準備，大部分應以黃金抵充，並應逐漸的脫離金匯兌本位制度，而金匯兌本位制度結束後，國際流動

性將陷於不足的狀態，Rueff 認為可藉提高黃金價格，並加強多邊的國際清算機構，以增加並節省國際流動性的需要。

三、特別提款權

㈠特別提款權的由來

前述各國國際貨幣制度的改革方案，皆因牽涉過廣，故始終無法成為各方一致接受的方案。其後由於創造國際新準備資產的需要日趨迫切，乃更集中焦點於此一問題的探討，而十國集團與貨幣基金亦自 1963 年起開始進行積極的集體研究。於 1966 年 11 月由國際貨幣基金執行幹事會與十國集團的代表，分次舉行非正式的聯席會議。至 1967 年 8 月 26 日，十國集團的財政部長及中央銀行總裁，在倫敦對創立一種新準備制度的「備用計劃」(Contingency Plan)，獲得一致的意見，並經國際貨幣基金執行幹事會的正式批准，而有「國際貨幣基金特別提款權大綱」(Outline of a Facility Based on Special Drawing Rights in the Fund) 的產生，並決定提交基金第二十二屆理事會加以討論。該年基金年會於九月在巴西里約熱內盧 (Rio de Janeiro) 舉行，除通過上述「特別提款權大綱」外，並決議由基金幹事會對基金協定作必要的修正，俾便納入「特別提款權大綱」。1968 年 3 月 29 日，十國財金首長集會瑞典，決定積極推動特別提款權。1968 年 4 月，基金執行幹事會根據「特別提款權大綱」作成「基金協定修正草案」，提請理事會核准，通訊投票結果，基金理事會正式通過特別提款權的創造以及基本協定的修正條文，於是特別提款權帳戶自 1968 年 8 月 6 日開始營運。

㈡特別提款權的創造與本質

特別提款權是國際貨幣基金新創造的特別提款帳戶 (Special Drawing Account) 的帳上信用，亦即為新創造的國際準備資產，最初其每一單位等於 0.888671 公克純金，但不得兌換黃金。1979 年改採「標

準籃」(Standard Basket) 辦法，以 1968～1972 年，5 年內 16 個重要輸出國家之通貨價值加權平均表示。1981 年起又將 SDR 的標準籃予以簡化，僅包括了下列 5 國貨幣（括弧內數字爲其權數）：美元 (42)、西德馬克 (19)、法國法郎 (13)、日圓 (13)、英鎊 (13)。不論就使用特別提款權的借款國家而言，或提供貨幣的放款國家而言，其借貸均應爲同等的價值。1991 年 1 月 1 日，上述五國貨幣權數又有修訂，美、德、法、日、英分別爲 40、21、11、17、11，有效期限至 1995 年 12 月 31 日。

特別提款權創造的目的，主要在補充現有國際準備的不足。即在國際準備資產不足時，可透過創造並分配特別提款權的方式，滿足國際流動性的需要以避免世界經濟的停滯；同時在國際準備資產發生過剩時，爲避免世界性的通貨膨脹，可透過取消的方式，減少國際流動資產。

特別提款權的創造，根據國際貨幣基金協定的規定，必須經過三項步驟：首先是基金的總經理認爲有必要創造，並經與各國洽商，認爲可獲得廣泛支持時，即可提出建議；其次，其建議應經基金的執行幹事會的批准；最後，當志願參加分配特別提款權的國家，達到基本票決權 85％時，基金即可開始分配特別提款權。

(三)特別提款權的分配與使用

特別提款權的參加國，以基金會員國爲基本條件，其分配係依各參加國在基金的攤額比例分配之，但在分配前，參加國可以書面表示不願接受分配，其後亦可經基金同意而接受其後的分配。

特別提款權的參加國，所獲得的分配額，分別記入基金特別提款帳戶，並經由該帳戶以轉帳方式，從事特別提款權的交易。國際收支發生困難的參加國，可使用其特別提款權，以取得等值的可兌換通貨，以渡過其困境，但應支付利息；國際收支順差國，則可提供通貨並接受前者的特別提款權，以收取利息。

但爲防止參加國長期依賴特別提款權，以解決國際收支逆差問題，

故對使用特別提款權亦有最高限額的規定，即參加國在任何一基本期間
（Basic Period），其使用特別提款權的平均數額，不得超過該期間每日
平均累積分配額的 70%，如某國每年可獲特別提款權的分配額爲 2 億
元，假定基本期間爲 5 年，則累積分配額爲 2 ＋ 4 ＋ 6 ＋ 8 ＋10＝30，
平均每年累積分配額爲 6 億元，70%即爲 4 億 2 仟萬元；如超過該數額，
應對超過部分，加以「復原」（Reconstitution），亦即以可兌換通貨兌
換其超過的特別提款權，否則基金可予停止參加的處分。而被指定提供
可兌通貨的參加國，其提供義務，係以其特別提款權淨累積分配額的兩
倍爲限。

㈣特別提款權與普通提款權的比較

特別提款權與普通提款權相較，具有下列特點：

1.特別提款權係由基金按照參加國的攤額予以分配，而無需繳納黃
金或任何貨幣；但基金會員國必須繳足攤額後，才能取得普通提款權。

2.特別提款權的動用，無須按照規定日期償還；而基金普通提款權
的使用，卻須按期償還。

3.特別提款權的參加國所獲得的分配額，可全部列爲其國際準備；
但普通提款權中僅能將可自動提取的黃金部門（Gold Tranche）列爲國
際準備。

4.特別提款權猶如銀行創造存款貨幣，係屬永久存在的負債或資產，
所以一經分配，即屬永久存在，無異增加貨幣準備；但普通提款權，則
猶如民間合會，參加者攤提出資，互相調濟所需資金，但無創造信用能
力。

由於 SDR 的設置，IMF 對國際貨幣制度的改革及國際準備的創
造，因此便有較易於使用的工具。在以後針對國際貨幣制度而提出的各
項改革建議中，SDR 往往被提出而賦予重要的角色地位。

第三節　國際貨幣制度的展望❺

一、當前國際貨幣制度的缺陷

自實施「管理浮動」匯率制度以來，國際金融環境上有兩項重大變遷對國際貨幣制度有重大影響，茲分述如下：

1.國際間商業銀行的貸放業務，因透過歐洲通貨市場及其他境外金融中心的操作而大幅成長。如此一來，一方面大部分境外金融中心並不受官方管制，故隨著該市場的成長，官方對國際金融的影響力逐漸低落，這也使得透過對各國政府的監督而發揮國際金融影響力的 IMF，難以有效掌握多變的國際金融環境。另一方面，面對蓬勃的民間金融市場，IMF 所掌握的資金愈加相對有限，力量相對削弱，所以不易將國際流動能力控制在一個適當水準。

2.主要國家的貨幣匯率表現，往往忽而偏高，忽而偏低，偏差之幅度相當大，與基本經濟情況的變化不能相稱，致使各國飽受匯率過度波動之苦。根究匯率不穩定之成因，除了各主要國家貨幣政策措施彼此不協調之外，各國中央銀行對當成外匯準備的通貨予以任意轉換也是其中之一。

另外，在管理浮動匯率制度下，IMF 雖有權監督各國的有關政策措施，以維持匯率制度的穩定，但並無具體的約束力量，只能任憑各國各行其是。

由於上述現行國際貨幣制度發生的窘境，不少人提議對現行制度進行全盤檢討，尋出改善辦法。

---

❺請參閱林文琇先生所著，〈國際貨幣基金與國際貨幣制度〉，《國際金融參考資料》第 20 輯，頁一〜三二。

二、十國集團的建議報告

目前國際貨幣制度的檢討及改善方向是以「十國集團」的研究報告為圭臬。該集團於 1985 年 6 月在東京集會,並提出最終研究報告,報告內容分為四部分,分別為浮動匯率的運作、國際監督的加強、國際流動能力的管理、IMF 的功能等。茲分述如下:

㈠浮動匯率的運作

浮動匯率制度雖對國際收支的調整及維持開放的貿易與支付制度有所貢獻,但也造成匯率過度波動。就現階段而言,過度波動的匯率雖阻礙了跨國投資及國際貿易的意願,但若為求匯率穩定而無視基本經濟條件或與市場力量相背馳,亦對國際經濟有害無益。爾後若採取資本管制、匯市干預、訂定匯率目標區等方式,藉求得一時的穩定匯率皆非明智。惟有靠各國之間持續密切合作,以及有力的國際監督,才能促進各國政策的適宜性及經濟成效的一致性。

㈡國際監督的加強

藉由詳實的資料蒐集與分析能力的輔助,採互相協議方式,整體性地監督國際間的資金交流,並重視各國之間政策的相互影響關係及經濟結構上的彼此差異。另外,也要加強 IMF 對個別國家間的諮商,並確實追蹤諮商效果。

㈢國際流動能力的管理

這一部分從兩項主題來探討,一是針對現行國際流動方式做評估並建議,另一主題則談到 SDR 的未來地位及角色。

就國際流動方式而言,仍將由各地區金融市場扮演供應大部分國際流通能力的角色,而官方的管道則扮演重要的輔助角色。但各國必須繼續採取資本移動自由化的措施,並實施非通貨膨脹性的金融政策,以免妨礙國際流通能力的發展與穩定。這方面的工作有賴上述國際監督的配

合。

在 SDR 未來的角色及地位問題上，由於環境的變遷，將 SDR 作為未來主要國際準備資產的必要性已受質疑，但因 SDR 本身的「自有準備資產」(Owned-reserve)特性，使得它在因應將來全球性國際準備不足的問題上，仍將扮演積極且重要的角色。

㈣ IMF 的功能

IMF 應扮演全球性貨幣機構，而非開發融資機構，以免因國際債務的龐大，而影響其貨幣機構功能。IMF 對會員國的援助仍應以攤額為主，待現存國際收支不平衡的問題獲改善後，便需將現行運用借入資金來加強開發中國家融資的辦法廢除。

另外，IMF 可與世界銀行加強合作，彼此分工，各自維持不同的資金運用方式，從不同方向搭配援助同一個受援國。

綜合以上十國集團的報告，其主張在承認市場力量下，利用各國的政策合作以促進國際貨幣制度的穩定，IMF 的業務也無需進行基本上的改革，而且也不贊同極力提升 IMF 及 SDR 地位的改革方式。以十國集團的影響力，可以預見近幾年內，國際貨幣制度仍將在現行體制下做十分有限的改變。

三、歐洲經濟整合的影響

近年來歐洲地區的經濟整合行動，至少在兩方面影響著未來國際貨幣制度的發展方向。

1.為建立歐洲貨幣穩定區，以協助建立歐洲通貨制度，歐市設立匯率機能（請見本書第八章第五節），限制會員國通貨間彼此浮動的上下限，據以加強彼此間匯率的穩定，而有助於未來歐洲單一貨幣的形成。如果歐市 ERM 運作成功，真形成貨幣的統一，那麼對提倡將 SDR 擴充成為國際主要貨幣的人士將是一項鼓舞。然而 ERM 成立以來，各參加國為

將本身貨幣匯率維持在限制區間內，已忍受不少國內經濟損失。尤其自德國統一以來，為因應以龐大資金供東德重建的需求，藉調高本國利率方式吸引大量國際資金的進入，從而影響歐洲匯率的穩定。其中英國於1992年9月認為無法再承受經濟損失而脫離 ERM，竟反成為1993年歐市各國中經濟表現最好者。此一情形令 IMF 反省是否將來有必要及可能性尋求國際貨幣的統合，而對支持提升 SDR 貨幣地位的人士也是項打擊❻。

2.隨著歐洲單一市場 (European Single Market) 的形成，助長了國際間大規模區域性經濟整合行動，其中北美自由貿易協定 (North American Free Trade Agreement, NAFTA) 已成立，而亞太區域經濟整合則正倡議中。如果上述區域經濟整合能夠成功，未嘗不會形成各自的獨立通貨區，如此則所謂的「三極通貨制度」便成為未來可能的國際貨幣制度。只是如今其中亞太區域整合的契機尚未出現，而整合之後所通用的貨幣也尚未成定論，「三極通貨制度」能否真的出現，仍待往後的考驗❼。

---

❻請參閱福井博夫著，〈最近の IMF の役割〉，《國際金融》，1994年4月。

❼請參見 Kahn, G. A., "Policy Implications of Trade and Currency Zones: A Summary of the Bank's 1991 Symposium,"Federal Reserve Bank of Kansas City: Economic Review, Nov./ Dec. 1991. pp.37～48.

第十九章　有關國際匯兌的重要法令

第一節　管理外匯條例

民國五十九年十二月二十四日總統令修正公佈

六十七年十二月二十日總統令修正公佈

七十五年五月十四日總統令修正公佈

民國七十六年六月二十六日增訂公佈

八十四年八月二日總統令修正公佈第六之一、二〇、二六之一；並增訂第一九之一、一九之二條文

第 一 條　為平衡國際收支，穩定金融，實施外匯管理，特制定本條例。

第 二 條　本條例所稱外匯，指外國貨幣、票據及有價證券。

　　　　　　前項外國有價證券之種類，由掌理外匯業務機關核定之。

第 三 條　管理外匯之行政主管機關為財政部，掌理外匯業務機關為中央銀行。

第 四 條　管理外匯之行政主管機關辦理左列事項：

　　　　　　一、政府及公營事業外幣債權、債務之監督與管理；其與外國政府或國際組織有條約或協定者，從其條約或協定之規定。

　　　　　　二、國庫對外債務之保證、管理及其清償之稽催。

　　　　　　三、軍政機關進口外匯、匯出款項與借款之審核及發證。

四、與中央銀行或國際貿易主管機關有關外匯事項之聯繫及配合。

五、依本條例規定，應處罰鍰之裁決及執行。

六、其他有關外匯行政事項。

第 五 條　掌理外匯業務機關辦理左列事項：

一、外匯調度及收支計畫之擬訂。

二、指定銀行辦理外匯業務，並督導之。

三、調節外匯供需，以維持有秩序之外匯市場。

四、民間對外匯出、匯入款項之審核。

五、民營事業國外借款經指定銀行之保證、管理及清償、稽催之監督。

六、外國貨幣、票據及有價證券之買賣。

七、外匯收支之核算、統計、分析及報告。

八、其他有關外匯業務事項。

第 六 條　國際貿易主管機關應依前條第一款所稱之外匯調度及其收支計畫，擬訂輸出入計畫。

第六條之一　新臺幣五十萬元以上之等值外匯收支或交易，應依規定申報；其申報辦法由中央銀行定之。

依前項規定申報之事項，有事實足認有不實之虞者，中央銀行得向申報義務人查詢，受查詢者有據實說明之義務。

第 七 條　左列各款外匯，應結售中央銀行或其指定銀行，或存入指定銀行，並得透過該行在外匯市場出售；其辦法由財政部會同中央銀行定之：

一、出口或再出口貨品或基於其他交易行為取得之外匯。

二、航運業、保險業及其他各業人民基於勞務取得之外匯。

三、國外匯入款。

四、在中華民國境內有住、居所之本國人，經政府核准在

國外投資之收入。

五、本國企業經政府核准國外投資、融資或技術合作取得
之本息、淨利及技術報酬金。

六、其他應存入或結售之外匯。

華僑或外國人投資之事業，具有高級科技，可提升工業水
準並促進經濟發展，經專案核准者，得逕以其所得之前項
各款外匯抵付第十三條第一款、第二款及第五款至第八款
規定所需支付之外匯。惟定期結算之餘額，仍應依前項規
定辦理；其辦法由中央銀行定之。

第　八　條　中華民國境內本國人及外國人，除第七條規定應存入或結
售之外匯外，得持有外匯，並得存於中央銀行或其指定銀
行。其為外國貨幣存款者，仍得提取持有；其存款辦法，
由財政部會同中央銀行定之。

第　九　條　出境之本國人及外國人，每人攜帶外幣總值之限額，由財
政部以命令定之。

第　十　條　（刪除）。

第 十 一 條　旅客或隨交通工具服務之人員，攜帶外幣出入國境者，應
報明海關登記；其有關辦法，由財政部會同中央銀行定之。

第 十 二 條　外國票據、有價證券，得攜帶出入國境；其辦法由財政部
會同中央銀行定之。

第 十 三 條　左列各款所需支付之外匯，得自第七條規定之存入外匯自
行提用或透過指定銀行在外匯市場購入或向中央銀行或其
指定銀行結購；其辦法由財政部會同中央銀行定之：

一、核准進口貨品價款及費用。

二、航運業、保險業與其他各業人民，基於交易行為或勞
務所需支付之費用及款項。

三、前往國外留學、考察、旅行、就醫、探親、應聘及接

　　　　治業務費用。

四、服務於中華民國境內中國機關及企業之本國人或外國
　　人，贍養其在國外家屬費用。

五、外國人及華僑在中國投資之本息及淨利。

六、經政府核准國外借款之本息及保證費用。

七、外國人及華僑與本國企業技術合作之報酬金。

八、經政府核准向國外投資或貸款。

九、其他必要費用及款項。

第 十 四 條　不屬於第七條第一項各款規定，應存入或結售中央銀行或
　　　　其指定銀行之外匯，爲自備外匯，得由持有人申請爲前條
　　　　第一款至第四款、第六款及第七款之用途。

第 十 五 條　左列國外輸入貨品，應向財政部申請核明免結匯報運進口：

一、國外援助物資。

二、政府以國外貸款購入之貨品。

三、學校及教育、研究、訓練機關接受國外捐贈，供教學
　　或研究用途之貨品。

四、慈善機關、團體接受國外捐贈供救濟用途之貨品。

五、出入國境之旅客及在交通工具服務之人員，隨身携帶
　　行李或自用貨品。

第 十 六 條　國外輸入餽贈品、商業樣品及非賣品，其價值不超過一定
　　　　限額者，得由海關核准進口；其限額由財政部會同國際貿
　　　　易主管機關以命令定之。

第 十 七 條　經自行提用、購入及核准結匯之外匯，如其原因消滅或變
　　　　更，致全部或一部之外匯無須支付者，應依照中央銀行規
　　　　定期限，存入或售還中央銀行或其指定銀行。

第 十 八 條　中央銀行應將外匯之買賣、結存、結欠及對外保證責任額，
　　　　按期彙報財政部。

第 十 九 條　（刪除）。

第十九條之一　有左列情事之一者，行政院得決定並公告於一定期間內，採取關閉外匯市場、停止或限制全部或部分外匯之支付、命令將全部或部分外匯結售或存入指定銀行、或爲其他必要之處置：

一、國內或國外經濟失調，有危及本國經濟穩定之虞。

二、本國國際收支發生嚴重逆差。

前項情事之處置項目及對象，應由行政院訂定外匯管制辦法。

行政院應於前項決定後十日內，送請立法院追認，如立法院不同意時，該決定應即失效。

第一項所稱一定時間，如遇立法院休會時，以二十日爲限。

第十九條之二　故意違反行政院依第十九條之一所爲之措施者，處新臺幣三百萬元以下罰鍰。

前項規定於立法院對第十九條之一之施行不同意追認時免罰。

第 二 十 條　違反第六條之一規定，故意不爲申報或申報不實者，處新臺幣三萬元以上六十萬元以下罰鍰；其受查詢而未於限期內提出說明或爲虛僞說明者亦同。

違反第七條規定，不將其外匯結售或存入中央銀行或其指定銀行者，依其不結售或不存入外匯，處以按行爲時匯率折算金額二倍以下之罰鍰，並由中央銀行追繳其外匯。

第二十一條　違反第十七條之規定者，分別依其不存入或不售還外匯，處以按行爲時匯率折算金額以下之罰鍰，並由中央銀行追繳其外匯。

第二十二條　以非法買賣外匯爲常業者，處三年以下有期徒刑、拘役或

科或併科與營業總額等值以下之罰金；其外匯及價金沒收之。

法人之代表人、法人或自然人之代理人、受僱人或其他從業人員，因執行業務，有前項規定之情事者，除處罰其行為人外，對該法人或自然人亦科以該項之罰金。

第二十三條 依本條規定應追繳之外匯，其不以外匯歸還者，科以相當於應追繳外匯金額以下之罰鍰。

第二十四條 買賣外匯違反第八條之規定者，其外匯及價金沒入之。

携帶外幣出境超過依第九條規定所定之限額者，其超過部分沒入之。

携帶外幣出入國境，不依第十一條規定報明登記者，沒入之；申報不實者，其超過申報部分沒入之。

第二十五條 中央銀行對指定辦理外匯業務之銀行違反本條例之規定，得按其情節輕重，停止其一定期間經營全部或一部外匯之業務。

第二十六條 依本條例所處之罰鍰，如有抗不繳納者，得移送法院強制執行。

第二十六條之一 本條例於國際貿易發生長期順差、外匯存底鉅額累積或國際經濟發生重大變化時，行政院得決定停止第七條、第十三條及第十七條全部或部分條文之適用。

行政院恢復前項全部或部分條文之適用後十日內，應送請立法院追認，如立法院不同意時，該恢復適用之決定，應即失效。

第二十七條 本條例施行細則，由財政部會同中央銀行及國際貿易主管機關擬訂，呈報行政院核定。

第二十八條 本條例自公佈日施行。

第二節　中央銀行管理指定銀行辦理外匯業務辦法

七十六年七月十三日修正發布

八十年三月二十五日修正發布第十二條及第十四條條文

第　一　條　本辦法依據管理外匯條例第五條第二款及中央銀行法第三十五條第二款規定訂定之。

第　二　條　凡在中華民國境內之銀行，除其他法令另有規定者外，得依銀行法及本辦法之規定，就左列各項具文向中央銀行申請指定為辦理外匯業務銀行。（以下簡稱指定銀行）

一、財政部核准設立登記之證明文件。

二、申請辦理外匯業務之範圍。

三、對國外往來銀行之名稱及其所在地。

四、在中華民國境內之負責人姓名、住址。

五、在中華民國境內之資本或營運資金及其外匯資金來源種類及金額。

第　三　條　中央銀行於收到前項申請後，經審查核准者，應發給指定證書。

上項指定證書，應註明核准業務範圍。

第　四　條　指定銀行經中央銀行之核准，得辦理左列外匯業務之全部或一部：

一、出口外匯業務。

二、進口外匯業務。

三、一般匯出及匯入匯款。

四、外匯存款。

五、外幣貸款。

六、外幣擔保付款之保證業務。

七、中央銀行指定及委託辦理之其他外匯業務。

第 五 條　指定銀行之分行，得辦理外幣收兌業務；其需辦理第四條所列各款業務者，須另向中央銀行申請核准。

第 六 條　指定銀行所經辦之外匯業務，應依照外匯管理法令及中央銀行之規定辦理。

第 七 條　中央銀行向指定銀行宣布外匯措施及業務處理辦法以通函為之。

第 八 條　指定銀行應按照中央銀行有關規定，隨時接受顧客申請買賣外匯。

第 九 條　指定銀行得向外匯市場或中央銀行買入或賣出外匯，亦得在規定額度內持有買超或出售賣超外匯。

第 十 條　指定銀行應就左列各項，按中央銀行規定之期限列表報告：

一、買賣外匯種類及金額。

二、國外資產之種類及餘額。

三、國外負債之種類及餘額。

四、其他中央銀行規定之表報。

第 十一 條　中央銀行對於前項報告之審核，必要時得派員查閱指定銀行有關外匯業務之帳冊文卷。

第 十二 條　在中華民國境內指定辦理外匯業務之外國銀行，其資本金或營運資金之匯入匯出，應報經財政部同意後方得辦理。

第 十三 條　指定銀行違反本辦法之規定時，中央銀行得撤銷或停止其一定期間經營全部或一部之指定業務，或函請財政部依法處理。

第 十四 條　本辦法自發布日施行。

第三節　指定銀行間外匯買賣之規定

中華民國七十八年三月二十七日中央銀行外匯局

⑺臺央外字第（肆）第 00449 號函

受文者：指定銀行

主　旨：自本⑺年四月三日起，指定銀行間外匯買賣應依本函說明辦理，
　　　　請查照。

說　明：一、依據管理外匯條例第五條第二款及中央銀行法第三十五條
　　　　　　　第二款規定辦理。

　　　　二、指定銀行間美元買賣交易應於每日銀行對外營業時間開始
　　　　　　至對外營業時間終止後半小時內，由交易雙方自行買賣或
　　　　　　經由外匯經紀商籌備小組代爲撮合。但自行買賣者應於成
　　　　　　交後，立即將數量及匯率通知外匯經紀商籌備小組。

　　　　三、指定銀行得以敍明買、賣匯率及買、賣金額之有效報價
　　　　　　（Firm Order），請外匯經紀商籌備小組代爲撮合交易。

　　　　四、各指定銀行得提供外匯經紀商籌備小組其擬買賣外匯之參
　　　　　　考匯率，並得隨時向外匯經紀商籌備小組查詢參考匯率變
　　　　　　動情形。

　　　　五、外匯經紀商籌備小組在路透社、美聯社資訊系統顯示指定
　　　　　　銀行所提供之最佳參考匯率，經指定銀行同意者，最佳參
　　　　　　考匯率並得顯示其銀行名稱。至其他參考匯率非經個別指
　　　　　　定銀行同意，外匯經紀商籌備小組不得提供該銀行名稱予
　　　　　　其他查詢之指定銀行。

　　　　六、美元以外其他外匯買賣匯率及各種外匯遠期買賣匯率，由

指定銀行自行訂定。

七、即期外匯交易，除交易銀行雙方另有約定外，均應於次營
業日辦理交割。

八、隨函檢附本行同意由臺灣銀行、中國國際商業銀行、第一
商業銀行、華南商業銀行及彰化商業銀行共同設立外匯經
紀商籌備小組函影本乙份。

第四節　指定銀行辦理外匯業務應注意事項

中華民國八十四年九月一日中央銀行外匯局修正發布

第　一　條　出口外匯業務：

一、出口結匯、託收及應收帳款收買業務：

㈠憑辦文件：應憑國內顧客提供之交易單據辦理。

㈡掣發單證：出口所得外匯結售為新臺幣者，應掣發出口結匯證實書；其未結售為新臺幣者，應掣發其他交易憑證。

㈢列報文件：應於承做之次營業日，將辦理本項業務所掣發之單證，隨交易日報送中央銀行外匯局。

二、出口信用狀通知及保兌業務：

憑辦文件：應憑國外同業委託之文件辦理。

第　二　條　進口外匯業務：

一、憑辦文件：開發信用狀、辦理託收、匯票之承兌及結匯，應憑國內顧客提供之交易單據辦理。

二、開發信用狀保證金之收取比率：由指定銀行自行決定。

三、掣發單證：進口所需外匯以新臺幣結購者，應掣發進口結匯證實書；其未以新臺幣結購者，應掣發其他交易憑證。

四、列報文件：應於承做之次營業日，將辦理本項業務所掣發之單證，隨交易日報送中央銀行外匯局。

第　三　條　匯出及匯入匯款業務：

一、匯出匯款業務:

㈠憑辦文件: 應憑公司、行號、團體或個人塡具有關
文件及查驗身分文件或登記證明文件後辦理; 並注
意左列事項:

1.其以新臺幣結購者, 應依「外匯收支或交易申報
辦法」辦理。指定銀行應確實輔導申報義務人詳
實申報。

2.未取得內政部核發「中華民國外僑居留證」之外
國自然人或未取得我國登記證照之外國法人, 其
結購外匯時, 應依左列事項辦理:

⑴外國自然人於辦理結購時, 應憑相關身分證明
親自辦理。

⑵外國金融機構於辦理結購時, 應授權國內金融
機構爲申報人。

⑶其他外國法人於辦理結購時, 應授權其在臺代
表或國內代理人爲申報人。

㈡掣發單證: 匯出款項以新臺幣結購者, 應掣發賣匯
水單; 其未以新臺幣結購者,應掣發其他交易憑證。

㈢列報文件: 應於承做之次營業日, 將「外匯收支或
交易申報書」、中央銀行核准文件及辦理本項業務所
掣發之單證, 隨交易日報送中央銀行外匯局。

二、匯入匯款業務:

㈠憑辦文件: 應憑公司、行號、團體或個人提供之匯
入匯款通知書或外幣票據或外幣現鈔及查驗身分文
件或登記證明文件後辦理; 並注意左列事項:

1.其結售爲新臺幣者, 應依「外匯收支或交易申報

辦法」辦理。指定銀行應確實輔導申報義務人詳
實申報。

2.未取得內政部核發「中華民國外僑居留證」之外
國自然人或未取得我國登記證照之外國法人，其
結售外匯時，應依左列事項辦理：

(1)外國自然人於辦理結售時，應憑相關身分證明
親自辦理。

(2)外國法人於辦理結售時，應授權其在臺代表或
國內代理人爲申報人。

(3)境外外國金融機構不得以匯入款項辦理結售。

(二)掣發單證：匯入款項結售爲新臺幣者，應掣發買匯
水單；其未結售爲新臺幣者,應掣發其他交易憑證。

(三)列報文件：應於承做之次營業日，將「外匯收支或
交易申報書」、中央銀行核准文件及辦理本項業務掣
發之單證，隨交易日報送中央銀行外匯局。

第　四　條 外匯存款業務：

一、憑辦文件：應憑匯入匯款通知書、外幣貸款、外幣票
據、外幣現鈔、新臺幣結購之外匯及存入文件辦理。

二、掣發單證：存入款項以新臺幣結購存入者，掣發賣匯
水單；其未以新臺幣結購存入者,掣發其他交易憑證。
自外匯存款提出結售爲新臺幣者，掣發買匯水單；其
未結售爲新臺幣者，掣發其他交易憑證。

三、承做限制：不得以支票存款及可轉讓定期存單之方式
辦理。

四、結購及結售限制：以新臺幣結購存入外匯存款及自外
匯存款提出結售爲新臺幣，其結購及結售限制，均應

依匯出、入匯款結匯之相關規定辦理。

五、存款利率：由指定銀行自行訂定公告。

六、轉存比率：應依中央銀行外匯局於必要時所訂轉存規定辦理。

七、列報文件：應逐日編製外匯存款日報，並於次營業日將辦理本項業務所掣發之單證隨交易日報送中央銀行外匯局。

第 五 條 外幣貸款業務：

一、承做對象：以國內顧客爲限。

二、憑辦文件：應憑顧客提供與國外交易之文件處理。

三、兌換限制：外幣貸款不得兌換爲新臺幣，但出口後之出口外幣貸款，不在此限。

四、列報文件：應於每月十日前，將截止至上月底止，承做外幣貸款之餘額，依短期及中長期貸款類別列表報送中央銀行外匯局。

五、外債登記：於辦理外匯業務，獲悉民營事業自行向國外洽借中長期外幣貸款者，應促請其依「民營事業中長期外債餘額登記辦法」辦理，並通知中央銀行外匯局。

第 六 條 外幣擔保付款之保證業務：

一、承做對象：以國內顧客爲限。

二、憑辦文件：應憑顧客提供之有關交易文件處理。

三、保證債務履行：應由顧客依「外匯收支或交易申報辦法」規定辦理。

四、列報文件：應於每月十日前，將截至上月底止，承做此項保證之餘額及其保證性質，列表報送中央銀行外

匯局。

第　七　條　中央銀行指定及委託辦理之其他外匯業務: 應依中央銀行
　　　　　　有關規定辦理。

第　八　條　各項單證應填載事項: 辦理以上各項外匯業務所應掣發之
　　　　　　單證，應註明承做日期、客戶名稱、統一編號，並應依左
　　　　　　列方式辦理:

　　　　　　一、與出、進口外匯有關之出、進口結匯證實書及其他交
　　　　　　　　易憑證: 應加註交易國別及付款方式 (得以代碼表示
　　　　　　　　之，如 SIGHT L/C (1)、USANCE L/C (2)、D/A
　　　　　　　　(3)、D/P (4)，並於其後加「－」符號，列於結匯編
　　　　　　　　號英文字軌前) 。

　　　　　　二、與匯入及匯出匯款有關之買、賣匯水單及其他交易憑
　　　　　　　　證: 應加註本局規定之匯款分類名稱及編號、國外匯
　　　　　　　　款人或受款人身分別(政府、公營事業、民間)、匯款
　　　　　　　　地區或受款地區國別及匯款方式 (得以代碼表示之，
　　　　　　　　如電匯 (0)、票匯 (1)、信匯 (2)、現金 (3)、旅行支
　　　　　　　　票 (4)、其他 (5))。

第　九　條　各項單證字軌、號碼之編列: 應依中央銀行外匯局核定之
　　　　　　英文字軌編號，字軌後號碼位數以十位為限。

第五節　國際金融業務條例

中華民國七十二年十二月十二日公布

中華民國八十六年十月八日總統令修正第四條、第五條、第十三條、第十四條、第十六條、第二十二條；增訂第五條之一、第二十二條之一條文

第　一　條　為加強國際金融活動，建立區域性金融中心，特許銀行在中華民國境內，設立國際金融業務分行，制定本條例。

第　二　條　國際金融業務之行政主管機關為財政部；業務主管機關為中央銀行。

第　三　條　左列銀行，得由其總行申請主管機關特許，在中華民國境內，設立會計獨立之國際金融業務分行，經營國際金融業務：

一、經中央銀行指定，在中華民國境內辦理外匯業務之外國銀行。

二、經政府核准，設立代表人辦事處之外國銀行。

三、經主管機關審查合格之著名外國銀行。

四、經中央銀行指定，辦理外匯業務之本國銀行。

第　四　條　國際金融業務分行經營之業務如下：

一、收受中華民國境內外之個人、法人、政府機關或金融機構之外匯存款。

二、辦理中華民國境內外之個人、法人、政府機關或金融機構之外幣授信業務。

三、對於中華民國境內外之個人、法人、政府機關或金融

機構銷售本行發行之外幣金融債券及其他債務憑證。

四、辦理中華民國境內外之個人、法人、政府機關或金融機構之外幣有價證券買賣之行紀、居間及代理業務。

五、辦理中華民國境外之個人、法人、政府機關或金融機構之外幣信用狀簽發、通知、押匯及進出口託收。

六、辦理該分行與其他金融機構及中華民國境外之個人、法人、政府機關或金融機構之外幣匯兌、外匯交易、資金借貸及外幣有價證券之買賣。

七、辦理中華民國境外之有價證券承銷業務。

八、境外外幣放款之債務管理及記帳業務。

九、對中華民國境內外之個人、法人、政府機關或金融機構辦理與前列各款業務有關之保管、代理及顧問業務。

十、經主管機關核准辦理之其他外匯業務。

第　五　條　國際金融業務分行辦理前條各款業務，除本條例另有規定者外，不受管理外匯條例、銀行法及中央銀行法等有關規定之限制。

國際金融業務分行有關單一客戶授信及其他交易限制、主管機關檢查或委託其他適當機構檢查、財務業務狀況之申報內容及方式、經理人資格條件、資金運用及風險管理之管理辦法，由財政部洽商中央銀行定之。

依第三條第二款、第三款規定設立之國際金融業務分行應專撥營業所用資金，其最低金額由財政部定之。

第五條之一　國際金融業務分行有關利害關係人授信之限制，準用銀行法第三十二條至第三十三條之二規定。

違反前項準用銀行法第三十二條、第三十三條或第三十三條之二規定者，其行為負責人處三年以下有期徒刑、拘役

或科或併科新臺幣一百八十萬元以下罰金。

第 六 條 中華民國境內之個人、法人、政府機關或金融機構向國際金融業務分行融資時，應依照向國外銀行融資之有關法令辦理。

第 七 條 國際金融業務分行，辦理外匯存款，不得有左列行為：

一、收受外幣現金。

二、准許以外匯存款兌換為新臺幣提取。

第 八 條 國際金融業務分行，非經中央銀行核准，不得辦理外幣與新臺幣間之交易及匯兌業務。

第 九 條 國際金融業務分行，不得辦理直接投資及不動產投資業務。

第 十 條 本國銀行設立之國際金融業務分行，得與其總行同址營業；外國銀行設立之國際金融業務分行，得與其經指定辦理外匯業務之分行同址營業。

第 十 一 條 國際金融業務分行之存款免提存款準備金。

第 十 二 條 國際金融業務分行之存款利率及放款利率，由國際金融業務分行與客戶自行約定。

第 十 三 條 國際金融業務分行之所得，免徵營利事業所得稅。但對中華民國境內之個人、法人、政府機關或金融機構授信之所得，其徵免應依照所得稅法規定辦理。

第 十 四 條 國際金融業務分行之銷售額，免徵營業稅。但銷售與中華民國境內個人、法人、政府機關或金融機構之銷售額，其徵免應依照營業稅法規定辦理。

第 十 五 條 國際金融業務分行所使用之各種憑證，免徵印花稅。

第 十 六 條 國際金融業務分行支付金融機構、中華民國境外個人、法人或政府機關利息時，免予扣繳所得稅。

第 十 七 條 國際金融業務分行，除其總行所在國法律及其金融主管機

關規定，應提之呆帳準備外，免提呆帳準備。

第 十 八 條　國際金融業務分行，除依法院裁判或法律規定者外，對第
　　　　　　三人無提供資料之義務。

第 十 九 條　國際金融業務分行與其總行及其他國際金融機構，往來所
　　　　　　需自用之通訊設備及資訊系統，得專案引進之。

第 二 十 條　國際金融業務分行每屆營業年度終了，應將營業報告書、
　　　　　　資產負債表及損益表，報請主管機關備查。主管機關得隨
　　　　　　時令其於限期內，提供業務或財務狀況資料或其他報告。
　　　　　　但其資產負債表免予公告。

第二十一條　政府對國際金融業務分行，得按年徵收特許費；標準由主
　　　　　　管機關定之。

第二十二條　國際金融業務分行有下列情事之一者，其負責人處新臺幣
　　　　　　十八萬元以上一百八十萬元以下罰鍰：
　　　　　　一、辦理第四條規定以外之業務者。
　　　　　　二、違反第七條至第九條規定者。
　　　　　　三、未依第二十條規定報請主管機關備查者或未依同條規
　　　　　　　　定提供業務或財務狀況資料或其他報告者。
　　　　　　四、未依第二十一條規定按年繳交特許費者。
　　　　　　國際金融業務分行經依前項規定處罰後，仍不予改正者，
　　　　　　主管機關得對同一事實或行為再予加一倍至五倍罰鍰，其
　　　　　　情節重大者並得為下列之處分：
　　　　　　一、停止其一定期間營業。
　　　　　　二、撤銷其特許。

第二十二條之一　違反第五條第二項管理辦法之有關規定，依下列規定
　　　　　　　　處罰：
　　　　　　　　一、違反有關同一人或同一關係人之授信或其他交易

限制者，處新臺幣十八萬元以上一百八十萬元以下罰鍰。

二、於主管機關派員或委託適當機構，檢具其業務財務及其他有關事項時，隱匿、毀損有關文件或無故對主管機關指定檢查之人詢問時，不爲答復者，處新臺幣十八萬元以上一百八十萬元以下罰鍰。

三、違反主管機關就其資金運用範圍中投資外幣有價證券之種類及限額規定者，處新臺幣十二萬元以上一百二十萬元以下罰鍰。

第二十三條　本條例施行細則，由主管機關定之。

第二十四條　本條例自公布日施行。

第六節　國際金融業務條例施行細則

中華民國七十三年四月二十日中央銀行令發布

中華民國八十八年三月十九日財政部、中央銀行令會銜修正發布全文

第　一　條　本細則依國際金融業務條例 (以下簡稱本條例) 第二十三
　　　　　　條規定訂定之。

第　二　條　本條例第二條所稱國際金融業務之行政主管機關財政部掌
　　　　　　理下列事項：

　　　　　　一、本條例、本細則及國際金融業務分行管理辦法之擬訂
　　　　　　　　或訂定。

　　　　　　二、國際金融業務相關法令之解釋及相關行政命令之發布
　　　　　　　　或頒訂。

　　　　　　三、國際金融業務分行設立之特許。

　　　　　　四、國際金融業務分行經營業務項目之核准。

　　　　　　五、國際金融業務分行之財務、業務及人員之監督、管理。

　　　　　　六、國際金融業務分行之金融業務檢查。

　　　　　　七、依本條例規定爲處罰之處分。

　　　　　　前項第一款、第三款及第四款事項，應洽商中央銀行爲之；
　　　　　　第二款事項涉及中央銀行職掌者，亦同。

第　三　條　本條例第二條所稱國際金融業務之業務主管機關中央銀行
　　　　　　掌理下列事項：

　　　　　　一、國際金融業務分行外幣與新臺幣間交易及匯兌業務之
　　　　　　　　核准。

　　　　　　二、國際金融業務分行之金融業務檢查。

三、國際金融業務分行之業務、財務狀況資料及年度報告書表之審核。

四、國際金融業務分行之業務、業績、規模之統計、分析及報告。

五、國際金融業務發展之研究事宜。

六、與財政部洽商事宜之聯繫及配合。

第　四　條　本條例第三條第二款及第三款之外國銀行申請在我國設立國際金融業務分行，應符合下列條件：

一、最近五年內無重大違規或不良紀錄。

二、申請前一年於全世界銀行資本或資產排名居前五百名以內，或前三曆年度與中華民國銀行及主要企業往來總額在十億美元以上，其中中、長期授信總額達一億八千萬美元。

三、自有資本與風險性資產之比率符合財政部規定之標準。

四、經母國金融主管機關同意前來我國設立國際金融業務分行，並與我國合作分擔該銀行合併監督管理義務。

五、母國金融主管機關及總行對其海外分行具有綜合監督管理能力。

第　五　條　銀行申請設立國際金融業務分行，應檢附下列書表文件，向財政部申請：

一、申請函、申請許可事項表、該銀行簡單歷史、資產負債表及損益表。

二、該國財政部或金融主管機關所發之銀行營業執照驗證本及該銀行總行現行有效之章程驗證本（各附中譯本）。

三、該銀行董事會對於請求特許之決議錄驗證本（附中譯本）。

四、該銀行董事及其他負責人及在中華民國境內指定之訴訟及非訟代理人之名單(各附中譯本)。

五、該銀行在中華民國境內指定之訴訟及非訟代理人所簽發之授權書認證本(附中譯本)。

六、該銀行業務經營守法性及健全性自我評估分析，包括該銀行最近五年內是否有違規、弊案或受處分情事之說明。

七、該銀行母國金融主管機關或執業會計師簽發之有關該銀行上會計年度自有資本與風險性資產比率計算書驗證本。

八、外國銀行母國金融主管機關所出具同意在我國設立國際金融業務分行，並與我國合作分擔該銀行合併監督管理義務及證明該銀行財務業務健全之文件。

九、外國銀行辦理或委託律師、會計師辦理此項申請之負責人國籍證明文件；其非屬該銀行之法定代理人者，另附該銀行出具之授權書認證本。

十、委託律師或會計師辦理申請者，該銀行負責人出具之委託書。

十一、外國銀行申請前一年於全世界銀行資本或資產排名逾五百名者，應提出前三曆年度與我國銀行及主要企業往來金融統計表。

十二、營業計畫書，其內容應具備下列事項：

　　㈠組織架構、職掌分工及軟硬體配置。

　　㈡經營之業務項目。

㈢主要業務作業程序或規範。

㈣業務授權額度限制及風險管理系統設計。

㈤會計處理作業及內部稽核制度。

㈥預定經理人之學、經歷證明文件。

㈦業務經營評估及未來三年市場營運量預測。

㈧資產品質評估、損失準備提列、逾期放款清理及呆帳轉銷之制度及程序。

財政部於接受申請文件後，應會同中央銀行審核。

銀行經前項審核同意後，由財政部核發國際金融業務分行設立許可證，並由中央銀行發給核准辦理國際金融業務證書。

國際金融業務分行申請經營本條例第四條第四款之業務，應檢具證券主管機關之許可函及許可證照之影本。

第 六 條　本條例第三條第二款及第三款之外國銀行經特許設立國際金融業務分行，應依公司法申請認許，並辦理分公司登記。

第 七 條　本條例第三條第二款及第三款之外國銀行經特許設立國際金融業務分行，應專撥最低營業所用資金二百萬美元。

前項最低營業所用資金，財政部得視國內經濟、金融情形調整之。

第 八 條　外國銀行國際金融業務分行之淨值併計入該外國銀行在我國所有分行之淨值，不得低於財政部所規定外國銀行最低營業所用資金之三分之二。

第 九 條　國際金融業務分行有下列情事之一者，應報經財政部核准，並副知中央銀行：

一、變更機構名稱。

二、變更機構所在地。

三、變更負責人。

四、變更營業所用資金。

五、受讓或讓與其他國際金融業務分行全部或主要部分之
　　營業或財產。

六、暫停營業、復業或終止營業。

第 十 條　本條例第三條所稱會計獨立之國際金融業務分行，指該分
　　　　　行應使用獨立之會計憑證，設立獨立之會計帳簿，並編製
　　　　　獨立之會計報表，不得與其總行或其他分行相混淆。

第 十一 條　本條例第四條第一款至第六款及第九款所稱中華民國境外
　　　　　之個人，指持有外國護照且在中華民國境內無住所之個人；
　　　　　所稱中華民國境外之法人，指依外國法律組織登記之法人。
　　　　　但經中華民國政府認許在中華民國境內營業之分支機構不
　　　　　在其內。

第 十二 條　本條例第二十一條所稱之特許費，其標準由財政部另定之。

第 十三 條　本細則自發布日施行。

第七節 民營事業中長期外債申報辦法

中華民國七十六年七月十三日中央銀行公布

中華民國八十七年四月十五日中央銀行修正名稱及全文七條（原名稱：民營事業中長期外債餘額登記辦法）

中華民國八十七年九月二十三日中央銀行修正第三條及第四條條文

第 一 條 中央銀行（以下簡稱本行）爲執行管理外匯條例第五條第五款暨中央銀行法第三十五條第五款及第三十九條規定，訂定本辦法。

第 二 條 本辦法所稱民營事業中長期外債，係指在中華民國境內依法設立登記之民營事業，其還款期限超過一年之左列各款外幣債務：

一、國外金融機構（包括中華民國境內國際金融業務分行）之借款。

二、國外供應商提供分期付款進口之融資。

三、國外母公司之貸款。

四、海外公司債。

五、其他外幣債務。

第 三 條 民營事業應就其中長期外債，依本辦法之規定，向本行申報。

第 四 條 民營事業引進第二條所列各款外幣債務，應於簽約後十五日內，檢具相關文件，並填列「民營事業中長期外債申報表」之「上表」，向本行外匯局申報簽約金額並編列債號。嗣後辦理動支匯入及還本付息匯出，如需結售成新臺幣及

以新臺幣結購時，應於外匯收支或交易申報書註明該筆外債編號，以憑結匯。(附申報表樣式)

民營事業依前項規定申報，並動支本金者，應於每季終了之次月十日前，填列「民營事業中長期外債申報表」之「下表」，向本行外匯局申報中長期外債餘額。

第　五　條　民營事業申報中長期外債，應依債權人性質，分別填列。

第　六　條　民營事業申報中長期外債之幣別，以實際借款貨幣爲準。

第　七　條　本辦法自發布日施行。

民營事業中長期外債申報表

(上表供申報簽約金額用)

年　　　月　　　日

民營事業名稱：

申報項目 債權性 人質	外債編號	債　權　人		簽			約
		名稱	國別	金額	利率	日期	年限

註一：債權人性質依「民營事業中長期外債申報辦法」第二條規定分爲(1)國外金融機構（包括中華民國境內國際金融業務分行）之借款、(2)國外供應商提供分期付款進口之融資、(3)國外母公司之貸款(貸款投資)、(4)海外公司債及(5)其他外幣債務等五項，請依其性質確實填列。

　二：債權人性質如屬：(1)國外金融機構之借款聯貸案，債權人欄請填主辦銀行名稱、國別。(2)海外公司債，則債權人欄免填。

　三：辦理簽約金額申報後，如未動支本金，請勿按季填製下表。

四：本表如不敷使用，請自備附表填列，申報幣別以實際借款貨
　　幣爲準，填列至個位數。

（下表供申報外債餘額用）

年　　　　季

民營事業名稱：

債權人 性質　＼　外債 金額	外債 編號	前季 餘額	本季 動支 金額	本季 償還 金額	本季 餘額

註一：同上表註一。

　二：海外公司債如經主管機關核准轉換爲股權時，請將轉換金額
　　　填列於「本季償還金額」項下。

　三：已向中央銀行辦理簽約金額申報後，如動支本金，請按季辦
　　　理外債餘額申報，毋需填製上表。

　四：同上表註四。

　　聯絡人電話：　　　　　　　中央銀行外債申報收件章

　　FAX:

　　公司及負責人簽章：

第八節　外幣收兌處設置及管理辦法

中華民國七十六年七月十三日中央銀行修正發布

中華民國七十九年六月四日中央銀行修正發布第三條、第四條及第八條條文

中華民國八十四年八月三十日中央銀行修正第五條條文

第　一　條　本辦法依據管理外匯條例第五條第二款及中央銀行法第三十五條第二款規定訂定之。

第　二　條　未經中央銀行指定辦理外匯業務之銀行、觀光旅館、旅行社、百貨公司等行業，以及其他從事國外來臺旅客服務之機關團體，如其業務有收兌外幣之需要者，得向臺灣銀行申請設置外幣收兌處。

第　三　條　外幣收兌處執照由臺灣銀行發給之，其收兌單證、表報及其他有關手續，除本辦法規定者外，應依臺灣銀行之規定辦理之。

第　四　條　外幣收兌處收兌外幣之匯率，應參照指定銀行買賣外幣價格辦理，並將美元匯率於營業場所揭示之。

第　五　條　外幣收兌處收兌之外幣，結售予指定銀行時，應依中央銀行所訂外匯收支或交易申報辦法之規定辦理。

第　六　條　外幣收兌處應於每季終了次月十五日前，向臺灣銀行列報該季收兌金額；臺灣銀行彙總後，於當月底前，列表報中央銀行外匯局。

第　七　條　外幣收兌處有左列情事之一者，臺灣銀行得予撤銷之：

一、違反本辦法之規定，情節重大者。

　　　　二、持續一年無收兌業務者。

第　八　條　本辦法自發布日施行。

附　錄　各章問題討論

第一章　國際匯兌的概念

1.試說明匯兌的基本意義並舉出 3 種匯兌的工具。

2.試簡述匯兌的基本原理? 並說明金融機構在其間扮演的角色。

3.試分別說明順匯及逆匯之方式。

4.請簡述國際匯兌發生的原因。

5.國際匯兌對國際經濟的發展非常重要, 請說明國際匯兌的功能有那些?

第二章　國際匯兌的方法

1.國際匯兌的方法有那些? 包括那些項目?

2.何謂 D/D、T/T、M/T? 請以圖解說明票匯的處理程序。

3.以圖解表示憑信跟單匯票押匯的處理程序。

4.試比較說明順匯與逆匯的差異。

5.試說明逆匯在貿易行為中的重要性。

第三章　國際匯兌的工具——匯票

1.試述匯票的意義及其格式內容之要件。

2.試述匯票的主要關係人, 及其權利與責任。

3.試解釋下列各名詞:

　　(1)跟單匯票

　　(2)光票

　　(3)即期匯票

　　(4)遠期匯票

(5)商業承兌匯票

(6)銀行承兌匯票

(7)單一匯票

(8)複數匯票

4.匯票的背書主要有那些方式? 試簡述其意義。

5.何謂匯票的追索權? 爲何發票人是最後之償還債務人?

第四章　信用狀

1.試述信用狀的意義。

2.解釋下列名詞:

　　(1)不可撤銷信用狀

　　(2)保兌信用狀

　　(3)有追索權信用狀

　　(4)可轉讓信用狀

　　(5)擔保信用狀

　　(6)紅條款信用狀

3.試以圖示信用狀各關係人間的關係。

4.一般來說, 信用狀記載有那些事項?

5.如何申請開發信用狀?

第五章　進出口結匯

1.何謂進口結匯? 何謂出口結匯?

2.進口商如何以開發信用狀方式辦理結匯? 請簡述之。

3.出口商如何辦理出口押匯? 請簡述之。

4.何謂出口託收? 進口託收?

5.何謂寄售方式之結匯? 試說明之。

第六章　匯兌及其他外匯業務

1.匯出匯款的方式約可分爲那三種? 試說明之。

2.如何買入或託收光票?

3.一般民衆如何買外幣或旅行支票?

4.外匯存款之存入或提領方式有那些? 試簡述之。

5.何謂外幣保證業務? 依其承作的方式可分爲那些?

第七章　國際收支

1.請說明國際借貸與國際收支之間的關係。

2.試問國際收支平衡表中經常帳的意義爲何? 又其具有何種經濟意義?

3.何謂國際收支的均衡? 若失衡又應如何解決?

4.國際收支中有「順差」及「逆差」的情形, 試分別說明其意義。另, 對
　一國家經濟發展而言, 順差一定有利嗎?

5.若一國家發生逆差, 有那些方式可以改善, 請詳細說明。

第八章　外匯市場

1.請簡述外匯市場之主要功能。

2.外匯市場主要的參與分子有那些? 其分別擔任的角色爲何?

3.目前國際主要外匯市場有那些? 試簡述之。

4.何謂歐洲美元? 其來源及運用情形爲何?

5.何謂境外金融中心? 其對一個國家之金融發展, 有何影響及貢獻?

第九章　期貨與選擇權市場

1.美國主要之期貨交易所及主要交易商品爲何?

2.試說明期貨交易的特性及其流程。

3.試說明期貨交易的基本操作。

4.選擇權的意義及基本交易策略爲何?

5.期貨、選擇權、遠期合約三者之比較。

第十章　外匯匯率

1.外匯匯率之表示方法有那些? 試舉例說明之。

2.外匯的供需因素有那些?

3.匯率變動對經濟的影響爲何?

4.外匯匯率分爲那幾類?

5.試說明貨幣制度與匯率決定之關係。

第十一章　外匯學說

1.國際借貸說的要點爲何? 其優缺點爲何?

2.購買力平價說的內容爲何? 其優缺點爲何?

3.利率平價說的內容爲何? 其公式爲何?

4.匯兌心理說的要點及優缺點爲何?

5.試說明哥遜加塞爾、阿夫達里昂對外匯學說的貢獻。

第十二章　外匯交易

1.簡述外匯交易的性質。

2.外匯交易依其操作方式的不同, 可區分爲那三種?

3.試問進、出口商操作遠期外匯交易的目的爲何?

4.何謂換匯交易? 其主要目的爲何?

5.請簡述外匯部位之意義? 並說明外匯部位與外匯匯率風險之關係。

第十三章 我國外匯市場概況

1. 一般所稱外匯市場乃指銀行間外匯交易市場而言，請簡述本國銀行間外匯交易市場之組成。

2. 請簡單說明本國外匯交易市場即期外匯交易之方式。

3. 依中央銀行規定，銀行對客戶交易之匯率掛牌美元兌臺幣匯率，買價與賣價之價差不得大於新臺幣一角，請說明理由，這種作法對客戶有何好處？

4. 遠期外匯交易中規定客戶須繳納不低於訂約金額 7％之保證金，請說明如此規定之用意。

5. 試簡單敍述我國外匯匯率演變之過程。

第十四章 外匯風險管理

1. 外匯風險包含那些種類？

2. 如何管理外匯風險？

3. 銀行管理外匯風險的方式有那些？

4. 廠商應如何規避外匯風險？

5. 銀行如何利用換匯交易規避資金流量風險？

第十五章 外匯交易之會計處理及其損益計算

1. 某銀行於 1994 年 7 月 1 日以 1 US$＝26.80NT$之匯率買入 1,000,000 US$，並於 1994 年 7 月 2 日以 1 US$＝26.50NT$之匯率賣出 800,000 US$，請問此二筆外匯交易之交割日分別為何？若 7 月 2 日之結帳匯率 1 US$＝27 NT$，其損益為何？

2. 承上題，試分別就該二筆外匯交易寫出會計分錄。

3. 承上題，若該銀行未再作任何外匯交易，7 月 31 日結帳匯率為 27

US$, 月底承認損益會計分錄爲何?

4.試列出本章舉例中, 第3、6、9筆 US$對 DEM 交易之 T 字帳明細。

5.承上題, 若結帳匯率 1 US$＝1.675 DEM, 且 1 US$＝26.8 NT$, 試列出月底承認損益會計分錄。

第十六章　外匯管制

1.何謂外匯管制? 其目的爲何? 成效是否一定顯著?

2.外匯管制一般可分爲直接管制及間接管制, 試問管制之方法有那些? 請簡述之。

3.直接管制中有謂「數量管制」者, 請簡述其作法, 並說明其對一國經濟之影響。

4.請說明間接管制中設置外匯平準基金的方式。

5.外匯管制固然可改善國際收支, 然其弊害亦不可等閒視之, 請舉五例說明外匯管制之弊害。

第十七章　國際金融機構

1.試述國際貨幣基金的成立宗旨及其資金之運用。

2.試述國際復興開發銀行之設立目的及其運作方式。

3.試述亞洲開發銀行的資金來源。

4.試述美洲開發銀行的資金來源。

5.試述中美洲經濟整合銀行之成立宗旨與業務。

第十八章　國際貨幣制度

1.二次大戰前之金本位制有何優點? 爲何它會崩潰?

2.二次大戰後以美元爲中心的金匯兌本位制度爲何崩潰?

3.試簡述下列各種國際貨幣制度改革方案之內容。

⑴擴大金匯兌本位方案

⑵集中貨幣準方案

⑶提高黃金價格方案

⑷採取伸縮性匯率方案

4.特別提款權創造的目的為何？IMF 如何分配它？擁有國如何使用它？

5.試述十國集團於 1985 年 6 月東京集會後，對國際貨幣制度所提之建議
　報告內容大要。

參考書目

一、中文部分：

1. 白俊男著，《國際金融論》，1988 年版。

2. 白俊男著，《國際經濟學》，民國 62 年 7 月。

3. 史綱、李存修等 6 人合著，《期貨交易理論與實務》，中華民國證券暨期貨市場發展基金會出版，民國 82 年 2 月。

4. 李森介著，《國際匯兌》，東華書局出版，民國 83 年 3 月第 9 版。

5. 白俊男著，《貨幣銀行學》，三民書局出版，民國 72 年 10 月增訂初版。

6. 吳俊德、許強、何樹勛等合著，《資產管理暨外匯操作理論與實務》，臺北市東華書局印行，民國 82 年 8 月初版。

7. 李孟茂著，《貨幣銀行學（下冊）》，臺北市五南圖書公司，民國 70 年 9 月出版。

8. 林文琇著，〈國際貨幣基金與國際貨幣制度〉，《國際金融參考資料第 20 輯》，中央銀行編印，民國 83 年 3 月。

9. 林邦充著，《如何預防貿易糾紛》，民國 65 年 8 月第 2 版。

10. 林昌義著，《期貨交易之理論與實務》，五南圖書公司，民國 78 年 6 月出版。

11. 林柏生及張錦源合編，《國際金融貿易大辭典》，中華徵信所，修訂 4 版。

12. 文大熙著，《商業銀行之經營及實務》，臺灣商務印書館總經銷，民國 73 年 9 月修訂。

13. 周宜魁編著，《國際金融》，正中書局，民國 66 年。

14. 阮蔭霖著，《外匯理論與實務》，三民書局，民國 57 年。

15.何顯重著,《金融市場概要》, 三民書局, 民國 61 年 9 月。

16.臺灣銀行業務處理手冊。

17.中央銀行,《金融統計月報》, 民國 83 年 2 月。

18.姚柏如著,《外匯市場操作》, 三民書局, 民國 79 年 11 月再版。

19.黃怡編著,《外匯操作解析》, 省屬行庫中小企業聯合輔導中心, 民國 81 年 10 月, 修訂 3 版。

20.安東盛人及土屋六郎編,《國際金融教室》, 有斐閣選書, 有斐閣株式 會社, 昭和 49 年 6 月出版。

21.《國際收支手冊》(*Balance of Payment Manual*), 國際貨幣基金會編。

22.陳沖著,《商業信用狀法律關係之研究》, 臺灣商務印書館經銷, 民國 63 年 7 月初版。

23.潘志奇,《國際貨幣基金體制——其成立、發展及崩潰》, 行政院經濟 設計委員會, 民國 66 年。

24.《信用狀實例解析》, 中華民國對外貿易協會編印, 民國 80 年 6 月出 版。

25.福井博夫著,〈最近のIMFの役割〉,《國際金融月刊》, 1994 年 4 月。

26.孫義宣編著,《國際貨幣制度》, 金融人員訓練中心出版, 民國 82 年 7 月增訂六版。

27.歐陽勛及黃仁德合著,《國際金融理論與制度》, 三民書局, 民國 74 年 7 月。

28.張錦源著,《信用狀與貿易糾紛》, 三民書局, 民國 65 年 4 月。

29.張錦源及林茂盛著,《國際貿易實務》, 三民書局, 民國 64 年 2 月。

30.張錦源著,《國際貿易實務概論》, 三民書局, 民國 78 年。

31.張錦源著,《國際貿易實務》, 三民書局, 民國 69 年 6 月修正版。

32.張國鍵編著,《商事法論》, 三民書局, 民國 73 年 9 月。

33.張茲闓及胡濙合著,《國際貿易與外匯》, 民國 66 年 11 月。

34. 楊樹人著，《國際貿易理論與政策》，大中國圖書公司，民國 64 年 4 月。

35. 鄭玉波編著，《票據法》，三民書局，民國 72 年 3 月。

36. 《信用狀統一慣例》，國際商會中華民國總會印行，民國 82 年 9 月。

37. 梁滿潮編著，《國際貿易實務》，三民書局經銷，民國 69 年 3 月。

38. 魯傳鼎編著，《國際貿易》，正中書局，民國 67 年。

39. 劉朗著，《外匯交易》，臺北市聯經出版社，民國 81 年 10 月。

二、英文部分：

1. Annual Report of International Monetary Fund, 1992.

2. Annual Report on Exchange Restrictions, IMF.

3. *Asian Development Bank: Questions & Answers*, ADB, April, 1987.

4. Crunp, Norman, *The ABC of The Foreign Exchanges*. Rev. Ed., Macmillan and Company, London, 1957.

5. Cohen, B. J., *Balance of Payments Policy*, Penguin Books Ltd., New York, 1969.

6. Cavalier, Robert P.,*International Banking*, 2nd Ed., American Institute of Banking , 1974 Printing.

7. Chacholiades, Miltiades, *International Monetary Theory and Policy*, McGraw-Hill Book Company, 1978.

8. Fraser, Robert D., *International Banking and Finance*, 1976 Edition.

9. Friedman, Irving S., *Foreign Exchange Control and The Evolution of International Payment System*, IMF, August, 1958.

10. Grubel, Herbert G., *The International Monetary System*, Penguin Modern Economics Texts, Penguin Books Ltd., 1970.

11. Hansen , *The Dollars and The International Monetary System*, Mc-

Graw-Hill Book Company, 1969.

12. Holmes, Alan & Francis Schott, *The New York Foreign Exchange Market*, Federal Reserve Bank of New York, 1965.

13. *International Monetary Reform, Document of The Commitee of Twenty*, IMF, 1974.

14. Kindleberger, Charles P., *International Economics*, Richard D. Irwin Inc.,Sixth Edition , New York, 1978.

15. Kahn, G. A., "Policy Implication of Trade and Currency Zones: A Summary of The Bank's 1991 Symposium," *Economic Review*,Federal Reserve Bank of Kansas City, Nov./Dec., 1991.

16. Kent, Raymond P., *Money and Banking*, Holt, Rinehart & Winston Inc., Sixth Edition, 1972.

17. Kenen, Peter B., Glides, Floats and Indicators, "A Comparison of Methods for Changing Exchange Rates," *Journal of International Economics,* May, 1975.

18. Leighton, Richard I., *Economics of International Trade*, McGraw-Hill Book Company, New York, 1970.

19. Marcus, Fleming, *Essays in International Economics*, George Allen & Unwin Ltd., London, 1971.

20. Othman, Talat M., "How Foreign Exchange Markets Works," *Foreign Exchange Trading Techniques and Controls*, American Bankers Association, 1976.

21. Oppenheim, Peter K., *International Banking*, 3rd Ed., American Bankers Association, 1977.

22. Riehl, Heinz & Rita M. Rodriguez, *Foreign Exchange & Money Markets*, 1983.

23. Schmitthoff, Glive M., *The Export Trade*, Stev & Sons Ltd., London, Fifth Edition, 1969.

24. Weisweiller, Rudi, *Foreign Exchange*, George Allen & Unwin Ltd., London, 1972.

書名	作者		機構
凱因斯經濟學	趙鳳培	譯	前政治大學
工程經濟	陳寬仁	著	中正理工學院
銀行法	金桐林	著	中興銀行
銀行法釋義	楊承厚	編著	銘傳大學
銀行學概要	林葭蕃	著	
銀行實務	邱潤容	著	台中商專
商業銀行之經營及實務	文大宏	著	
商業銀行實務	解宏賓	編著	中興大學
貨幣銀行學	何偉成	著	中正理工學院
貨幣銀行學	白俊男	著	東吳大學
貨幣銀行學	楊樹森	著	文化大學
貨幣銀行學	李穎吾	著	前臺灣大學
貨幣銀行學	趙鳳培	著	前政治大學
貨幣銀行學	謝德宗	著	臺灣大學
貨幣銀行學	楊雅惠	編著	中華經濟研究院
貨幣銀行學 ——理論與實際	謝德宗	著	臺灣大學
現代貨幣銀行學（上）（下）（合）	柳復起	著	澳洲新南威爾斯大學
貨幣學概要	楊承厚	著	銘傳大學
貨幣銀行學概要	劉盛男	著	臺北商專
金融市場概要	何顯重	著	
金融市場	謝劍平	著	政治大學
現代國際金融	柳復起	著	
國際金融 ——匯率理論與實務	黃仁德 蔡文雄	著	政治大學
國際金融理論與實際	康信鴻	著	成功大學
國際金融理論與制度（革新版）	歐陽勛 黃仁德	編著	政治大學
金融交換實務	李麗	著	中央銀行
衍生性金融商品	李麗	著	中央銀行
財政學	徐育珠	著	南康乃狄克州立大學
財政學	李厚高	著	國策顧問
財政學	顧書桂	著	國際票券公司
財政學	林華德	著	財政部
財政學原理	吳家聲	著	中山大學
財政學概要	張則堯	著	前政治大學

三民大專用書書目──會計・審計・統計

書名	著者		學校
會計制度設計之方法	趙仁達	著	
銀行會計	文大熙	著	
銀行會計（上）（下）（革新版）	金桐林	著	中興銀行
銀行會計實務	趙仁達	著	
初級會計學（上）（下）	洪國賜	著	前淡水工商管理學院
中級會計學（上）（下）	洪國賜	著	前淡水工商管理學院
中級會計學題解	洪國賜	著	前淡水工商管理學院
中等會計（上）（下）	薛光圻 張鴻春	著	西東大學
會計學（上）（下）（修訂版）	幸世間	著	前臺灣大學
會計學題解	幸世間	著	前臺灣大學
會計學概要	李兆萱	著	前臺灣大學
會計學概要習題	李兆萱	著	前臺灣大學
會計學㈠	林宜勉	著	中興大學
成本會計	張昌齡	著	成功大學
成本會計（上）（下）（增訂新版）	洪國賜	著	前淡水工商管理學院
成本會計題解（上）（下）（增訂新版）	洪國賜	著	前淡水工商管理學院
成本會計	盛禮約	著	淡水工商管理學院
成本會計習題	盛禮約	著	淡水工商管理學院
成本會計概要	童綷	著	
成本會計（上）（下）	費鴻泰 王怡心	著	中興大學
成本會計習題與解答（上）（下）	費鴻泰 王怡心	著	中興大學
管理會計	王怡心	著	中興大學
管理會計習題與解答	王怡心	著	中興大學
政府會計	李增榮	著	政治大學
政府會計	張鴻春	著	臺灣大學
政府會計題解	張鴻春	著	臺灣大學
財務報表分析	洪國賜 盧聯生	著	前淡水工商管理學院 輔仁大學
財務報表分析題解	洪國賜	著	前淡水工商管理學院
財務報表分析（增訂新版）	李祖培	著	中興大學

書名	著者		學校
財務報表分析題解	李祖培	著	中興大學
稅務會計（最新版）	卓敏枝、盧聯生、莊傳成	著	臺灣大學、輔仁大學、文化大學
珠算學（上）（下）	邱英桃	著	臺北商專
珠算學（上）（下）	楊渠弘	著	臺中商專
商業簿記（上）（下）	盛禮約	著	淡水工商管理學院
審計學	殷文俊、金世朋	著	政治大學
商用統計學	顏月珠	著	臺灣大學
商用統計學題解	顏月珠	著	臺灣大學
商用統計學	劉一忠	著	舊金山州立大學
統計學	成灝然	著	臺中商專
統計學	柴松林	著	交通大學
統計學	劉南溟	著	臺灣大學
統計學	張浩鈞	著	臺灣大學
統計學	楊維哲	著	臺灣大學
統計學	張健邦	著	政治大學
統計學（上）（下）	張素梅	著	臺灣大學
統計學題解	蔡淑女、張健邦	校訂	政治大學
現代統計學	顏月珠	著	臺灣大學
現代統計學題解	顏月珠	著	臺灣大學
統計學	顏月珠	著	臺灣大學
統計學題解	顏月珠	著	臺灣大學
推理統計學	張碧波	著	銘傳大學
應用數理統計學	顏月珠	著	臺灣大學
統計製圖學	宋汝濬	著	臺中商專
統計概念與方法	戴久永	著	交通大學
統計概念與方法題解	戴久永	著	交通大學
迴歸分析	吳宗正	著	成功大學
變異數分析	呂金河	著	成功大學
多變量分析	張邦滋	著	政治大學
抽樣方法	儲全滋	著	成功大學
抽樣方法 　　──理論與實務	鄭光甫、韋端	著	中央大學、主計處
商情預測	鄭碧娥	著	成功大學

三民大專用書書目——行政・管理

書名	著者		服務機關
行政學（修訂版）	張潤書	著	政治大學
行政學	左潞生	著	前中興大學
行政學	吳瓊恩	著	政治大學
行政學新論	張金鑑	著	前政治大學
行政學概要	左潞生	著	前中興大學
行政管理學	傅肅良	著	前中興大學
行政生態學	彭文賢	著	中央研究院
人事行政學	張金鑑	著	前政治大學
人事行政學	傅肅良	著	前中興大學
各國人事制度	傅肅良	著	前中興大學
人事行政的守與變	傅肅良	著	前中興大學
各國人事制度概要	張金鑑	著	前政治大學
現行考銓制度	陳鑑波	著	
考銓制度	傅肅良	著	前中興大學
員工考選學	傅肅良	著	前中興大學
員工訓練學	傅肅良	著	前中興大學
員工激勵學	傅肅良	著	前中興大學
交通行政	劉承漢	著	前成功大學
陸空運輸法概要	劉承漢	著	前成功大學
運輸學概要	程振粵	著	前臺灣大學
兵役理論與實務	顧傳型	著	
行為管理論	林安弘	著	德明商專
組織行為學	高尚仁 伍錫康	著	香港大學
組織行為學	藍采風 廖榮利	著	美國印第安那大學 臺灣大學
組織原理	彭文賢	著	中央研究院
組織結構	彭文賢	著	中央研究院
組織行為管理	龔平邦	著	前逢甲大學
行為科學概論	龔平邦	著	前逢甲大學
行為科學概論	徐道鄰	著	
行為科學與管理	徐木蘭	著	臺灣大學
實用企業管理學	解宏賓	著	中興大學
企業管理	蔣靜一	著	逢甲大學

三民大專用書書目──政治・外交

大陸問題研究	石 瑜	宏	著	臺 灣 大 學
立法論	朱 志	玲	著	臺 灣 大 學
中國第一個民主體系	蔡 若	孟	著	史丹佛大學
	馬 珞	珈	譯	
	羅	佛	著	
政治學的科學探究㈠ 方法與理論	胡	佛	著	臺 灣 大 學
政治學的科學探究㈡ 政治文化與政治生活	胡	佛	著	臺 灣 大 學
政治學的科學探究㈢ 政治參與與選舉行為	胡	佛	著	臺 灣 大 學
政治學的科學探究㈣ 政治變遷與民主化	胡	佛	著	臺 灣 大 學
政治學的科學探究㈤ 憲政結構與政府體制	胡	佛	著	臺 灣 大 學